L'ORATEUR RÉVOLUTIONNAIRE

Traité d'art Oratoire et de débat
parlementaire.

ANDRÉ BLONDEL TONLEU MENDOU

DÉDICACES

À Hadrien Élie et Noémie Sabine ;
Puisse cet opuscule illuminer vos défis à venir !

AUSSI PAR ANDRÉ BLONDEL

Versets du Pacifique

Ils ont oublié que la politique est un sacerdoce!
Que la politique est avant tout un engagement,
Un engagement sacerdotal!
Que la politique n'est qu'un sacerdoce!
Et rien qu'un sacerdoce !
Ils ont oublié que l'homme politique
n'est pas un opérateur économique !
Et que dans sa posture d'opposant politique,
Il a une responsabilité historique !
Parce qu'investi d'une mission particulière,
A un moment très particulier,
Et à une époque très particulière,
Ils ont oublié !

PRÉFACE

Dignus est intrare. Vous, chers lecteurs, qui commencez la lecture de l'œuvre de mon ami André; qui souhaitez vous initier ou vous perfectionner à l'art oratoire; vous vous montrez digne de la confrérie des orateurs et débatteurs, ce cercle privé auquel vous faites partie et qu'André veut démocratiser.

Dans ce livre, André énoncera de façon rigoureuse et méthodique la structure du débat, ses techniques, ses stratégies et plusieurs autres thèmes. Pour ma part, je souhaite dédier ma préface à ce qui me semble le plus important du débat et de l'art oratoire : les amitiés que vous vous y ferez, la liberté d'expression et le plaisir.

J'ai rencontré André lors d'un tournoi à l'Université McGill vers 2011 ou 2012 quand nos équipes respectives se sont affrontées lors d'une ronde préliminaire au début de la fin de semaine. Nous étions deux jeunes enthousiastes avec des idées et le goût d'en débattre, mais quasiment aucune connaissance de la structure du débat parlementaire canadien. Peut-être aurions-nous dû aller plus régulièrement aux pratiques avant le tournoi, mais vous conviendrez avec moi que les tournois sont plus stimulants. Premier conseil : allez aux pratiques. Vous rencontrerez les membres de l'équipe de débats de votre collège ou de votre université, vous vous ferez des amis et des mentors.

La motion portait sur le célibat des prêtres catholiques. Je ne me souviens plus qui était en faveur du célibat des prêtres catholiques et qui défendait la position contraire. Comme vous le savez, ce sont les organisateurs qui déterminent qui représente le gouvernement et qui représente l'opposition. Ce que je me souviens cependant, c'est qu'à court d'arguments, l'un de nous a fini par inventer un passage de l'Évangile qui appuyait sa position. L'autre a lu dans les yeux du premier que c'était du bluff et, à son tour, a commencé à inventer des passages de l'Évangile qui disait le contraire. Tout cela était terriblement drôle, la nouvelle citation plus incroyable que la précédente. Je ne me souviens plus du vainqueur de ce débat et nous n'avons pas eu de bonnes notes pour cette ronde puisque les arguments étaient faibles. Pourtant je me souviens encore de ce débat avec émotion.

C'est au cours de cette fin de semaine que je me suis lié d'amitié avec André. Chacun a reconnu en l'autre ce plaisir de discourir, de s'emporter, voire de délirer sur n'importe quel sujet, avec humour si possible.

Ce qui nous permettait aussi de vivre le débat avec tout l'adrénaline qu'elle apporte, c'est que nous reconnaissions que les opinions émises dans le débat ne l'étaient qu'aux fins du débat et n'engageaient pas les personnes qui les émettaient. Or, depuis dix ans je trouve qu'il y a une dérive dans le milieu universitaire qui mène à y restreindre la liberté d'expression, ayant comme conséquence sur le débat oratoire que les types de motions permises sont restreints, les types d'arguments aussi, à des fins d'«équité» et de ne pas offenser personne.

Reprenant l'exemple du débat à McGill sur le célibat des prêtres, il se peut qu'un catholique pratiquant qui nous aurait entendu déblatérer des âneries sur la Bible se serait senti offensé, à tort ou à raison. Pourtant, ce serait une grave erreur de mettre une règle de débat qui interdit d'inventer des paroles dans les Écritures saintes. Sans cela, André et moi aurions-nous pu développer cette amitié?

Pour pousser la réflexion, je dirais que les débatteurs ne devraient pas être interdits de présenter des arguments misogynes, homophobes, racistes. En effet, ce sont souvent des arguments faibles, faciles à réfuter et qui, finalement, viennent jeter une ombre sur l'ensemble du discours de l'orateur. En ce sens, le débatteur serait déjà puni aux points pour ses arguments et pour l'impression générale que sa prestation aurait laissé, pas besoin d'en ajouter.

Par ailleurs, en disant *il est interdit d'interdire*, nous laissons ouvert tout le spectre de la pensée du débatteur. Les périodes pour préparer des arguments ou des réfutations sont déjà assez limitées, de grâce, ne lui demandons pas en plus de réfléchir avec des œillères.

Pour en revenir à nos années de débatteurs universitaires, pendant la période 2011-2014, André et moi avons dû participer à une quinzaine de tournois au Québec, incluant des Championnats canadiens, chacun représentant les couleurs de son université. Ni l'un ni l'autre n'a remporté l'un de ces tournois. Deuxième conseil : Apprenez à perdre. Au sein d'un tournoi, plus on approche du fil d'arrivée, plus la défaite devient crève-cœur. De plus, si vous avez perdu plusieurs tournois, cela peut finir par affecter votre confiance en vous, mais soyez résilients. Même si vous devez vous présenter au tournoi avec l'intention de gagner, sachez qu'indépendamment du résultat, vous reverrez vos amis de débats et partagerez de bons moments avec eux.

Au début de l'année 2014, André et moi étions parmi les dix meilleurs débatteurs canadiens francophones et nous avons été approchés pour représenter le Canada aux Championnats du monde de débat oratoire francophone à Paris. André m'a demandé si je voulais former un binôme avec lui puisque nous n'étions plus liés par nos binômes universitaires. J'ai dû décliner, car ma partenaire de binôme depuis trois ans, Gabrielle, était aussi parmi les représentants du Canada et, c'est en grande partie grâce à elle, si nous nous étions approchés à plusieurs reprises de la victoire.

En mai 2014, avec André, Gabrielle et la délégation canadienne, nous avons passé une fort agréable semaine à Paris à débattre contre des délégations de partout au monde. C'était fascinant non seulement de se frotter à des adversaires venant des pays francophones, chacun riche de son bagage, de son rapport au monde, mais aussi ayant des approches très différentes du débat. Encore une fois, je me suis fait à Paris des amis. Certains sont venus faire des échanges étudiants à Montréal et nous avons gardé contact. C'est plaisant de connaître des témoins privilégiés de moments marquants de sa vie et de revisiter ses souvenirs de jeunesse quand le hasard fait que nous les recroisons. Je remercie André de me permettre de rédiger sa préface, car ça me permet de me replonger dans ces souvenirs avec tendresse et nostalgie.

Par ailleurs, le binôme d'André et Élisabeth a gagné le Championnat mondial tandis que mon binôme a été éliminé en demi-finale. La rumeur court que les organisateurs ne voulaient pas que deux des quatre binômes en finale soient québécois… Blague à part, André a finalement gagné le débat le plus important de 2014 et vous gagnez beaucoup à lire son œuvre de doctrine. Je vous souhaite de belles carrières d'orateurs et d'éprouver beaucoup de plaisir à travers tout ça. Vous ne regretterez jamais le temps que vous avez investi à devenir orateur. On ne nait pas orateur, on le devient!

Maître Gabriel Meunier

Avocat au barreau du Québec,

Demi-finaliste des championnats du monde de débat.

AVANT PROPOS

Avant d'amorcer la lecture, il me paraît essentiel de souligner que l'exercice de l'art oratoire ne se cantonne pas à la simple prise de parole en public. C'est une compétence transversale qui revêt une importance capitale dans maints aspects de votre vie professionnelle et personnelle. Que ce soit pour exposer une idée, susciter l'adhésion, engager des gens dans une cause, influencer les opinions, plaider des revendications ou simplement faire entendre votre voix, l'art oratoire se révèle être un atout indéniable.

Pour les acteurs et actrices du milieu communautaire, appelés à défendre les droits d'une population, à représenter les voix marginalisées et à mobiliser les membres d'une communauté en vue de résoudre des enjeux sociétaux, la maîtrise de l'art oratoire s'avère indispensable. "L'Orateur Révolutionnaire" se présente alors comme un guide pratique et inspirant, conçu pour vous permettre d'améliorer votre communication verbale, d'adapter vos discours à votre auditoire et de développer des techniques avancées telles que la rhétorique, l'improvisation et le storytelling, afin d'influencer et de mobiliser votre communauté. Grâce à cet ouvrage comme compagnon de route, vous pourrez incarner un.e leader inspirant.e, apte à galvaniser votre communauté et à faire avancer une cause qui vous tient à coeur.

En explorant les principes fondamentaux de l'art oratoire, cet ouvrage vous invite à appréhender la manière de structurer un discours percutant, de captiver votre auditoire et d'utiliser des techniques avancées, telles que la rhétorique, l'improvisation et le storytelling, afin d'insuffler inspiration et engagement au sein de votre communauté pour le développement social et communautaire. Il vous guidera dans la compréhension de ces éléments clés, vous permettant ainsi de développer un discours efficace et de maîtriser ces outils puissants qui ouvriront les portes de l'inspiration et de la mobilisation.

Les acteurs et actrices du milieu communautaire se trouvent fréquemment sollicités pour porter la voix de leur usager.ère, défendre leurs droits et intérêts, ils.elles endossent parfois également le rôle de représentant.es de leurs membres ou partenaires. auprès des instances décisionnelles, qu'il s'agisse des instances gouvernementales, des bailleurs de fonds, des élu.es ou encore des citoyen.nes. Afin d'accomplir cette mission avec succès, ils.elles doivent être en mesure de communiquer de manière claire, persuasive et mobilisatrice, afin de convaincre et de mobiliser leur auditoire. L'éloquence se révèle ainsi un outil incontournable pour les intervenant.es du milieu communautaire, qui s'efforcent de mobiliser leur communauté et de faire progresser une cause.

De plus, les intervenant.e.s du communautaire se voient souvent attribuer la responsabilité de prendre la parole au nom de personnes vulnérables ou marginalisées, qui ont peu accès aux tribunes publiques. Dans ce contexte, ils.elles assument une responsabilité particulière consistant à faire résonner leur voix, à défendre leurs droits et à leur offrir une plateforme d'expression.

Dans un contexte où les enjeux sociaux et politiques se complexifient et s'entremêlent davantage, les intervenant.es du milieu communautaire doivent avoir la capacité de collaborer avec d'autres acteur.trices et de faire de la concertation pour atteindre leurs objectifs. Cela nécessite une communication efficace avec des personnes ayant des perspectives différentes, la capacité de négocier des compromis et de trouver des solutions innovantes. "L'Orateur Révolutionnaire" répond à ce besoin en fournissant des outils pratiques et des conseils visant à améliorer la communication orale et à renforcer les compétences d'orateur.trice, permettant ainsi une collaboration fructueuse et de bâtir une concertation efficace pour atteindre des objectifs communs.

"L'Orateur Révolutionnaire" transcende la simple nature d'un guide pratique. Il se veut un véritable appel à l'action pour tous ceux et toutes celles qui aspirent à renforcer leurs compétences d'orateurs et à devenir des acteur.trices du changement influents au sein de leur communauté. J'espère sincèrement que ce livre sera une source d'inspiration pour tous ceux qui sont des acteur.trices du changement, car ensemble, nous avons le pouvoir de bâtir des sociétés plus justes, plus équitables et plus florissantes.

Sabrina Fauteux-A

Directrice génerale de la concertation Saint-Léonard.

TABLE DES MATIERES

INTRODUCTION

Il y a plus de deux millénaires, les maîtres de la rhétorique se questionnaient déjà sur les règles d'un art qui garantiraient à chaque orateur des capacités à « mobiliser tout ce qui est propre à persuader »[1] un auditoire. La parole est définitivement un art qui a marqué l'histoire de l'Humanité. Auréolée de pouvoirs sacrés, elle peut changer la marche du monde, ou ruiner sa destinée. Il suffit en effet qu'un discours soit bien ficelé pour déclencher une guerre, un génocide, sauver un innocent, condamner un coupable ou faire régner la paix. Cicéron n'est pas passé par quatre chemins pour le faire connaître dans un ouvrage d'anthologie : « … si je considère les maux qui ont déchiré notre patrie, si je me rappelle les catastrophes qui ont bouleversé autrefois les cités les plus florissantes, partout je vois la plus grande partie de ces malheurs causés par des hommes éloquents. Mais lorsque je veux, avec le secours de l'histoire, remonter à des époques plus reculées, je vois la sagesse, et plus encore l'éloquence fonder des villes, éteindre les guerres, établir les alliances durables, serrer les nœuds d'une sainte amitié. »[2]. Depuis l'antiquité gréco-romaine, la rhétorique a été élevée au diapason de « filière reine de l'enseignement ». Elle se trouve être à l'origine de grandes révolutions démocratiques et de divers mouvements révolutionnaires ayant ponctué l'histoire des sociétés[3], l'avenir des communautés. Sa dimension pédagogique fait éclore des intellectuels d'un type nouveau, appelés à devenir l'élite de demain.

Du grec *rhetorike* qui signifie « art de la parole ». La rhétorique n'est autre que l'art du discours pour convaincre un public. Et dans un ouvrage au titre mémorable, Quintilien définit la rhétorique comme   : « le pouvoir de persuader » (*Uis persuadendi)*. Cette conception Quintilienne de l'art du biendire place par la même occasion l'orateur au centre de l'art de la persuasion, avec ses discours qui électrisent des auditeurs suspendus à ses lèvres, à l'occasion de discours public, sur diverses problématiques. En l'occurrence les politiques, les questions civiques, juridiques ou économiques. Le tribun, par l'entremise de ses mots magiques, persuadé du bienfondé de sa cause.   La rhétorique serait en réalité : « la science du biendire »[4]. Autrement dit l'art de s'exprimer de manière distinguée, avec aisance, prestance et habiletés. Il serait donc difficile d'évoquer le mot rhétorique en faisant abstraction de l'art de bien parler, mais aussi, et surtout aux capacités de persuasions. Elle serait grosso modo : « un phénomène qui consiste à amener autrui, sans contrainte apparente, à penser quelque chose qu'il ne pensait pas auparavant (…) C'est un art qui vise à comprendre, à produire, et à réguler la persuasion »[5]. Dans cette logique, la rhétorique apparaît comme une technique, une méthode, un art visant à produire le discours persuasif qui se fonde sur un savoir-faire et des recettes magiques que devrait maîtriser tout citoyen dans un État de droit.

L'art oratoire a connu des moments de gloire depuis l'antiquité gréco-romaine. Elle était une filière d'élite de l'enseignement, tant au primaire où, les enfants étaient formés à lire et écrire, qu'au secondaire ou elle fut enseignée par des grammairiens ou encore dans les universités ou elle fut enseignée par des « rhéteurs »[6]. La rhétorique en ce temps-là était la formation la plus prisée, et la plus sollicitée. Au-delà de la préparation à l'avocature, elle préparait aussi les jeunes aux responsabilités de fonctionnaire, d'administrateur, de politicien, et même à devenir de citoyens exemplaires capables d'assaisonner le jeu démocratique. L'essentiel des dignitaires de l'empire était des diplômés des écoles de rhétorique. La rhétorique était de ce fait incontournable et se posait en vecteur d'ascension sociale. Son enseignement se déployait autour des exercices préparatoires et de la déclamation. Les exercices préparatoires se concentraient autour des fables, du récit, de la description, la prosopopée, l'Éloge, la thèse, la lecture, l'audition, la paraphrase, la contradiction, pour ne citer que ceux-là. C'était une époque glorieuse pour l'art de la magie verbale, qui se trouvait au cœur de la société et de diverses révolutions démocratiques. Un art influent, présidant à la répartition des parcelles de pouvoir et d'influence dans la société. Un art se posant en alpha et oméga du système politique, de la vie publique, ou du microcosme économique.

Déjà à une certaine époque toutefois, une certaine opinion avait de la méfiance envers les orateurs. Plusieurs ne cessaient d'affirmer que les grands discours des Athéniens échappaient à leur entendement. La rhétorique commence à être vivement critiquée autant par les comédiens que les tribunaux, sanctuaire par excellence de l'art oratoire. Platon[7] dans la foulée qualifie les orateurs de « faux spécialistes de fausses valeurs »[8].

Même à l'époque contemporaine, le nom ou l'adjectif « rhétorique » désigne encore dans une conception populaire ou populiste des paroles dépourvues de fondements objectifs. On note chez plusieurs des craintes profondes devant la toute-puissance de la parole. Le discours étant déterminant pour l'existence démocratique d'une nation et la parole pouvant faire cesser les peurs, exciter la joie ou accroître la pitié[9]. Pourtant, au-delà des peurs, il semble plutôt urgent de comprendre les contours et détours d'un art qui depuis des millénaires a fait tant de bien aux sociétés humaines. C'est sans doute ces craintes qui prononcent l'oraison funèbre de l'art oratoire qui disparaît comme d'un coup de baguette magique du cursus scolaire à partir de 1902 en France. L'art du verbe est vilipendé de manière acerbe. Ses contradicteurs estiment qu'elle est un art du mensonge institué dans l'enseignement. Elle ne permettrait donc pas de parvenir à la vérité, si non à détourner la jeunesse de bonnes valeurs.

Dès lors, le contrôle des capacités linguistiques ne se fonde plus sur l'invention des discours par l'étudiant. Il devra cependant prouver cette compétence à travers des exercices de rédaction, et plus précisément la dissertation. On assiste, comme par extraordinaire, à l'écroulement de l'aspect oral d'un apprentissage si magnifié par le passé. L'étudiant ne devra plus admirer ou s'identifier à un Cicéron, un Quintilien, ou un Démosthène… Il devra désormais exercer son esprit critique en analysant un sujet ou en commentant un texte littéraire soumis à son appréciation. Plus grave, l'art oratoire a aussitôt déserté les écoles de formation d'avocats. La plaidoirie n'étant plus un sujet majeur, mais plutôt dérisoire. C'est dans cette veine qu'Hélène Tronc affirme que les avocats « s'adonnent parfois pour le plaisir à des concours d'éloquence où ils prononcent des discours d'apparat, mais n'ont pas de véritable formation orale. La dimension scientifique et technique des procès s'est accrue, le juge se faisant davantage une opinion d'après le dossier, tandis que l'importance relative de la plaidoirie de l'avocat a elle décliné »[10]. Cette situation déplorable et à la limite macabre explique clairement la préséance de la culture écrite sur la culture orale, et la tendance à voir en la rhétorique un ensemble de procédés superfétatoires[11]. On assiste à partir de 1902 à la dégringolade de la forte tradition oratoire qui n'est plus que l'ombre d'elle — même. La rhétorique tombe certes en disgrâce, mais demeure tout de même assez présente dans d'autres sphères sociales comme la politique, la publicité, le marketing, les médias. La tradition des discours ne subsistant qu'à l'occasion de certaines célébrations et commémorations[12].

À l'aurore du troisième millénaire, on assiste heureusement à une résurrection timide, mais progressive de la rhétorique dans diverses universités, des cultures diverses et divers pays. On assiste à la naissance de sociétés de débats et d'art oratoire dans les grandes écoles américaines, européennes, asiatiques et africaines, bien que la rhétorique dans plusieurs pays n'a toujours pas intégré le système d'enseignement officiel. L'art oratoire devient le sport favori de nombreux étudiants engagés, prêts à relever les défis de demain. Les grandes révolutions sociales témoignent de l'urgence de démocratiser les techniques de persuasion, dans l'espoir de voir renaître des orateurs révolutionnaires. Des orateurs qui devraient éveiller le peuple et orchestrer diverses révolutions porteuses d'espoir pour l'humanité.

Autant pendant des concours internationaux de plaidoirie que lors des pratiques de débat lors de nos études de droit civil à l'Université de Montréal, à la Sorbonne ou a sciencepo Paris, la pratique du débat révolutionnaire pouvait se faire sans être jugée, ou sans être méprisée. L'orateur tel cet éclaireur a désormais la responsabilité historique d'éclairer sa société par des idées novatrices, la force de ses arguments, son engagement social ou son talent de rhéteur. Le discours jouerait ainsi un rôle incontournable dans la vie publique et espérer changer le monde exige que le révolutionnaire sache manier le verbe, qui n'est aucunement un obstacle à l'action, mais un préalable. Comment est-ce possible d'envisager l'action avant que la discussion n'éclaire le chemin ?[13] C'est à la vérité difficile. On peut découvrir que contrairement à une certaine opinion, la maîtrise de l'art oratoire développe l'esprit critique et permet un cheminement dialectique vers la connaissance au sortir d'un débat contradictoire. On peut réaliser que la rhétorique telle que l'ont voulu ses grands maîtres antiques permet de façonner des leaders d'un type nouveau, sensibilisés aux enjeux sociaux et capables de relever les défis qui interpellent la société. L'art oratoire a incontestablement un rôle primordial à jouer dans le processus de construction de nos sociétés, surtout quand sa beauté et sa toute-puissance se mettent au service des causes nobles et ainsi marquent à jamais l'histoire.

À travers sa parole, l'orateur exprime ses idées, ses motivations, ses convictions profondes. Son action sociale participe à la matérialisation de ses convictions profondes. Albert Camus n'a donc pas eu tort de dire dans cette perspective que : « j'ai compris qu'il ne suffisait pas de dénoncer l'injustice, il fallait donner sa vie pour la combattre »[14]. La rhétorique est un incitateur à la réflexion objective et à l'engagement communautaire, un moule dans lequel se forment les leaders qui feront trembler le monde de demain. Dans un monde où on continue malgré tout à avoir des régimes tyranniques, despotiques, masqués de couleurs et de carapaces démocratiques, force est de reconnaître que seuls le débat contradictoire et le choc des idées pourraient mener ces sociétés vers un idéal démocratique. La rhétorique serait dans ce contexte au service de la révolution démocratique. Née à Athènes, lieu de naissance de la démocratie, ce n'est pas un hasard si elle y a trouvé un champ fertile pour son émergence. Le pouvoir devrait toujours arrêter le pouvoir dans la disposition des choses, [15] c'est à cette condition que le choc des idées qui produit le changement pourrait se produire.

On ne devrait donc pas craindre la rhétorique ou les orateurs, car ils incarnent des valeurs nobles et républicaines qui aident à construire des sociétés qui se distinguent à travers la force de leurs institutions et non par des hommes forts et providentiels ayant érigé la sanctification, la divinisation du pouvoir et même la gouvernance perpétuelle en mode de gouvernement. L'orateur est inéluctablement un homme de bien qui incarne des valeurs de paix, de justice, d'égalité, du vivre — ensemble et de tolérance. Cela est d'autant vrai que Cicéron, l'avocat romain, affirmait à l'occasion d'une plaidoirie célèbre : « Que les armes le cèdent à la toge ». Et Jacques Amyot, un humaniste de la Renaissance, recommandait d'utiliser : « le tranchant de la langue » au lieu de l'épée[16]. L'orateur révolutionnaire est un citoyen distingué se sentant investi d'une mission sociale très particulière à un moment très particulier. S'il est vrai que l'orateur est un ambassadeur de la liberté d'expression, cette liberté d'expression, il l'incarne si bien à travers ses discours. Il n'en demeure pas moins vrai cependant qu'il y a une limite aux déclarations qu'il peut faire dans une oraison. Il s'abstiendra d'utiliser des mots ou expressions qui incitent à la haine ou qui méprisent les droits de la personne. L'orateur révolutionnaire est un légaliste, un pacifiste visant à faire de la toute-puissance du verbe un levier de développement et non un cancer social, en s'efforçant à soigner les maux sociaux par des mots.

Le discours de haine ne bénéficie donc d'aucune protection juridique et l'orateur qui en fait usage est définitivement un pseudo orateur inutile à la société. Il devra faire face aux rigueurs extrêmes des lois, et au jugement de l'Histoire. Comme on peut le voir aisément, la rhétorique permet de faire des démonstrations logiques et scientifiques. Elle permet surtout de mener à bien les révolutions nécessaires qui garantissent l'avènement de l'État de droit, la démocratie, la stabilité économique, l'évolution sociale. C'est donc une erreur de penser que l'art du discours désigne des paroles creuses et que les orateurs seraient des manipulateurs usant de la magie verbale et des pouvoirs de la parole pour tromper le peuple. L'art oratoire est plutôt une technique, une méthode qui, si bien respectée, permet d'aboutir à la vérité scientifique tout en suscitant un engagement social certain du plaideur, désormais prêt pour les grandes révolutions à venir ; grandes révolutions au cours desquelles il fera prévaloir ses convictions à l'aide de procédés rhétoriques, et mettra en avant le poids des idées, la force des arguments, au grand bonheur du peuple souverain.

Il devient dans ce contexte urgent de démocratiser les techniques d'art oratoire afin de donner à tout citoyen l'opportunité de mettre en surbrillance l'élan révolutionnaire qui somnole encore en lui, attendant sans cesse l'élan oratoire pour s'envoler. L'art oratoire ne devrait par conséquent pas être réservé à une certaine élite., c'est pourquoi il devient plus que judicieux que la rhétorique puisse retrouver ses lettres de noblesse en réapparaissant dans les cursus scolaires officiels, les formations d'avocats et dignitaires de divers échelons des nations. On devrait se former à la rhétorique, afin de permettre l'éclosion de jeunes leaders de demain qui seront au service du peuple, la république, la démocratie, l'économie et la diplomatie. L'art oratoire reste un mode d'expression culturel, et il est urgent de maîtriser la langue à travers cet art, afin de pouvoir ainsi savourer dans une osmose de convivialité le parfum des mots. Quand on sait les enjeux liés à la maîtrise d'une langue pour l'insertion socioprofessionnelle d'un citoyen, on ne peut qu'être heureux de pratiquer cet art noble qui s'élève au-dessus de la mêlée.

« On naît poète, on devient orateur » affirmait déjà Cicéron. C'est par un effort quotidien que l'orateur en herbe parvient à tendre vers la perfection et ainsi devenir l'orateur de demain. Tout ne se fera pas du jour au lendemain. Loin d'être essentiellement artiste, l'orateur est un méthodiste qui respectera les recettes des grands maîtres pour s'exprimer de manière distinguée. Depuis des millénaires, les fondements de la rhétorique n'ont presque pas perdu de leur actualité. Pour permettre à nos orateurs d'en devenir meilleurs, les techniques et méthodes de l'art oratoire se doivent d'être vulgarisée et maîtrisees avant d'apprivoiser le débat parlementaire, ce mode d'entraînement à la rhétorique qui tient compte de certaines réalités contemporaines. Dans ce parcours vers ce monde atypique, il sera question de faire un aller et retour entre l'Antiquité qui détient les vieux secrets d'un art, n'ayant pris pratiquement aucune ride. Ne dit-on pas que les vieilles casseroles font les meilleures soupes ? Mais, il reste urgent de ne pas rester dans un passé parfois déjà dépassé. Le monde a évolué et les réalités rhétoriques de l'époque contemporaine devraient aussi être mises de l'avant sans pour autant faire table rase sur les principes gréco-romains.

L'éloquence jouerait donc un rôle essentiel dans la vie publique. Il va de soi que notre orateur peut savoir comment persuader un auditoire, comment faire valoir ses idées et comment démonter celles de ses contradicteurs dans le respect de codes de l'art.   L'orateur ne pouvant dire tout ce qu'il veut, un parcours ou un tour sur les enjeux juridiques et l'éthique du discours s'avère essentiel pour encadrer cette jungle verbale parfois digne des grands combats. L'orateur révolutionnaire respectera donc les rites nécessaires pour parler de manière distinguée. Il sera dans la peau d'un enseignant lorsqu'il s'exprimera. Il séduira son auditoire par divers procédés , et devra savoir émouvoir ses auditeurs afin de mener tranquillement vers la victoire. Le débat parlementaire structuré étant un mode contemporain très efficace de formation à la rhétorique révolutionnaire, l'Orateur devra aussi savoir les techniques de débat parlementaire, et leurs enjeux au Canada, en France en Afrique ainsi que leurs applications concrètes, afin de pouvoir aisément en faire une étude comparée dans l'optique d'en dégager les leçons nécessaires pour le développement de ses compétences oratoires dans un monde fortement marqué par la mondialisation et le multiculturalisme. Enfin, il est primordial que notre orateur soit au parfum des limites de son discours et certaines dispositions juridiques qui sanctionnent tout orateur qui se livre à des discours qui ne reflètent pas la noblesse de l'art oratoire. À force de se former à la rhétorique, tel un apprenti forgeron qui apprend à forger, tel un coquelet qui apprend à chanter, à force de pratiquer ses exercices préparatoires et ses déclamations comme dans l'Antiquité, l'orateur en herbe sera incontestablement l'orateur de demain, capable de mener les grandes révolutions qui s'imposeront à sa société, parce que désormais investi d'une mission particulière qu'il devra accomplir au sens de Frantz Fanon dans Les Damnées de la terre[17]. Il ne sera plus seulement le poète d'aujourdhui, mais deviendra définitivement l'orateur de demain : « *Nascuntur poetas fiunt oratores* »[18].

PREMIÈRE PARTIE : LE LOGOS[19]

Lorsqu'il prend la parole en public, l'orateur a des devoirs[20] et des missions envers son auditoire. Il doit instruire, enseigner et informer *(Probare),* plaire, charmer *(conciliare)* et enfin émouvoir *(flectere)[21]*. Le rôle d'enseignement et d'instruction est ce qu'il est convenu d'appeler *Logos*, cette partie rationnelle du discours dans laquelle il parle à la raison des auditeurs en faisant usage d'une démarche dialectique et logique qui mène méthodiquement vers la vérité. En amoureux de la sagesse, le tribun s'efforcera dans toute oraison de posséder la matière grise nécessaire tout en démontrant, une dialectique soumise au tribunal de la raison cheminant directement vers le plein savoir intelligible. Il fera usage de multiples opérations de l'esprit pour prouver le bien-fondé de ses arguments, apportera des preuves tangibles, des faits palpables et au besoin, des statistiques pertinentes qui montreront comment d'un point de vue scientifique et méthodique son plaidoyer demeure rationnel avant tout. Il fera les plus belles connexions logiques possibles, et devra invoquer les autorités les plus influentes au soutien des idées défendues. Avant de plaire et d'émouvoir, l'orateur devra d'abord être capable de développer un sujet « intéressant pour un public cultivé »[22]. Ce serait à la vérité déshonorant d'accepter de se prononcer sur un sujet quand on ne connaît ni tenants ni aboutissants. Afin de pouvoir faire triompher les idées qui lui tiennent à cœur, il devra avoir un raisonnement des plus scientifique, des plus logique qui fait la part belle à diverses méthodologies argumentatives tant dans leurs contours que dans leurs détours. Le débatteur devra faire preuve d'habileté de recherche exceptionnelle qui permettrait de savoir comment trouver les meilleurs arguments au service de sa cause, mais fera aussi preuve de discernement face au résultat des recherches qu'il aura obtenu après un travail laborieux. C'est seulement ainsi qu'il saura quel argument l'aide au mieux à soutenir sa thèse. Il est impérieux qu'il maîtrise l'art de la construction, de la structure du discours, mais aussi l'art de la disposition des arguments. C'est à cette condition qu'il pourra remplir son devoir d'enseignant et de pédagogue face à un auditoire qui sans cesse veut davantage s'abreuver au nectar du savoir oh combien intelligible qu'il véhicule si bien par sa parole. Au-delà de tout, l'orateur distingué est tenu de faire preuve de réalisme afin de rendre son discours intéressant pour le public qui l'écoute. À ce sujet, Cicéron affirme au sujet de Périclès : «Comme Périclès, que j'ai évoqué plus haut, je voudrais qu'il connaisse aussi la physique ; il n'en sera que plus grand et plus noble. Quand il passera des choses célestes aux affaires des mortels, tout son langage et toute sa pensée auront gagné en grandeur et en élévation, cela ne fait aucun doute »[23]. Il devient de ce fait nécessaire dans cette logique d'analyser tour à tour ce que devraient être son raisonnement (Chapitre I), l'invention ou les techniques de recherche et de catégorisation argumentatives (Chapitre II) enfin l'art de la construction, de la structure du discours (chapitre III). Alors, pourrons nous mieux appréhender les stratégies que l'oratrice utilise pour conquérir l'esprit de l'auditoire, la raison des juges et des jurys dans l'optique de faire triompher la cause pour laquelle il plaide et pour laquelle il prononce son oraison.

CHAPITRE I : DU RAISONNEMENT ORATOIRE

L'orateur est un penseur permanent effectuant un débat contradictoire face à un arbitre neutre qu'est la raison. Il chemine de manière méthodique vers la connaissance en faisant régner en toute circonstance non seulement le poids de ses idées, mais aussi la force de ses arguments qu'il met en exergue avec une certaine maestria. Dans sa posture d'ami de la sagesse et des valeurs éthiques, il se distingue du commun des citoyens et s'élève par le même fait au-dessus de la mêlée, de par la maîtrise d'une méthodologie de raisonnement propre aux intellectuels distingués des agoratoires et prétoires prestigieux. La méthode oratoire renvoie ici à une poursuite, une recherche, un effort à atteindre, une fin. C'est en réalité selon André Lalande : « une direction définissable et régulièrement suivie dans une opération de l'esprit »[24]. Le raisonnement argumentatif serait dans ce contexte l'ensemble des règles qui s'impose afin de trouver les arguments les plus percutants s'inscrivant dans le sillage de la défense d'une thèse donnée.

De nombreux chercheurs de disciplines diverses, notamment la psychologie, se sont prononcés sur l'opération de l'esprit qu'est le raisonnement. Tout en reconnaissant aux contributions des spécialistes de psychologie moderne toutes leurs valeurs, force est de reconnaître aussi qu'Aristote a fait un travail de fond louable au IVe siècle avant Jésus-Christ quand il a conçu pour la toute première fois deux catégories de raisonnements : « le raisonnement analytique. » Qui, en partant de prémisses nécessaires ou indiscutablement vraies, arrive à des conclusions certaines, et le « raisonnement dialectique » qui par opposition, est fondé sur des éléments qui apparaissent à tous[25]. L'argumentation est la facette primordiale du raisonnement dialectique. Il tire son fondement des énoncés débatables même quand ils ne font pas forcément l'unanimité.

Du verbe latin *arguere*, qui dans sa conception originaire signifiait « Illuminer », et du mot latin *argumentatio,* l'argumentation est « l'ensemble des techniques discursives destinées à provoquer ou à accroître l'adhésion de l'interlocuteur aux thèses qui lui sont présentées. »[26]. L'orateur dans son envolée dialectique a la responsabilité de mettre en lumière la thèse qu'il entend soutenir. Au-delà des images, il devra faire preuve de clarté d'exposition. Comme on peut donc clairement s'en apercevoir, l'orateur n'est pas seulement un charmeur ou un rhéteur. L'art oratoire a des codes, des méthodes et des rites sacrés qui gouvernent son fonctionnement depuis des temps immémoriaux. Dans l'espoir de décoder de manière détaillée cette méthode propre aux grands communicateurs, il serait sans doute nécessaire avant de mettre en avant les questions liées au paralogisme (III), la méthodologie du raisonnement argumentatif (II) ; de lever de prime abord un pan de voile sur ce qu'est exactement l'architecture du raisonnement argumentatif (I), le raisonnement par excellence des orateurs révolutionnaires. Au sortir de ce tour d'horizon du raisonnement oratoire, nous allons certainement nous apercevoir pourquoi il est plus qu'important de penser sa parole avant de dire sa pensée. Nous verrons à quel point la méthode a depuis des millénaires été la pierre angulaire sur laquelle l'orateur se fonde et que cette donnée reste un instrument incontournable pour l'orateur de demain.

L'architecture du discours

Comme tout bon plaideur, l'orateur devrait suivre une méthode, des codes, un cheminement dialectique vers la vérité. Cette démarche apparaît comme la condition sans laquelle il ne parviendrait à convaincre des adversaires ou un auditoire à pouvoir reconnaître le bien-fondé de la cause pour laquelle il s'est consacré. Le discours ne constitue pas un ensemble disparate. Mais il est semblable à une maison qui a une fondation, des murs, une charpente, des ouvertures et une toiture. Cela nous apparaît être des étapes que le communicateur d'exception devra respecter pour espérer pouvoir s'exprimer de manière abondante et majestueuse. Le discours et le raisonnement argumentatif ont de ce fait une architecture, une structure, mieux, un cheminement méthodique que devrait suivre tout tribun animé de la volonté de convaincre par le poids des idées et la force des arguments. L'orateur dans ce cas n'est plus seulement un artiste de la parole souhaitant au-delà des idées et arguments séduire et émouvoir son auditoire par divers stratagèmes rhétoriques, mais c'est aussi et surtout un méthodiste devant suivre un certain protocole pour dire ce qu'il a à dire. La méthode établie depuis des siècles par les grands maîtres permet ainsi de donner un peu plus de lisibilité, de clarté, mais surtout de scientificité à l'oraison. Une telle objectivité accorde à l'oraison une valeur pédagogique suprême de nature à influencer la raison des auditeurs tout en participant à les convaincre sur le bien-fondé du discours ainsi mis en avant. Il y a donc lieu ici de préciser que le discours argumentatif devrait suivre deux étapes majeures : la prémisse qui constitue la première phase (A), et l'inférence qui est la conclusion logique qui se dégage naturellement de la prémisse (B).

A- La prémisse

Tout discours argumentatif débute par une prémisse qui au sens strictement logique désigne : « Chacune des deux propositions initiales d'un syllogisme dont on tire la conclusion »[27]. Même si certains auteurs estiment que la prémisse est une thèse explicite ou implicite émise par celui qui argumente sous la base d'un raisonnement.[28] L'orateur devra avoir une prémisse de meilleure qualité dans l'optique de persuader et voir sa thèse connaître un certain rayonnement. D'où l'urgence de mettre de l'avant, ou simplement accorder du prima aux prémisses les mieux partagées, les mieux acceptées, les mieux encensées. Quoi qu'il en soit, les prémisses doivent être acceptables (1), pertinentes (2) et tout naturellement, présenter des garanties générales pour justifier une conclusion (3)[29]. L'orateur qui se conforme à ce triptyque ménage une certaine solidité aux arguments qu'il amène.

1- L'acceptabilité de la prémisse.

Rarissimes sont les arguments fondés sur des prémisses évidentes. L'idéal aurait pourtant voulu que l'on puisse avoir des prémisses vraies. Cette situation pourrait s'expliquer en partie par l'incertitude qui nous habite lors de nos temps et moments d'argumentation. Une incertitude davantage fondée sur une méconnaissance des faits que des aspects du savoir théorique et empirique qui permettrait de faire le distinguo clair entre le vrai du faux, l'utile de l'agréable. D'où l'urgence de mettre plus d'emphase non sur la vérité de la prémisse, mais son acceptabilité. Bien qu'il n'en demeure pas moins vrai que les prémisses peuvent être vraies. Le caractère vraisemblable de la prémisse justifie aussi son acceptabilité[30]. Lorsque les prémisses tirent leurs fondements d'une source crédible, elles sont acceptables. Une information de Radio-Canada, CNN, ou Africa24 sur un fait majeur d'actualité internationale sur lequel se fonde une prémisse serait plus crédible qu'une prémisse fondée sur la déclaration d'un profane de l'information. De la même manière, le témoignage d'une personne de confiance sur lequel se fonde une prémisse peut rendre cette dernière acceptable. L'acceptabilité des prémisses peut enfin se fonder sur le caractère plausible en ce qu'elle s'accorde à nos connaissances et n'est pas remise en question par les données dont nous disposons.[31] L'acceptabilité de la prémisse comme nous venons de le voir ne devrait pour autant pas amener l'orateur à accorder une place primordiale à sa pertinence.

1- La pertinence de la prémisse.

La prémisse doit certes être acceptable, mais encore faut-il qu'elle soit pertinente. Sans quoi l'orateur ne pourrait faire prévaloir le poids de ses idées et la force de ses arguments lorsque l'occasion se présentera. Dès lors, une prémisse acceptable mais non pertinente n'aurait pas droit de cité, soit parce qu'elle serait sans intérêt pour la question au cœur de l'argument, ou encore parce qu'elle induirait l'orateur à se faire hara-kiri en consolidant une conclusion aux antipodes de celle de l'argument développé. La prémisse doit donc contribuer à faire justifier la conclusion qui découlera naturellement de l'argument. Il peut arriver cependant qu'une prémisse fasse rejeter la conclusion. Dans ce cas de figure, on est en présence de la rétorsion.

Cas pratique :

Ariane : Les personnes à faibles revenus ne s'impliquent pas assez lors des évènements communautaires. Point n'est besoin de les inviter auxdits évènements.

Sorel : c'est en réalité parce qu'elles ne s'impliquent pas dans la communauté qu'il devient urgent plus que jamais de les inviter et dans la mesure du possible, de leur offrir des mesures d'accommodement.

Sorel a en réalité pratiqué la Rétorsion, considérant que la Prémisse d'Ariane était acceptable mais conduisait à une conclusion quasiment opposée à la sienne. L'orateur a la responsabilité de vérifier plusieurs paramètres afin de s'assurer qu'il est en face d'une prémisse pertinente. A-t-elle un lien avec la conclusion ? Contribue-t-elle à renforcer la conclusion de l'argument ? Est-elle en dehors du sujet ? Peut-elle soutenir une conclusion opposée à celle de l'argument ? Autant de questions critiques que doit se poser l'orateur afin de valider la pertinence de sa prémisse. S'il est vrai que la pertinence de la prémisse est indispensable, il n'en demeure pas moins important qu'elle devra présenter des garanties suffisantes pour justifier la conclusion.

2- Les garanties suffisantes de justification de la conclusion.

Les prémisses acceptables et pertinentes peuvent se révéler insuffisantes pour parvenir à une justification de la conclusion. Les arguments fondés sur des preuves insuffisantes auraient ainsi de la difficulté à prospérer[32]. De la même manière, les indices ne constituent pas des preuves, tout comme les arguments fondés uniquement sur les sentiments restent insuffisants[33].

L'orateur devra donc se demander si la prémisse est acceptable ? si oui est-elle pour autant pertinente ? Si oui, y a-t-il alors des raisons de croire qu'elle pourrait conduire à une conclusion qui s'opposerait à celle de l'argument avancé ? Existe-t-il à la vérité d'autres prémisses acceptables et pertinentes qui déboucheraient sur une conclusion s'opposant à l'argument avancé ? C'est seulement par une réponse objective à ce système de questions qu'on s'assure d'avoir une prémisse qui répond aux normes du raisonnement argumentatif.

Comme on peut bien s'en apercevoir, la prémisse constitue la première phase du discours prononcé par l'orateur. Mais le raisonnement ne se limite pas à une simple prémisse, à moins d'être partiel, partial, sinon, totalement parcellaire. Aussi, devient-il important de faire fleurir la phase suivante qui se concrétise dans l'inférence (B), se matérialisant par le fait de tirer de la prémisse une conclusion portée par des passages logiques et : « indicateurs de force »[34] telle que : « donc », « d'où », « par conséquent », « voilà pourquoi », « raison pour laquelle », « conséquemment »[35]…

B- L'inférence

L'inférence désigne l'opération par laquelle on passe d'un ensemble de prémisses à une conclusion justifiée et rendue légitime du fait desdites prémisses[36]. C'est en réalité l'épine dorsale de tout raisonnement, bien qu'elle ne soit pas toujours logique ni n'assure une certaine validité théorique et empirique à la conclusion.

L'inférence peut prendre plusieurs formes : elle peut être immédiate, médiate (1) ou simplement inductive ou déductive (2).

1- L'inférence immédiate ou médiate

L'inférence immédiate regorge deux termes : une prémisse et une conclusion. À l'opposé, l'inférence médiate est constituée à minima de deux prémisses et d'une conclusion.

Cas pratique:

P1 : Barthélemy est un homme,

P2 : Tous les Hommes sont mortels,

C :   Donc Barthélemy est mortel.

1- L'inférence déductive ou inductive.

L'inférence déductive est celle qui se conforme à un cheminement qui garantit la vérité de sa conclusion. Dans ce cas de figure, lorsque les prémisses sont vraies, il va de soi que les conclusions peuvent l'être aussi. Une telle inférence est donc valide, car conforme à une certaine logique, une certaine méthode. À L'inverse, si l'une des prémisses est fausse, la conclusion le sera aussi incontestablement.

Cas pratique :

P1 : Barthélemy est un Homme (vrai)

P2 : Tous les Hommes sont mortels (vrai)

C :   Donc Bathélemy est mortel (vrai).

Contrairement aux inférences déductives, celles inductives ne garantissent aucunement le transfert de vérité entre les prémisses et la conclusion. Dès lors, les prémisses peuvent être vraies et la conclusion fausse.

Cas pratique :

P1 : Ce fleuve est inondé chaque mois de mai

C : Donc il le sera encore cette année en mai

Le fait que le fleuve ait toujours été inondé à cette période de l'année ne garantit pas forcément qu'il le sera cette année à la même période. Cette inférence peut rendre la conclusion plausible ou probable, mais pas forcement vrai. L'inférence constitue donc l'élément indispensable du discours argumentatif. Reste cependant à savoir comment faire pour établir si le discours, au-delà des prémisses, est logiquement acceptable, logiquement. Correct.

1- Méthodologie du raisonnement oratoire

L'orateur est un stratège, un méthodiste qui consacre une place capitale à la méthode, afin de convaincre davantage, afin de persuader et de faire monter les passions. De la « maïeutique socratique »[37] à « l'ironie socratique »[38], du « Doute », au « doute cartésien », l'orateur dispose de nombreuses astuces pour délivrer un discours qui marque les esprits. Depuis très longtemps cependant, les détenteurs de la magie verbale ont fait usage du raisonnement par syllogisme (A), du raisonnement par induction (B), ou encore du raisonnement par hypothèse et par l'abduction. Ces 4 méthodes apparaissent comme des classiques dont la pertinence n'a pas du tout perdu de son actualité en ce troisième millénaire.

A- Le raisonnement par syllogisme.

Le syllogisme est, à n'en point douter, l'un des instruments majeurs à la disposition de l'orateur. Il se doit de l'utiliser avec une certaine maîtrise. Exposé par Aristote il y a plus de 2000 ans, il demeure très contemporain et n'a aucunement perdu en saveur, hauteur ou odeur. De *Syllogismos,* le syllogisme est un : « discours dans lequel, certaines choses ayant été posées, quelque chose d'autre dont ces choses posées résultent nécessairement par le fait qu'elles est ainsi »[39]. Cette définition du moins générale nous permet d'avoir du moins un aperçu de ce que l'orateur en devenir devrait savoir du syllogisme. Celle proposée par Maritain[40] dans son ouvrage semble illuminer davantage nos sentiers. Le syllogisme se résume à une argumentation dans laquelle, d'un antécédent qui met en évidence deux termes à un troisième, l'orateur infère un conséquent qui unit ces deux termes entre eux.

Cas pratique:

Tout Homme est mortel

Or, Joseph est un Homme

Donc, Joseph est mortel.

Les deux premières propositions du syllogisme s'appellent des prémisses. La plus générale et le plus souvent la première est la majeure. (Tout Homme est mortel). La moins générale et ordinairement la seconde se nomme mineure (or, Joseph est un Homme). Enfin la troisième proposition qui tire sa source des deux autres par une conséquence est la conclusion (donc, Joseph est un Homme).

Cas pratique:

Tout accusé est présumé innocent (Majeure)

Or, Dominique est accusé (Mineure)

Donc, Dominique est présumé innocent (conclusion).

Bien amené, le syllogisme permet de formuler des jugements non — contradictoires, avec une vigueur logique d'envergure exceptionnelle, même si le jugement n'est pas toujours aussi véridique, étant entendu que la vérité en substance dépend des prémisses. Il existe plusieurs types de syllogismes : le « démonstratif »[41], le « dialectique »[42] « L'éristique »[43], et le plus dangereux : « le paralogisme », construit sur des prémisses pas forcément vraies et de nature à induire en erreur. Toutefois, l'orateur ne devrait pas ignorer que le syllogisme ne peut aller au-delà de l'implicite dans le cadre d'une prémisse. Fort de ce constat, Aristote a jugé judicieux d'explorer un nouveau type de raisonnement pour combler cette carence susceptible de retirer au magicien des mots, une dimension, oh combien importante, de sa pertinence. D'où la nécessité du raisonnement inductif pour pallier aux manquements du syllogisme pourtant considéré par plusieurs orateurs comme la base d'un principe général du raisonnement.

A- Le raisonnement par induction.

L'induction est incontestablement l'une des armes logiques aux mains de l'orateur. Il consiste en général, à partir d'un certain nombre de faits pour affirmer une vérité générale[44], qui prendra le nom de loi empirique ou si fondée sur l'expérience, de : « Maxime expérientielle »[45]. Par la démarche inductive, l'orateur cherche non pas à expliquer, mais à établir une vérité universelle, une maxime universelle. Mieux, une vérité plus acceptée de tous et plus universellement reconnue que celle portée par d'autres supports de pensée logique. Contrairement au syllogisme dans lequel l'orateur procède du général au particulier, l'induction tire ses fondements de cas remarquables afin de formuler un principe général.

Cas pratique :

César est mortel,

Aristote est mortel,

Mussolini est mortel,

Je suis mortel,

Nous sommes tous des Hommes,

Donc, Tous les Hommes sont mortels.

Cas pratique:

Jonathan a tué Patrice pour de l'argent

Jonathan a tué Patrice par trahison

Jonathan a tué Patrice par Colère

Donc les homicides supposent un mobile (Maxime expérientielle).

Toutefois, l'orateur devra toujours avoir à l'esprit le fait que comme le syllogisme, l'induction n'est pas parfaite comme mode de raisonnement. Encore faudrait-il vérifier l'universel au travers de tous les cas particuliers : « virtuellement expérimental »[46]. Une situation qui relève presque de l'utopie. On n'a donc pas de garantie que la généralisation n'est pas abusive. C'est d'ailleurs le même son de cloche qu'on peut noter chez Karl Marx lorsqu'il affirme : « […] l'induction, à savoir une inférence fondée par la multitude des observations est un mythe. Elle n'est ni une donnée psychologique, ni un fait de vie coûteux, ni un phénomène qui ressortit à la démarche scientifique ». C'est l'une des raisons pour lesquelles l'orateur, en plus de l'induction, a tout intérêt à avoir recours au modèle e procédé logique que sont : l'hypothèse et l'abduction (C). Ainsi pourrait-il disposer de plusieurs « armes logiques » pour faire avancer ses idées et par le même fait, faire triompher en toute circonstance, ses idées et arguments.

A- Le raisonnement par l'hypothèse et abduction

Du latin *Hypothesis,* emprunté au grec ancien *hupothesis,* l'hypothèse est une supposition, une conjecture faite sans l'affirmer ou nier ce dont on tire les conséquences[47]. Dans cette logique, l'orateur, pour se conformer à ce système de raisonnement et de pensée, devra avancer une supposition non validée par des données réelles, mais qui peut être vraie si l'expérimentation l'a confirmée, ou des vérités établies au préalable. À la base de toute idée originale, il y a toujours une hypothèse qui se trouve comme l'un des meilleurs canaux du questionnement vers la vérité. Naville n'a pas hésité à affirmer sans réserve de constater que : « Il n'y a pas une seule loi dans la science qui ne soit pas née sous forme de supposition. » Ce d'autant plus que toute gymnastie de l'esprit aux allures innovantes devra se soumettre au triptyque : « observation », « supposition », et « vérification »[48]. C'est définitivement une démarche qui s'impose à l'orateur qui souhaite se donner un canal objectif d'argumentation et de démonstration. L'hypothèse est sans aucun doute le système de pensée le mieux appropriée pour « accoucher les esprits »[49] et de données scientifiques marquées du sceau de l'originalité. C'est ce système de raisonnement qui a été le fil d'Ariane des grandes découvertes scientifiques du XVIIᵉ siècle. De plus, le raisonnement hypothétique semble le plus adapté pour l'enquête criminelle dans la quête de la vérité juridique, tant pour la défense que la couronne. L'hypothèse est le canal par excellence qui permet de démontrer un théorème accusatoire, bâtir un plaidoyer de culpabilité ou de non-culpabilité, une plaidoirie ou un plaidoyer. Lorsqu'on sait combien la nécessité de convaincre un auditoire s'impose aujourd'hui dans divers lieux et cieux, il ne fait l'ombre d'aucun doute que ce mode de raisonnement est une nécessité absolue pour l'orateur distingué ! Bien qu'à elle seule et dans des contextes et prétextes spéciaux il peut y avoir quelques manquements. D'où l'urgence de vérifier les munitions que pourrait nous offrir le raisonnement par l'abduction, qui peut ainsi se révéler être une planche de salut dans certaines circonstances.

L'abduction est un raisonnement dans lequel l'orateur restreint dès le début le nombre d'hypothèses susceptibles d'expliquer un phénomène donné[50]. Aussi appelé raisonnement abductif, il se ressemble à s'y méprendre au raisonnement par hypothèse. Bien que l'abduction puisse être efficace dans certaines enquêtes et de nombreuses situations, c'est un système argumentatif difficilement admissible, car cela pourrait déboucher sur une tromperie argumentative de mauvais goût. L'orateur étant par nature un Homme d'honneur, il devrait limiter une telle option qui, bien que lui permettant d'avoir toujours raison, peut faire cependant de lui une personne de moralité douteuse. Même si après tout, l'essentiel c'est d'avoir raison ! Tous les moyens étant bons lorsqu'ils sont efficaces[51].

1- Le Paralogisme tromperies argumentatives.

La fausseté argumentative autrement nommée sophisme s'aperçoit comme : « une inférence de la raison formellement fausse, bien qu'elle ait l'apparence d'une inférence correcte. »[52]. On peut y voir dans cette structure spéciale du raisonnement une vérité aux allures vraisemblables octroyant au raisonnement une force persuasive quasi certaine, mais une erreur restée tapie dans l'ombre, induisant à une conclusion erronée. Au-delà du sophisme, l'orateur peut invoquer divers stratagèmes afin d'avoir toujours raison[53], même quand tout porte à croire qu'il est dans l'erreur, ou qu'il a simplement tort. De l'agrandissement[54] à l'argumentation ad personam[55], en passant par l'argumentation ad hominem, force est de constater que l'orateur pourrait avoir dans son arc un gisement intarissable de ressources. Par un jeu de questions et de réponses, il pourrait tout de même induire un interlocuteur en erreur et l'emmener à donner une réponse souhaitée par l'interrogateur[56]. Les pièges verbaux et tromperies argumentatives[57] constituent au même titre que le sophisme ou paralogisme des astuces développées par certains orateurs pour avoir toujours raison. Normand Ballargeon dans « son petit cours de Défense intellectuelle », a répertorié environ dix-sept sophismes : le faux dilemme[58], la généralisation hâtive[59], l'appel à l'autorité, l'écran de fumée, la pente glissante, l'appel à la peur[60], la fausse analogie, la suppression de données pertinentes, l'homme de paille, l'ad populum[61],… Plus que jamais, l'orateur se doit d'en saisir autant les contours que les détours des manœuvres qui, à la vérité peuvent déterminer l'issue d'un débat même si porté par des fondements éthiques très discutables. Tel est le cas de l'argumentum ad hominem (A), l'argumentum ad ignorantiam (B) et de l'argumentum ad misericordiam(C).

A- L'argumentum ad hominem[62].

L'orateur se doit de maîtriser diverses astuces oratoires liées au sophisme tel l'argumentation ad hominem, l'un des sophismes les plus répandus et qui fonctionne dans la plupart des cas. C'est une démarche oratoire qui consiste à s'en prendre aux caractères ou aspects personnels de son adversaire plutôt que de se prononcer sur l'idée ou l'argument énoncé par cet orateur. C'est un argument basé sur la personne qui émet une idée, et non basé sur le poids des idées et la force des arguments par lui avancés. Ainsi, l'orateur, en usant cette stratégie, envisage détourner le débat sur les idées pour le fonder sur certaines caractéristiques propres à son adversaire, dans l'optique de conclure de manière erronée qu'il existe une certaine similitude entre les traits et caractères d'un orateur et les arguments ainsi mis en avant par lui. Une mécanique qui permet en fin de compte de discréditer la proposition avancée en discréditant l'orateur qui l'énonce et créant un effet : « d'empoisonnement du puits »[63].

Comme on peut s'en apercevoir, l'orateur sophiste fait recours à l'ad hominem dans des contextes et prétextes spécifiques et bien entendus, dépendamment de la nature de l'auditoire, des jeux et enjeux en présence. Sous certains cieux et à une certaine époque, le mot « anarchiste » ou « communiste » est largement suffisant pour discréditer un adversaire ! En d'autres lieux, ils peuvent être perçus comme une garantie de crédibilité[64]. Et dans d'autres contextes, tout mot ou expression faisant référence à l'orientation sexuelle, la nationalité, le sexe, la religion, la race, l'appartenance ethnique ou la forme physique entre autres peuvent être utilisés pour décrédibiliser ou chanter les louanges d'un orateur, selon qu'on l'apprécie ou le déprécie[65].

L'argumentum ad hominem peut s'avérer efficace lors des joutes politico-politiciennes et d'autres formes de discours ne faisant pas forcement appel à la logique. Mais d'un point de vue strictement éthique et scientifique, ce sophisme n'est pas recommandable pour les orateurs distingués, c'est-à-dire ceux qui croient au poids des idées et à la force des arguments, et à une certaine scientificité du débat public.

B- L'argumentum ad Ignorantiam[66]

L'orateur fait usage de *l'argumentum ad Ignorantiam* lorsqu'en l'absence de faits pertinents et de raisons valables, il prend tout de même le risque de conclure en la vérité ou en la fausseté de la proposition ou motion analysée[67]. D'une part, ce procédé met en selle un orateur qui se permet de conclure nonobstant le fait qu'il ne peut démontrer le bien-fondé de la conclusion ou mieux, la gymnastique intellectuelle qui permettrait d'y aboutir tout naturellement, tout logiquement. D'autre part, par le même procédé rhétorique, l'orateur se permet de conclure en dépit du fait qu'il ne peut aucunement prouver une telle conclusion. C'est en réalité un raccourci du raisonnement qui retire à la démarche de l'orateur mis en présence une certaine odeur scientifique, une saveur dialectique certaine. L'un des meilleurs exemples mettant en évidence ce paralogisme nous vient directement du « Petit cours d'autodéfense intellectuelle » de Normand Ballargeon[68].

Il demeure cependant difficile de détecter cette forme de sophisme. Dans la mesure où on a plus tendance à conclure hâtivement à ce à quoi on croit mordicus pour une raison ou une autre. À titre d'illustration : un orateur qui pense que les extraterrestres existent sera tenté à plus d'un titre de conclure au détriment du cheminement épistémologique qui s'impose qu' : « après tout, on n'a jamais prouvé qu'ils n'existent pas. Il y a sans doute quelque chose de vrai là-dedans… »

Ce procédé, bien que limité au sens objectif du terme, peut revêtir dans certaines circonstances, une pertinence certaine. Notamment dans des cas qui légitiment de conclure en l'absence de données palpables.

C- Argumentum ad misericordiam[69]

Il est incontestable que l'orateur idéal[70] devrait, en toute circonstance, faire prévaloir en toute objectivité et avant tout, le poids des idées et la force des arguments. L'appel à la pitié va au-delà de cette recommandation de l'orateur romain. Il permet ainsi de mettre l'emphase sur des circonstances spéciales qui susciteraient de la sympathie pour une cause ou une personne et inviter à conclure que sur le fondement de cette raison, on devrait déroger aux critères habituels d'évaluation, ou du moins, que l'on devrait s'abstenir de les appliquer avec toute la rigueur.

Cas pratiques :

1. Avant de condamner le chef de l'État, pensons à ses hautes responsabilités, la lourdeur de sa tâche présidentielle au-dessus de la mêlée. Donc…

2. Si vous me faites échouer cet examen, je devrais le reprendre cet été ! Pourtant, je dois absolument travailler afin de survivre.

On devra reconnaître cependant que dans un raisonnement normal, il est bel et bien possible qu'on puisse invoquer des circonstances particulières pour justifier une décision sans pour autant qu'elles tirent leur fondement de la sympathie ou de sentiments dépourvus de toute logique. *L'argumentum ad misericordiam* intervient toutefois lorsqu'on invoque des circonstances illégitimes de manière à provoquer une sympathie qui ne devrait pas entrer dans le procédé argumentatif et dialectique.

L'orateur est un penseur dialectique

Comme on a eu à le voir au cours de ce chapitre, l'orateur idéal, dans l'élaboration de son discours, ne devra pas parler pour parler, ou parler pour le plaisir de parler. Encore faudrait-il suivre la nomenclature élaborée depuis des millénaires par les pionniers de la rhétorique et de la dialectique. L'orateur « pense sa parole avant de parler sa pensée »[71], cet architecte de la parole qui s'efforce au quotidien de se bâtir un chemin original sans pour autant se passer des sentiers battus. Il peut faire prévaloir ses idées et arguments par divers mécanismes de pensée. Et ce sera toutefois à lui de déterminer quel mécanisme de pensée semble judicieux dans un contexte particulier. Les sophisme et des tromperies argumentatives ont une place au sein de l'architecture oratoire générale. Bien que cette stratégie puisse fleurir davantage dans des joutes ou débats à saveur politico-politiciennes, il y a cependant lieu de reconnaître que parce qu'elles ne respecte pas toujours le processus de débat contradictoire et le cheminement dialectique vers la connaissance qui s'impose à tout orateur paré de couleurs chatoyantes de la logique et de l'objectivité, elle demeure problématique, tant dans son sens, sa pertinence et sa consistance que dans le processus qui permet de faire prévaloir le poids des idées et la force des arguments. Enfin, l'orateur est de tout temps considéré comme un Homme d'honneur et de valeur qui reconnaît une valeur primordiale aux bonnes mœurs, à l'esthétique tout comme l'éthique. Or, force est de constater pour le déplorer que le paralogisme est porté par des valeurs parfois basses, proches de la logique machiavélique que de l'honnêteté intellectuelle qu'incarnent ceux investis par la responsabilité de soigner les maux sociaux par le pouvoir des mots. Quoi qu'il en soit, au-delà de ce débat sur les valeurs du discours, il est plutôt urgent, nous semble-t-il, que l'homme de discours maîtrise ces rouages afin de savoir quand son adversaire les utilise pour détourner son attention ou celle du public du sens et de la quintessence d'une joute ; ou si par extraordinaire, il estime judicieux de les utiliser pour sauver une cause noble.

CHAPITRE II: DE L'INVENTION[72] ORATOIRE

L'orateur est semblable à cet oiseau de Minerve hégélien qui ne prend son envol qu'à la tombée de la nuit. Avec la responsabilité historique de revenir dans le monde sensible braquer ses phares et gyrophares de sagesse dans les zones qui comme par extraordinaire somnolent parfois sans le savoir dans l'ignorance. Détenteur d'un savoir quasi encyclopédique, source d'où émanent les : « sept fleuves des arts libéraux »[73], il est par essence un dialecticien[74] dans la mesure où il affirme ou infirme une donnée sur le fondement de la question ou la réponse d'un interlocuteur[75]. Mais encore faudrait-il que l'argument qu'il avance milite en faveur de sa thèse, de nature à convaincre un jury. C'est pourquoi, au-delà de son immense culture générale, il est plus que judicieux de procéder à *l'invention,* c'est-à-dire la recherche des arguments susceptibles de soutenir la thèse qu'il entend défendre.

La recherche des arguments pertinents est irréfutablement la phase la plus délicate de la construction[76] d'un discours. Il faudrait préciser dans ce contexte que *l'inventio* n'est pas une invention, mais plutôt la recherche, la découverte dans l'immensité de sa culture générale et de son savoir, des arguments les plus aptes à soutenir le bien-fondé d'une thèse. C'est une opération qui consiste pour l'orateur dans sa préparation à extraire dans ses rivières de sagesse, les arguments les plus solides en lien avec la thèse défendue, à l'image du mineur qui extrait les minéraux du sous-sol. Dans son processus de préparation au débat ou au discours, il doit donc trouver logiquement les arguments les plus proches de sa thèse en faisant preuve de discernement[77]. Pour une cause donnée ou un débat particulier, il existerait donc une sorte de : « gisement », autrement dit, des lieux particuliers vers lesquels l'orateur, tout comme le mineur, doit s'orienter afin de pouvoir : « extraire »[78] les arguments nécessaires pour sa cause. La question magique à se poser face à une recherche argumentaire est donc naturellement celle de savoir : où aller chercher les arguments les plus pertinents pour mettre la thèse au grand jour. Quels sont les lieux les plus appropriés que l'orateur se doit d'explorer comme le mineur, afin de faire triompher la vérité ? Une fois l'extraction argumentaire opérée, comment les classifier selon la logique qu'on souhaite adopter ?

C'est pourquoi il devient judicieux plus que jamais, d'une part d'envisager une analyse des lieux les plus appropriés à explorer par l'orateur qui recherche des idées et arguments devant faire éclore la vérité par une démarche logique (I). D'autre part d'analyser la classification d'arguments obtenus suite aux dites recherches (II)

1- L'exploration argumentaire

L'exploration argumentaire consiste pour l'orateur à rechercher pour un sujet ou une thématique donnée les arguments les plus pertinents susceptibles de permettre d'avoir gain de cause. Il aura donc recours à des « lieux argumentatifs »[79] précis. Cicéron estime que le lieu argumentatif, autrement appelé « *loci* », « est celui où se cachent les arguments »[80]. Mais avant, il devra mettre en pratique ses aptitudes de chercheur, une attitude scientifique qui permet à l'orateur, comme le mineur qui cherche des mines, d'aller à la recherche des arguments dans des lieux précis. Avant tout débat de fond, l'orateur est fortement encouragé à se poser les questions générales suivantes, repérées par Hermagoras de Temnos, puis Cicéron : « est-ce ? » « Pourquoi ? » « Où ? » « Quand ? » « De quelle façon ? » « Avec quels moyens ? »[81]. la réponse à l'une de ces questions peut faire éclore un argument[82]. Cela pourrait également être d'une grande utilité dans l'optique de déterminer les lieux de recherche d'arguments que Cicéron classifiera en lieux dits : « communs » (A) et lieux dits « Propres » ou spéciaux. (B). En explorant les lieux communs, l'orateur recherche des arguments très généraux pouvant être utilisés, peu importe le domaine de savoir. Les lieux spéciaux permettent de trouver des arguments spécifiques à un domaine de savoir particulier, ou un genre oratoire spécifique. Il les passera en revue et choisira les arguments les plus pertinents propres à chaque lieu, étant entendu qu'il ne peut y avoir des arguments de même valeur. Il devra donc aussi soupeser les arguments, car comme le note Cicéron : « […] rien n'est plus fertile que l'esprit, surtout lorsqu'il est cultivé par l'étude. Mais la Terre riche et féconde produit à la fois les moissons et les mauvaises herbes qui leur nuisent »[83].

A- L'exploration des lieux communs.

À travers l'exploration des lieux communs, l'orateur recherche des arguments généraux pouvant être valables dans tout secteur de connaissance.

Il pourrait ainsi explorer les lieux de quantité[84] qui permettent de réaliser à quel point une chose peut être plus grande qu'une autre pour des raisons liées à la quantité. Étant donné que la pertinence de l'argument est toujours souhaitable à un nombre important. L'orateur qui dispose de ce fait d'un plus grand nombre de preuves sur une question particulière a plus de chance de faire triompher sa cause qu'un autre qui, sur la même matière, ne dispose que d'un nombre d'éléments limités. Cela peut se matérialiser concrètement dans une preuve testimoniale lorsqu'il est question de prouver la préséance d'une version factuelle sur une autre. Le nombre de témoins qu'on fait entendre peut davantage conforter une opinion qu'on se fait du dossier. Plus on aura des témoins tendant vers une version des faits, plus cette dernière aura davantage de crédit. À Contrario, moins on aura des témoins s'identifiant à une version, moins celle-là sera encensée. L'orateur peut décider cependant de s'appesantir plutôt sur les « lieux de qualité » qui mettent l'emphase non pas sur le nombre d'arguments qui convergent dans la même direction, mais sur la valeur et la force probante des arguments mis en exergue. Le lieu de qualité se présente à la vérité comme l'antidote au lieu de quantité, essentiellement basé sur le nombre d'arguments[85]. Comme le dit Cicéron, il n'est pas seulement question de trouver des arguments, encore faudrait-il les discerner, les soupeser, car : « l'esprit cultivé, tout comme la terre de par sa richesse et sa fécondité, peut produire à la fois les moissons et les mauvaises herbes » qui leur nuisent[86]. Les lieux de qualité se posent en s'opposant aux lieux dits de quantité, en s'inscrivant dans une logique accordant du prima à la force probante d'un argument sur le nombre d'arguments. Est-ce parce que vous avez autant d'arguments qu'ils sont nécessairement pertinents ? Telle est la question qui devrait graviter dans l'esprit de l'orateur qui explore ce lieu argumentaire fondé sur la qualité. C'est la qualité de l'argument sorti de ce lieu qui permet à un orateur de prouver que la majorité peut être dans l'erreur, que des déclarations de divers témoins, malgré l'unanimité frappante, peut s'inscrire aux antipodes de la vérité juridique et même logique. En explorant le « lieu de comparaison », l'orateur se fonde sur le fait que chaque élément d'un procès ou d'un débat est comparable aux faits semblables, de nature à affecter les jugements entre les faits semblables, soit similaires. C'est l'une des règles de base du raisonnement des juristes de la common law qui sur la base de la *stare decisis* [87] tirent des conclusions. C'est l'argument comparatif qui permet à un orateur ou un plaideur de savoir trouver dans une décision de justice antérieure ou des faits passés, des éléments liés au sujet sur lequel il travaille et ainsi s'en inspirer. C'est enfin l'argument comparatif qui permet à l'orateur de construire certaines formes argumentatives telles que : l'argument *à pari*, l'argument *à contrario* et l'argument *à fortiori* que nous verrons plus en détail un peu plus loin. Dans son chemin vers l'exploration des arguments au service de sa cause, l'orateur ne saurait ignorer l'existence des « lieux de probabilité »[88], « lieux de possibilités »[89] et « lieux de suppositions »[90].

L'exploration des lieux communs permet de trouver des arguments susceptibles d'être utilisés dans divers domaines de sagesse, divers domaines du savoir. L'argument ici est semblable à ces minerais retrouvés dans les lieux communs d'une mine et pouvant être exploités pour divers usages de l'industrie minière. IL y a cependant des aspects de l'industrie minière qui requièrent des mines spécifiques, des mines atypiques. L'orateur, tout comme le mineur, ne devra pas se limiter aux lieux communs. Il devra sans aucun doute explorer les lieux atypiques (B) afin d'espérer trouver des arguments spécifiques à des domaines du savoir ou des styles oratoires particuliers.

B- L'exploration des lieux atypiques.

Au-delà des lieux communs d'exploration, l'orateur est tenu plus que jamais d'explorer des lieux particuliers afin d'espérer trouver des solutions particulières à des problèmes particuliers, et dans des moments particuliers. Il devra donc explorer ce que Cicéron a appelé : « lieux propres »[91]. L'exploration des lieux atypiques permet à l'orateur de répondre à des questions qui requièrent un certain niveau de connaissance ou un genre particulier de savoir, les lieux communs à eux seuls ne permettant pas de trancher avec une certaine efficacité, la question ainsi posée. C'est le cas de l'avocat — pénaliste qui dans le cadre d'un procès trouve une certaine catégorie d'argument seulement en parcourant les faits du dossier[92], des conséquences de l'action, des circonstances de temps et de lieux. De la même manière, les arguments à *persona* se déduisent généralement de la personne de l'accusé, des témoins et autres sujets présents au procès. L'orateur, dans ce contexte de recherche d'arguments fondés sur la personne, vérifiera des éléments de l'accusé tel : le sexe, l'âge, la nationalité, le degré de culture et bien d'autres[93]. Ainsi, lorsqu'il sera question de Droit maritime, Droit des conflits armés, commerce international, pédagogie, philosophie… l'orateur interpelé devra s'assurer d'avoir lu les auteurs qui font autorité dans le domaine afin de pouvoir s'exprimer clairement. On ne le dira jamais assez : « ce que l'on conçoit bien s'énonce clairement et les mots pour le dire arrivent aisément ».[94]

Comme on peut aisément le voir, les lieux propres comme l'affirme Cicéron, sont indispensables à l'orateur qui veut s'élever et s'exprimer avec authenticité sur une question délicate nécessitant une expertise, un savoir spécifique qui échappe généralement au commun des mortels. Ces arguments spécifiques, les lieux atypiques à eux seuls en constituent le gisement nécessaire susceptible d'alimenter avec plus de rationalité et d'objectivité l'orateur, qui trouve par cette démarche son niveau le plus élevé de rationalité oratoire. Ainsi, dans son plaidoyer au conseil de sécurité des Nations Unies le 14 février 2003 sur le désarmement de l'Irak, Dominique De Villepin, au-delà des lieux communs, a certainement exploré les lieux propres liés à la diplomatie et au droit international afin de demander au nom de la France la poursuite des inspections[95]. Les arguments généraux à eux seuls n'auraient pas permis à ce diplomate de carrière de prononcer un discours si spécifique et si adapté au contexte diplomatique de l'époque[96]. C'est presque le même son de cloche que révèle le discours de Patrice Lumumba le 30 juin 1960 à l'occasion de la cérémonie d'indépendance du Congo. Le discours met au goût du jour un orateur exceptionnel s'exprimant avec une certaine virtuosité sur l'histoire coloniale du Congo. L'orateur Lumumba a exploré les dates importantes de l'histoire du pays et des faits notoires du passé pour avoir l'authenticité que le discours a eue en ce temps-là[97]. On découvre un orateur qui connaît son sujet, ses faits, un historien soucieux de présenter la facette de l'histoire, non pas des chasseurs… mais celle que connurent les lions, c'est-à-dire celle des vainqueurs. C'est le cas de nombreux autres grands orateurs qui au travers de leur oraison mettent en surbrillance les lieux propres de leur recherche argumentaire.

L'orateur, nous l'avons constaté, est avant tout un chercheur rationnel qui, dans une gymnastique dialectique intense, se doit de faire un aller et retour systématique entre les lieux « Communs » et « propres » lorsqu'il est confronté à un discours ou un genre oratoire particulier. Son histoire se confond quasiment à celle d'un mineur qui devra extraire dans des endroits particuliers d'une mine des minéraux particuliers pour des besoins particuliers. Au sortir de cet exercice d'extraction argumentaire, il disposera certainement d'un chapelet d'arguments. Pourrait-il alors directement les placer dans un argumentaire sans discernement ?[98] Sans les soupeser ? Il nous semble primordial à cette étape de la recherche de procéder à une classification des arguments trouvés (II), afin de ne point priver le discours d'une dimension de sa pertinence lorsqu'il sera question de se prononcer sur le fond de la question.

1- La catégorisation argumentative

Après avoir trouvé les arguments nécessaires au soutien de sa cause, tant ceux généraux que spécifiques, l'orateur, posé en chercheur stratégique, devra pour assurer la rentabilité et l'efficacité du discours ou du plaidoyer procéder à une classification méthodologique selon des techniques anciennes qui demeurent d'actualité. Il peut faire usage de l'argument d'autorité,[99] qui consiste à mettre de l'avant, pour une thèse précise, la position d'auteurs réputés pour leur maîtrise du sujet et leur autorité scientifique en la matière. Une démarche si méthodiquement utilisée permettrait une adhésion et acceptation de l'auditoire[100]. L'autorité mise de l'avant dans ce contexte devra être incontestable et incontestée. Une autorité controversée ne servirait aucunement la cause. Comme l'a relevé brillamment l'avocat Alessandro Traversi, l'orateur pourrait tout aussi faire prévaloir des arguments, tirer des exemples[101], en vue de démontrer des points analogues à la cause qu'il porte, la cause qu'il défend. Il devra reconnaître dans la panoplie argumentative à sa disposition, les arguments de contradiction[102], les arguments de division du tout dans ses parts et d'inclusion de la part dans le tout, l'argument d'identité[103]. Mais encore plus, il devra davantage avoir une attention particulière pour les arguments *à pari, à contrario* (A) et les arguments de double hiérarchie (B) sur lesquels nous ferons une autopsie profonde de la mécanique dialectique y afférente.

A- La catégorie analogique

Après le processus d'exploration argumentaire, il est de la responsabilité de l'orateur de voir dans le résultat des recherches les arguments qui pourraient être utilisés par analogie. Cette catégorie d'argument et de raisonnement repose sur l'idée que des situations similaires devraient être traitées de la même manière[104]. Dans l'interprétation des lois, l'orateur en fait usage pour étendre l'application d'une norme législative à une situation qui ressemble à celle visée expressément par la loi. Il peut l'utiliser pour prévenir un vide juridique ou assurer la cohérence du Droit[105]. L'argument analogique tel que le démontrent divers manuels de méthodologie, interviennent par excellence dans des argumentations juridiques ou plaidoiries devant les tribunaux. C'est un type particulier qui a démontré son efficacité depuis des millénaires et n'a pas du tout perdu de sa pertinence. Il tire sa force de persuasion d'une règle de droit qui exige l'application d'un traitement identique à des sujets ou éléments factuels appartenant à la même catégorie, ou des traitements différenciés *à contrario*. À la lumière de cette manœuvre dialectique, l'orateur a la possibilité d'utiliser deux types d'arguments qui ont pendant longtemps inspiré divers réquisitoires, diverses plaidoiries, plaidoyers ou discours révolutionnaires : l'argument « *a pari* » et l'argument « *a contrario* ».

L'argument *à pari*[106] consiste à mettre en avant un cas similaire au cas en question et à considérer que la loi, la jurisprudence ou la règle appliquée au premier, doivent forcément l'être pour le second. Autant les points de coïncidences entre les deux cas seront saillants, autant la force persuasive de ce procédé sera grande. Il devient donc assez logique pour l'orateur de vérifier, s'assurer que les situations mises en évidence ne se distinguent pas trop. Autrement, ce serait pour l'orateur scié la branche sur laquelle il est assis que d'invoquer cette catégorie, qui dans les circonstances peut certainement s'avérer nuisible pour lui — même et la crédibilité qu'il est supposé incarner.

Cicéron, dans son ouvrage emblématique _de Oratore,_ nous livre l'un des meilleurs usages[107] de l'argument _à pari_ : « Dépenser l'argent de l'État contre l'intérêt public est aussi criminel que le voler »[108]. dans son tri argumentaire il devra aussi savoir discerner des arguments _à pari_ à usage spécial, notamment « l'argument de réciprocité » qui permet d'appliquer un même traitement à des situations symétriques, de même que l'argument de transitivité[109]. L'orateur dans sa classification ne saurait ignorer l'« argument _à contrario_ » qui est une comparaison entre deux faits. Cependant, à l'opposé de l'argument « _a pari_ », il vise à démontrer que le principe obtenu pour un cas d'espèce donné ne peut s'appliquer à l'autre cas d'espèce, en se fondant sur le fait que les autres cas fonctionnent différemment. Il pourrait en tirer une force persuasive d'envergure. C'est d'autant plus que le cas d'espèce ou fait qui l'inspirent constituent une exception par rapport à une règle donnée. L'orateur invoquera l'argument _à contrario_ généralement dans des situations juridiques pour opposer l'application d'une règle à une espèce déterminée. Il démontrera _à contrario_ que des cas similaires à celui mis en évidence sont réglés par des principes différents.

Cas pratique:

les chiens doivent être tenus en laisse sur les plages.

À contrario : les léopards qui ne sont pas des chiens n'ont pas à être tenus en laisse sur la plage.

B- La catégorie de double hiérarchie

Au sortir de l'exploration des lieux communs et propres, l'orateur devra avoir une attention très particulière sur les arguments de doubles hiérarchies ou _à fortiori_. Ce sont des arguments basés sur une double hiérarchie de valeur, dégageant une vérité d'une autre déjà admise avec encore plus de force, avec des arguments semblables plus solides, plus nombreux que ceux qui légitiment la première. Concrètement, l'orateur fait usage d'une prémisse en faisant d'elle une hiérarchie de valeurs reconnue universellement, et en déduit de la comparaison entre deux termes qui appartiennent au même système de différentes valeurs. Tout ce qu'on considère applicable à l'un doit à plus forte raison être valide pour l'autre. L'un des exemples phares mettant en évidence cette catégorie est mis en relief par Aristote : « Si même les dieux ne savent toutes les choses, les hommes les sauront encore plus difficilement. »[110].

L'orateur pourrait faire usage de cette catégorie dans diverses situations, autant juridiques que non juridiques. Il peut la conduire du plus ou moins, tel que les Grecs l'ont appréhendé il y a des années, ainsi que les Romains comme *comparatio a minore ad maius ;* et à l'époque médiévale, comme *ductus obliques*[111]. L'un des meilleurs exemples peut être tiré des saintes Écritures, comme par extraordinaire. En effet, Jésus y fait usage de cette technique et catégorie pour exhorter les Hommes à ne pas se préoccuper des biens matériaux[112]. Comme mentionné plus haut, l'orateur invoquera ces arguments lorsque confronté à une situation normative, pour des questions essentiellement factuelles, ou pour mettre en lumière un certain nombre de réfutations.

L'orateur est un chercheur

Alors confrontés à une joute verbale qui les opposait à des adversaires coriaces, **Eugène Afarin** et **Eugenie Kotelnikova** de Russie préparent des arguments contre leur adversaire. Les deux débatteurs après avoir recherché les réfutations lesplus appropriées, ont procédé a leur catégorisation afin d'avoir plus d'impact sur l'adversaire. C'était un réel délice pour le public ayant fait le plein d'œuf de l'amphi Louis Liard de la sorbonne de voir la dialectique se déployer par l'entremise de ces orateurs aujourd'hui champions du monde de débat. L'orateur avant de prendre la parole devrait s'assurer de la qualité de sa recherche, la force de ses idées, et le poids de ses arguments.

L'orateur, à l'image du mineur, est avant tout un chercheur. Toute occasion de prise de parole est une opportunité de recherche qui en réalité est l'élément essentiel de tout discours, tout raisonnement, tout plaidoyer, toute plaidoirie. Un discours sans arguments palpables serait inodore, incolore ou simplement sans saveur. L'argument pertinent apparaît de ce fait comme le fondement de la magie verbale détenue par l'orateur, laquelle magie devrait s'abstenir de virer vers un verbiage généralisé, imbibé d'enflures du vocabulaire et circonvolutions sémantiques. C'est pourquoi, confrontée à un débat, l'exploration des « lieux communs » pour des arguments généraux est plus que déterminante. De la même manière, l'exploration des « lieux propres » pour des débats, mettant en couleur des domaines particuliers du savoir s'impose plus que jamais. Au — delà de la nécessité d'apprivoiser les talents de recherche, l'orateur est aussi un stratège qui, une fois ses arguments trouvés, devra les classer par catégorie afin d'en maximiser l'usage dans le cadre d'un débat qui se veut dialectique et basé sur le poids des idées, sur la force des arguments. L'*invention* apparaît certes comme la phase la plus importante de la démarche préalable de l'orateur, en ce qu'elle vise à repérer les arguments à même de convaincre un auditoire, persuader un juge, vaincre et triompher sur un contradicteur. Toutefois, il peut arriver que malgré les efforts de recherches déployés énergiquement, l'orateur ne trouve pas d'arguments ou trouve simplement des arguments encore plus faibles que ceux avancés par son adversaire. Que faire en pareille circonstance ? Cicéron estime qu'il y a une seule issue : celle de se concentrer sur des sujets du débat où on estime avoir plus de force. *À contrario*, on risque de perdre toute crédibilité aux yeux du juge ou de l'auditoire, simplement accrochés à nos lèvres[114]. La construction du discours s'apparente à la construction d'un édifice : quand l'orateur achève la recherche et la catégorisation des arguments, il faudra les soupeser afin de voir ceux qui seront plus utiles pour faire triompher la cause par lui défendue. Mais surtout, il devra procéder à leur classement pour espérer octroyer à chaque argument une place qui permettrait son usage maximal dans le discours persuasif. D'où l'urgence de disposer les arguments émanant des recherches.

CHAPITRE III: DE LA DISPOSITION ARGUMENTATIVE[115]

L'orateur qui finalise sa recherche devra procéder à la disposition des arguments issus des dites recherches, dans la perspective de mettre en évidence leur force maximale. C'est ce que Cicéron dans un traité épistolaire composé à la demande de Brutus reconnaissait déjà lorsqu'il affirmait : « L'orateur doit faire appel à son jugement pour opérer une sélection draconienne… Mais comment va-t-il disposer ce qu'il aura trouvé ? … L'orateur composera son exorde comme un beau vestibule ouvrant sur la cause par des accès lumineux. Une fois qu'il sera emparé des esprits dès le premier assaut, il établira sa position, réfutera et esquivera les objections de son adversaire. Il placera au début et à la fin les arguments les plus solides et mettra les plus faibles au milieu. » La disposition des arguments dans un discours est une phase qui est loin d'être une technique négligeable en ce qu'elle s'avère essentielle pour la cohérence du discours, en ce qu'elle empêche l'accumulation et la cristallisation des arguments sans support logique. Si la recherche des arguments fait de l'orateur avant tout un chercheur à l'image du mineur dans une mine, la disposition des arguments est plus une question de stratégie, de technique de construction oratoire à des fins persuasives.

À ce sujet, Quintilien dans un ouvrage au titre mémorable estime que l'édification d'un discours est sur plusieurs points semblable à celle d'un bâtiment[116]. Ainsi peut-on lire : « Comme il n'est pas suffisant pour ceux qui construisent des bâtiments de ramasser des pierres, du matériel, et tout ce qui est nécessaire à un constructeur, si on ne met pas en acte une connaissance technique en disposant et en plaçant tout en ordre, ainsi, dans l'art de dire, la richesse des arguments signifierait seulement un fatras et un tas d'éléments si un même critère ne les range pas une fois unis, recueillis et unis d'entre eux »[117]. L'orateur devra faire un effort de sélection en éliminant ainsi les arguments qui de son entendement semblent assez superflus, confus ou simplement contre-productifs, de nature à compromettre durablement sa cause. Les arguments insignifiants et ceux d'apparence utile, mais en fait pas réellement avantageuse ne devraient pas être mis en vedette comme le préconise Cicéron dans un ton on ne peut plus clair : « Quand je recueille les arguments d'une cause, moi j'ai moins l'habitude de les compter que de les peser »[118]. Le poids des idées et la force des arguments à eux seuls devraient déterminer le choix des arguments mis de l'avant, même si contrairement à Cicéron, une présentation chronologique des arguments pouvait toute aussi valoir son pesant d'or dans un autre contexte.

L'orateur est un architecte de la parole qui devrait, à la vérité, au-delà de la recherche, maîtriser des rouages techniques et stratégiques qui si bien amenés, bien agencés donneraient de la force, mais surtout de l'impact et de la puissance au discours qu'il délivrera. Aussi, devient-il primordial de s'intéresser aux codes de la disposition oratoire. Dans cette mouvance, avant d'analyser l'ordre de présentation et le poids des arguments (II), il serait au préalable judicieux de comprendre le processus de construction et de structuration du discours (I).

I- De la Construction et la structure du discours

De L'an 46 à nos jours soit environ plus de 2500 ans, la construction et la structure du discours a toujours mis en lumière une démarche identique. Ces principes, élaborés par les plus grands maîtres tels : Démosthène et Cicéron entre autres, constituent le fondement empirique de la construction oratoire qui, il faut le reconnaître, n'a pas du tout perdu de sa vivacité, et nous en sommes les dignes héritiers. L'orateur devra toujours ouvrir son discours par des accès lumineux[119] en faisant un usage stratégique de l'exorde (A) qui est la partie initiale du discours ayant pour rôle, non seulement d'introduire le sujet, mais aussi susciter l'attention de l'auditoire tout en gagnant sa bienveillance. Logiquement, après cette étape, il devra procéder au N*arratio* (la narration). Il devra exposer de manière persuasive les faits arrivés ou supposément arrivés[120] (B). Après la petite histoire découlant des faits exposés, il devra établir sa position par son argumentation. Naturellement, il réfutera et esquivera les objections éventuelles de son adversaire. (C) L'orateur va clore son discours par la péroraison (D), présentée par Cicéron comme : « la fin et le couronnement de l'oraison entière » (*exitus et determinatio tortius orationis*). L'analyse approfondie de ces diverses étapes s'impose, dans l'optique d'appréhender avec une certaine objectivité, disons une objectivité certaine, la construction et la structure du discours par l'orateur qui souhaite convaincre, persuader méthodiquement et stratégiquement un auditoire accroché à ses lèvres.

A- L'exorde

L'exorde est le premier temps du discours marqué d'une délicatesse qui ne fait l'ombre d'aucun doute[121]. C'est grâce à l'exorde que l'oratrice définit sa relation avec l'auditoire. L'oratrice prendra ainsi diverses dispositions pour que l'auditoire soit réceptif, attentif et bien disposé. C'est en d'autres termes ce que les Romains appelaient *Captatio benevolentae*[122]. Comme le prologue au théâtre, et le prélude chez les flûtistes, l'exorde est une certaine : « introduction au parcours de l'oraison »[123]. Au-delà des apparences stylistiques et rhétoriques, l'exorde vise surtout à briser le silence et dans un autre sens, casser la glace avant tout débat de fond[124]. Il arrive cependant que pour des raisons de grande objectivité, notamment celles permettant d'éviter le hors-sujet ou distraire les juges ou simplement l'auditoire, l'orateur peut y faire table rase pour accorder plus de place au fond.

Chaque cause ou discours a ses particularités et répond à des circonstances particulièrement spécifiques. L'orateur devra donc trouver un exorde particulier pour chaque circonstance particulière, un exorde approprié pour chaque cause particulière, pour chaque discours singulier. Cicéron l'orateur des orateurs estime que l'orateur devra certainement relever ces défis avec maîtrise : « l'exorde, en effet, ne doit pas dériver par des facteurs extérieurs, mais il doit émerger par les entrailles de la cause même ». L'orateur pourra partir d'une idée majeure tirée de son discours, résumant ou mettant en surbrillance des points forts de la cause qu'il porte. Il pourrait aussi partir d'une idée avancée par son adversaire ou tout simplement touchée des points ou idées qui susciteraient incontestablement la bienveillance et la sympathie des juges. Une situation que l'auteur de _De Oratore_ pense s'obtenir plus par la force de persuasion de la cause, la défense d'un dossier que des prières parfois dithyrambiques adressées à la sagacité des juges[125]. Il peut arriver toutefois des circonstances dans lesquelles l'orateur se trouve face à des défis liés à son auditoire. Notamment lorsque ce dernier affiche une hostilité à l'égard des gens pour qui l'orateur va plaider ou tout simplement des faits qui seront traités lors de l'oraison. Il revient en pareille circonstance pour l'orateur distingué de rendre son auditoire attentif plus que jamais, bienveillant et docile. Mais comment y parvenir ? Étant entendu qu'il devra s'abstenir de blesser son auditoire et par là, ruiner sa cause à jamais ! Une fois de plus, Cicéron nous donne la réponse et recommande de faire appel à l'insinuation qui consiste à essayer de se frayer un passage dans l'esprit de chaque auditeur sans qu'il ne s'aperçoive, soit en parlant de nous-mêmes, des adversaires, des juges et du sujet de la cause.

Enfin, l'orateur devra instaurer avec l'auditoire un lien de sympathie de telle sorte que l'auditoire, suspendu à ses lèvres, puisse sans le savoir s'identifier à l'orateur. L'un des procédés utilisés depuis l'antiquité consiste pour l'orateur à s'excuser de son insuffisance en étalant une timidité du moins apparente et quelques difficultés. Dans son premier discours contre Philippe, le roi de Macédoine qui menace Athènes, Démosthène justifie le fait qu'il s'exprime avant les autres. Il ne voudrait pas en effet qu'on le juge présomptueux de parler avant les orateurs les plus expérimentés. En commençant son discours par cette précaution oratoire, Démosthène évite d'indisposer l'auditoire tout en préparant les Athéniens à l'écouter de bout en bout avec attention, bienveillance et obéissance. Le discours d'Antoine dans Jules César de Shakespeare est un modèle louable[126]. C'est quasiment le même écho qu'on peut noter dans les premiers mots du président américain John Kennedy lorsqu'il annonce aux Américains le lancement d'un programme conquête spatiale : il affirme avoir du plaisir de se trouver là en si grande compagnie. Il flatte son auditoire en mettant l'emphase sur ce qui unit le peuple étasunien avant de mettre sur la table un challenge qui mobilisera d'énormes ressources dans le pays[127]. Dans un exorde, l'orateur peut aussi chercher à créer un effet de surprise pour choquer, ébranler ou simplement distraire. Le début du premier discours de Cicéron contre Catilina (108-62 avant J.C) devant le sénat romain en est l'exemple vivant. Loin de s'adresser aux sénateurs comme le veut la tradition orale au sénat, Cicéron s'en prend directement à Catilina qui conspire contre Rome : « Jusques à quand enfin, Catilina, abuseras-tu de notre patience ! Combien de temps encore ta fureur esquivera-t-elle nos coups ? ». Dans ce contexte d'époque, le conspirateur contre la république se trouve parmi les sénateurs. Cicéron l'interpelle donc pour non seulement l'effrayer, mais aussi mettre les sénateurs en alerte.

B- La Narration

La narration est un réel pouvoir que devrait détenir tout orateur. Un pouvoir largement démontré par Adrien Rivierre dans un ouvrage au titre mémorable[128] dans lequel, entre autres, il lève un pan de voile sur la richesse et l'utilité des récits ainsi que leur usage dans un discours. La narration consiste à exposer de manière persuasive des faits arrivés ou supposés arriver dans une affaire, ou un discours[129]. L'orateur par cette démarche narrative expose les faits, tous les faits, mais rien que les faits arriver afin de se préparer à développer un argumentaire qui en découlent naturellement. Il ne fait l'ombre d'aucun doute que la narration pour l'orateur est une phase préparatoire au processus qui consiste à faire éclore les arguments, puisqu'elle participe de la reconstitution des faits pertinents ayant un lien logique avec les arguments qu'il fera prévaloir le moment venu. Pour maximiser la force de sa narration, l'orateur devra s'assurer de sa brièveté, sa clarté, et bien entendu, sa bienveillance[130]. L'orateur devra aller à l'essentiel dans son histoire afin d'éviter de s'appesantir sur des éléments pas très importants pour sa cause, ou des éléments qui pourraient desservir la cause qui le tient à cœur. Il devra évidemment faire preuve de clarté. C'est dire qu'il devra non seulement respecter la chronologie des faits, et faire preuve de maîtrise des faits, de façon à faire confirmer les juges ou l'auditoire qu'il maîtrise son sujet. La narration devra être fluide, tel un long fleuve tranquille. Les faits mis en relief par l'orateur doivent être probables, c'est à dire conformes à la réalité ; mais aussi, ils ne doivent pas s'opposer à la vérité.

La narration, comme on le verra, est un temps du discours très en vue dans l'art oratoire de type judiciaire, où en général, le plaideur rappelle les faits arrivés dans l'affaire afin de pouvoir justifier les arguments avancés. Cependant, lorsque l'orateur estime pour une raison ou une autre que la narration n'aidera pas la cause qu'il essaye de défendre, il pourrait simplement omettre cette étape[131]. En effet, la description des faits défavorables aura certainement des conséquences négatives. Dans certaines circonstances, la narration est plutôt incontournable. Tel est le cas de la défense de Milon[132] ou la narration des faits survenus le jour de l'assassinat de Clodius. Les faits tels que narrés démontrent le pouvoir que peut avoir la narration dans un discours, fût-il à saveur judiciaire ou politique. Un tel décor planté donne un boulevard argumentaire à l'orateur qui, saisissant la balle au bond, abordera les arguments logiques y afférents avec plus d'intelligibilité et de majesté.

C- L'argumentation

Que serait un discours sans une argumentation solide ! Que serait un discours dépourvu d'idées et d'un contenu substantiel ! Bien évidemment, sans consistance ni substance, un simple verbiage aérien sans réel support scientifique. C'est pourquoi l'orateur distingué devrait avant tout penser aux arguments à avancer lorsqu'il décide de monter au perchoir pour savourer les parfums des mots. Il ne suffira pas simplement de savourer le parfum des mots, mais essayer de soigner par son discours des maux sociaux par de simples mots. L'orateur devra donc dans le troisième temps du discours, absolument lever un pan de voile sur les arguments qui soutiennent sa thèse.

L'argument devra répondre au problème ou la question soulevée au début du discours. Il sera soutenu par une idée principale et des idées secondaires qui expliquent la mécanique du raisonnement mis de l'avant pour faire triompher sa cause. L'argument principal devra être clairement distingué des arguments secondaires qui eux, viennent en support à l'argument principal. Pour renforcer sa thèse ou sa position, il serait judicieux de convoquer après l'explication de la mécanique argumentative, des autorités qui s'imposent dans le domaine traité. Si on traite un sujet lié au Droit par exemple, un précédent jurisprudentiel, un article de loi, de la doctrine pertinente ou la coutume juridique pertinente renforceraient l'orateur dans le processus de défense de sa cause. De Même, tout sujet afférent à d'autres domaines de savoir demande que l'orateur invoque des auteurs, spécialistes ou experts réputés en la matière afin de démontrer davantage le bien-fondé de ses prétentions. Un exemple de situation factuelle mettant en évidence l'expérimentation de la question traitée pourrait être soulevé après l'invocation des autorités pertinentes pour ajouter davantage de l'eau au moulin de l'orateur. L'exemple a l'avantage de créer une image forte de la représentation et l'application de l'argument dans l'esprit de l'auditoire ou du jury le cas échéant. Puis naturellement, l'orateur devra conclure son argument dans le respect des règles logiques et des règles argumentatives abordées plus haut. Il pourrait bien dans cette perspective faire usage des figures de styles et d'autres manœuvres de forme afin de donner davantage de couleur, de saveur et d'odeur à l'argument qu'il met de l'avant dans son envolée oratoire.

Il peut arriver que l'orateur procède à la réfutation soit avant ou après son argumentation dépendamment du contexte imposé par les circonstances du débat. La réfutation consiste à démontrer le manque de fondement des arguments de l'adversaire ou de la thèse opposée à celle qu'on n est tenu de défendre avec la plus grande fermeté. L'orateur, dans cette optique, dans cette démarche contestatrice, n'aura qu'a s'illuminer du très ancien précepte aristotélicien qui consiste à démontrer simplement : « soit que le fait n'existe pas, soit qu'on n'a lésé personne, soit que l'ampleur du dommage n'est pas comme on le prétend, soit qu'on a agi justement »[133]. L'un des merveilleux exemples de réfutation est l'oraison de Cicéron lors de la défense de Marcus Caelius.

D- La péroraison

Les derniers mots d'un discours sont autant délicats, autant décisifs que les premiers. Ils sont importants pour assurer une certaine force de persuasion, un impact réel sur l'auditoire. Comme le disait déjà Cicéron dans *Rhetorici qui vocantur de interventione,* c'est : « … le couronnement de l'oraison entière… ». La péroraison, définie par Hélène Tronc comme : « la fin du discours qui le résume et accentue les émotions »[134], apparaît pour l'orateur comme une ultime occasion pour influencer l'opinion des juges, pour influencer l'auditoire à pencher vers la cause par lui défendue. La péroraison, disait Quintilien au sujet des discours judiciaires, devrait : « être d'un plaidoyer comme des tragédies et des comédies des anciens, où le spectateur ne se trouvait jamais plus intéressé, plus ému, que lorsque la pièce allait finir »[135]. Mais avant, l'orateur pris dans son action oratoire, devra préparer son auditoire à la conclusion imminente du discours, soit par des mots et expressions[136] qui témoignent d'une conclusion imminente, soit par la tonalité prise à un moment donné de l'oraison. La péroraison dans les circonstances s'apparente à s'y méprendre à un avion qui se prépare à atterrir dans un aéroport.

L'orateur, dans ce dernier temps du discours, récapitulera les points saillants et marquera une ultime fois son auditoire en sollicitant ses émotions si les circonstances sont favorables. Il ne devra simplement pas survoler ou effleurer les grands axes argumentaires traités autant dans l'argumentation que la réfutation à des fins de rafraîchissement de la mémoire. Il reprendra les points les plus forts et en fera un résumé magique qui pourrait apparaître sous forme métaphorique ou d'image afin de marquer davantage les esprits. Il ne devra pas, l'affirme Cicéron, répéter dans son intégralité l'oraison. La péroraison est un moment du discours plein de mots forts, d'images, d'actions oratoires, mais surtout de sentiments projetés sur l'auditoire. Mais surtout de sentiments, l'orateur pourrait par exemple créer un scénario rhétorique qui déboucherait sur le fait que l'auditoire et le jury n'ont pas de choix dans les circonstances, sinon celui de se prononcer en faveur de sa cause. Lors du procès de Maurice Papon (1997-1998) accusé de crimes contre l'humanité pendant la Seconde Guerre mondiale, dans ses conclusions, au sortir d'un marathon judiciaire qui aura fait 5 mois environ d'envolées lyriques, l'avocat Gérard Boulanger (représentant des parties civiles) récapitule d'abord l'affaire, les mensonges de l'accusé et les points sur lesquels le jury devrait s'appesantir. Il choisit délibérément de citer les phrases prononcées par les victimes et leurs proches au cours du débat. Cette situation provoque les émotions et la dimension humaine de l'affaire en atténuant celle essentiellement technique. Il met aussi au goût du jour le fait non moins pertinent selon lequel les victimes furent des individus et non un agrégat d'individus, un groupe de personnes non particulièrement identifiable non particulièrement identifié. Il met en relief les conséquences humaines des actes de Maurice Papon et émeut le jury de ses multiples envolées oratoires avant que ce dernier n'écoute la défense[137]. Comme on peut le voir, l'orateur qui gagne la bienveillance des juges s'assure ipso facto de leur participation au niveau émotif. Les techniques d'amplification du discours et la mise en valeur des points suscitant de la compassion telle les maladies, le mauvais sort ou des malheurs survenus dans la vie de celui qu'on défend, ou simplement des faits qui témoignent de la vulnérabilité des victimes pour lesquels on plaide une cause permettent de susciter des émotions qui aideraient à faire une différence. C'est ce qu'on peut noter avec emphase dans la péroraison de Cicéron lors de son oraison pour défendre Marcus Caelius :

« Regardez sa jeunesse, mais tenez compte en même temps que vous avez devant vous ce malheureux qui, devant votre humanité, vous supplie humblement et se prosterne devant votre autorité non seulement à vos pieds, mais surtout devant vos esprits et vos sens. Vous serez soulagés en vous souvenant de vos parents, du sourire de vos enfants, en exaltant, dans la douleur d'autrui, votre pitié et votre bonté. Ne hâtez pas, mes juges, encore plus par votre blessure que par la loi du temps, la fin de cet homme désormais sur le déclin ni ne brisez cette jeune vie, déjà enracinée dans la première fleur de la vertu dans un tourbillon ou une tempête imprévue. Gardez ce fils à son père et ce père à son fils afin qu'il ne semble pas que vous ayez méprisé une vieillesse sans espoir ni avoir voulu garder en vie, au contraire, avoir frappé et couper une jeunesse riche d'espoir. Si vous le gardez pour nous, pour sa famille, pour la république, vous l'aurez acquis, lié, vous l'aurez fait fidèle à vous, à vos enfants, et par toutes ses forces et ses fatigues, vous — mes juges, plus que n'importe qui au monde, vous aurez cueilli les fruits les plus riches et les plus durables »[138].

Comme on peut le voir, il ne suffira pas simplement de récapituler les points importants du discours, mais encore faudrait-il savoir solliciter les émotions, encore faudrait-il savoir quand annoncer par des faits et gestes l'imminence de la péroraison qui, il faut le reconnaître, intervient à l'image d'un aéronef s'apprêtant à atterrir dans un aéroport.

II- De L'ordre de présentation et du poids des arguments

L'ordre des arguments est d'une importance sans précédent dans la disposition et la force de persuasion qui découlera du discours. C.Perelman dans : « l'empire rhétorique, Rhétorique et argumentation » estiment que « la disposition des arguments, notamment leur ordre, est d'autant capitale quand il s'agit d'argumenter pour gagner l'adhésion de l'auditoire » puisque dans ce cas, continue-t-il, « L'ordre de présentation des arguments change les conditions de leurs acceptations ».[139]   Il ne fait l'ombre d'aucun doute que l'ordre de présentation des arguments influence significativement leur acceptabilité, leur acceptation, leur réception par l'auditoire ou le jury appelé à juger de la pertinence de ces arguments que l'orateur aura bien voulu soumettre au travers de son oraison. Il existe donc plusieurs méthodes, plusieurs stratégies permettant à l'orateur de disposer les arguments qu'il aura laborieusement obtenus au sortir de ses recherches. Il devra faire un choix stratégique, puis établir un ordre correspondant. Dans cette perspective, on note un affrontement de diverses tendances, diverses théories. Pour les uns, l'orateur devra d'entrée de jeu impressionner son auditoire en exposant les arguments les plus solides, les arguments les plus forts, selon un ordre decrescendo (A). Pour d'autres au contraire, l'orateur devrait créer un suspens en réservant le meilleur pour la fin dans une perspective croissante (B), telle que la rhétorique d'Herennius, un traité romain anonyme le préconise : « Puisque l'on retient surtout les dernières paroles prononcées, il est utile de laisser, le discours fini, une preuve solide, toute fraîche, dans l'esprit des auditeurs. Cette disposition des lieux, de même que l'ordre de bataille donne le succès au combat, permettra aisément la victoire ». Cicéron pour sa part dans son célèbre traité <u>de L'orateur</u>

ouvre de nouveaux horizons en préconisant une voie supplémentaire, qui consiste à placer au milieu du discours les arguments les plus faibles de manière à les encadrer par des raisons encore plus convaincantes. C'est cet ordre qui semble avoir été entériné par les anciens maîtres de la rhétorique qui recommandaient fortement ce qu'il est convenu d'appeler ordre nestorien[140] (C). Dans l'espoir d'en savoir plus sur cette facette de l'art oratoire tout aussi importante, encore faudrait-il analyser avec minutie et respectivement l'ordre decrescendo, l'ordre crescendo et enfin l'ordre nestorien des arguments, en vue de déterminer les meilleures ou la meilleure stratégie recommandée et recommandable pour un discours susceptible de faire triompher une cause du fait du poids de ses idées, l'ordre de présentation de ses arguments, mais surtout la force desdits arguments.

A- L'ordre de force Crescendo

L'orateur qui finalise sa recherche argumentaire, comme mentionnée plus haut, peut opter pour un ordre de force croissant comme méthode de disposition. Ce n'est nulle autre une stratégie qui permet de partir des arguments les moins importants vers les meilleurs arguments du discours qui interviennent à la fin de l'oraison. L'orateur ici réserve ses meilleures munitions, son argument joker pour la fin du discours afin de marquer un peu plus d'emphase sur ce dernier point qu'il souhaite graver et cristalliser dans l'esprit de son auditoire. On pourrait ainsi voir au début du développement argumentatif l'expression « d'abord », annonçant l'argument initial généralement de moindre importance, « encore plus », qui signale l'imminence d'un argument de taille moyenne et enfin, « surtout » qui pourrait introduire, tel un gyrophare, l'argument phare du discours. Étant donné que l'auditoire retient toujours les dernières paroles prononcées, l'ordre de force crescendo mérite de laisser une preuve solide, toute fraîche dans l'esprit de l'auditoire, une situation qui mène aisément vers la victoire de la cause défendue ou plaidée.

Ce d'autant plus que l'orateur, de par sa posture de gradation ascendante du discours, fait monter comme une pompe à air la pression et les émotions chez les auditeurs et éventuellement le Jury. Toutefois, force est de constater que dans le prononcé d'un discours, le début est le temps par excellence pendant lequel l'orateur peut avoir le plus d'attention de la part de l'auditoire, qui apparaît comme étant le plus réactif à ce moment précis. Des premiers aux derniers mots, un discours est semblable à un long fil qu'il faut maintenir tendu pour éviter que les auditeurs ne s'égarent en route. On pourrait ainsi voir certains auditeurs bâiller par pure perte d'attention. On a un discours qui fait usage de la gradation ascendante des arguments ou simplement, qui met en relief l'ordre de force Crescendo des arguments risque de mettre un auditoire parfois peu patient mal à l'aise ou l'indisposer. L'auditoire pourrait ainsi effectuer un jugement général sur la courbe que prendra le discours, sans prendre pour acquis que le meilleur pourrait intervenir vers la fin dudit discours. Cette stratégie pourrait déconcentrer l'auditoire qui perdrait dès le début du discours l'attention requise et le suivrait à bâtons rompus, au lieu de le suivre de bout en bout. On se demanderait alors si une telle démarche serait davantage efficace ? On se demanderait si elle ne serait pas contre-productive pour la cause défendue par l'orateur. Les grands maîtres de la rhétorique ont longtemps mesuré la teneur de cette difficulté. C'est pourquoi en général, ils s'accordent à reconnaître qu'en pratique, l'ordre de force crescendo ne fonctionne pas toujours. Ce n'est pas particulièrement une bonne idée. C'est pourquoi il devient primordial d'explorer d'autres astuces de disposition.

B- l' « ordre de force Decrescendo

Contrairement à la logique de gradation ascendante démontrée plus haut, l'orateur qui opte pour la force décroissante des arguments vise à capter toute l'attention de son auditoire dès le début du discours, à l'impressionner à l'aurore du discours, et non quand la nuit est sur le point de tomber sur les débats du jour. Il fera usage des arguments les plus solides au début du discours ; estimant qu'à la fin, son auditoire fait face à un relatif épuisement, il fera plutôt usage des arguments les plus faibles. Au moins, l'essentiel de la messe aura été dite au début du discours et l'auditoire aura eu le fond de sa pensée. On pourrait ainsi noter dans sa charpente argumentative les expressions : « Par-dessus tout », « avant tout »... introduisant l'argument béton du discours sur lequel l'auditoire devrait être scotché ; puis, on pourrait noter des expressions telles : « puis, ensuite » qui apparaissent ici comme des marqueurs du second argument, mais pas des moindres. Ce second argument se démarque par une baisse de la pression notée et caractérisée par la force du tout premier argument. Vers la tombée des rideaux sur le discours, l'orateur introduit son argument le plus faible par : « enfin... ». Un argument qu'il présente avec beaucoup plus de tranquillité, étant donné la haute pression et l'émotion drainée par les deux premiers points saillants du discours. Bien que cette stratégie permette à l'orateur de mettre l'auditoire en confiance au début de son discours, et aborder les points majeurs et délicats du speech à l'aurore de l'oraison, on devrait cependant reconnaître pour le déplorer que l'auditoire retient en général les dernières paroles prononcées par l'orateur. Le grand défi ici est d'entretenir l'attention qu'il aura su éveiller avec une certaine maestria au début du discours, au moment où l'auditoire, encore sur sa soif, souhaite davantage s'abreuver de ses paroles. À cet effet, Quintilien, l'un des meilleurs spécialistes de l'éloquence romaine affirmait : « Il faut une vue qui aille loin, qui conduise tout, et qui se porte sur les dernières parties du discours à mesure que nous prononçons les premières, afin que tout nous disons soit comme éclairé de cette prévoyance. »[141] Les dernières paroles restent fraîches dans la mémoire des auditeurs. Cet état de choses risque de porter préjudice à l'orateur qui fait usage de l'ordre de force décroissant des arguments. En réalité, il risque par cette manœuvre de laisser aux auditeurs une dernière impression loin d'être favorable.

Pourtant hélas ! Il aura mis les petits plats dans les grands en faisant feu de tout bois pour convaincre son auditoire par des arguments forts et des idées de haut calibre. Au — delà du talent de chercheur, l'orateur devrait être un excellent stratège qui doit savoir comment utiliser ses munitions stratégiquement, mais surtout, savoir quand sortir son argument joker. C'est pourquoi, déjà dans la rhétorique ancienne, les grands maîtres ont estimé que cette manœuvre oratoire devrait être utilisée avec précaution dans la mesure où elle ne fonctionne pas toujours. En effet, l'orateur ici fait quasiment table rase du principe selon lequel si les premiers mots d'un discours sont certes importants, les derniers restent décisifs pour autant et marquent l'apothéose du raisonnement. L'orateur risque ainsi de ruiner sa cause quand pourtant il dispose de munitions nécessaires pour convaincre un public, un jury ou un contradicteur qui n'attend autre chose que le bon argument au bon moment pour se laisser emporter. Cicéron, dans un ouvrage au titre mémorable et contemporain, a clairement recommandé une autre option inspirée du général grec Nestor qui avait une méthode spéciale pour ranger ses troupes lors des combats.

C- "L'ordre Nestorien"[142] des arguments

Les grands maîtres recommandaient fortement de suivre l'ordre nestorien qui consiste à présenter au début du discours un argument fort, en dernier, un argument encore plus fort ou à tout le moins irrésistible et au milieu, l'argument le plus faible. Cette méthode a été défendue avec la dernière énergie par Cicéron dans son ouvrage _de Oratore_. Et plus récemment encore, de nombreux orateurs ont eu du succès avec l'ordre nestorien des arguments. Tel est le cas de Kennedy qui dans son discours sur la conquête de la lune avait « habilement glissé entre deux évocations exaltées de l'aventure lunaire le coût du programme spatial américain »[143]. L'ordre Nestorien fait l'unanimité pour son efficacité en plus d'offrir les atouts des autres abordés plus haut. Il ne regorge pas d'inconvénients en tant que tels. L'orateur peut de ce fait retenir l'attention de l'auditoire tant au début qu'à la fin du discours. Ses points faibles ne se feront pas remarquer du fait qu'il devra insérer subtilement son argument le plus faible au centre du discours, au sortir d'un argument très fort. Même si cette façon de [144]disposer les arguments peut avoir de l'influence sur l'ordre logique de la pensée avec pour conséquence la distribution des idées selon une structure dite « Nomade ». L'argumentation, loin d'être affaiblie s'en trouve renforcée et acceptée dans son ensemble surtout qu'au final, les divers arguments convergent vers un objectif commun. L'ordre Nestorien permet ainsi à chaque argument de pouvoir jouer son rôle aussi minime soit-il, pour le triomphe de la cause. Chaque argument pris lui-même sera donc capable de démontrer un aspect de la preuve et être capable de résister aux objections mêmes celles les plus acerbes.

Comme on peut aisément le voir, l'ordre nestorien des arguments apparaît comme étant le plus complet et le plus stratégique pour tout orateur qui souhaite maximiser ses chances d'avoir raison et ainsi vaincre un contradicteur ou gagner sa cause. D'une très grande simplicité, il permet de commencer le discours avec force, de l'achever de la même manière en faisant bonne impression simultanément. Il permet à l'orateur de faire passer subtilement des points faibles sans que cela nuise forcément à l'issue de son dossier, tout comme les chances d'avoir un auditoire satisfait au sortir de l'oraison sont grandes.

Planche 1 : « l'ordre nestorien » des arguments

Crédit : Dede fotsa

Une représentation de l'ordre nestorien des arguments qui consiste à l'image d'une troupe de guerre à mettre un argument fort au début, l'argument moyen au milieu et l'argument le plus fort ou le plus irrésistible à la fin du discours.

L'orateur est un architecte de la parole

L'orateur est un architecte de la parole, le reconnaissait déjà Quintilien dans son ouvrage *« Institutio oratoria »*. La construction du discours étant comparable à un bâtiment où il ne suffit pas de ramasser des pierres, du matériel et tout le nécessaire si avant on n'a pas fait usage d'une technique qui permette de disposer et d'ordonner le matériel nécessaire à la construction. L'orateur dans la structuration du discours devra faire preuve de technique et d'art qui permettent de savoir dans les moindres détails ce qui pourrait être utile pour le discours, agréable ou superfétatoire. Comme un poète ou un flûtiste, il commencera son discours par l'exorde ; puis, procèderont à l'exposition persuasive des faits qu'il suppose être arrivé, par l'entremise d'une manœuvre oratoire que nous avons appelée narration. Il procèdera ensuite au développement des arguments fournis pour soutenir sa thèse et n'oubliera pas de réfuter les arguments opposés si nécessaire. Il « couronnera » son oraison entière par la péroraison, une manœuvre qui lui offre l'occasion de persuader davantage et de faire participer l'auditoire en faisant appel aux émotions et sentiments. Au-delà de son talent d'architecte de la parole, il est un stratège de l'argumentation et de la force de persuasion qui, par la disposition de ses arguments, s'assure plus de possibilités de pouvoir triompher sur son auditoire et ainsi faire remporter sa cause ou vaincre un contradicteur. À cet égard, les grands maîtres de la rhétorique ancienne tout comme ceux de la rhétorique contemporaine recommandent d'opter pour l'ordre « Nestorien » des arguments considéré comme meilleur, car permettant à l'orateur de tirer en toute circonstance son épingle du jeu. Nous partageons sans réserve cet avis. Toutefois, est-ce intimidant d'être envahi d'émotion au tout début d'un discours ? Quand on sait que la puissance, l'intonation de la voix et le rythme de la parole sont des éléments importants pour convaincre ? L'orateur qui connaît des accélérations de battements de cœur, des sueurs ou frissons au début du discours devrait-il pour autant être intimidé par un tel état de fait ? Cicéron a connu cette situation et estime que ce n'est rien de grave : « au début d'un discours je deviens pâle et tout mon esprit et tous mes membres tremblent… »[145]. L'émotion de l'orateur en début de discours est-elle alors toujours négative pour la cause défendue ? On peut avoir des raisons d'en douter.

DEUXIÈME PARTIE : L'ÉTHOS[146]

Après avoir démontré la véracité de ses affirmations, l'orateur doit se concilier la bienveillance des auditeurs Afin de faire passer sa cause et ses idées auprès de ceux-ci tel du beurre dans la poêle. Au-delà de ses pesanteurs rationnelles, il est avant tout un charmeur, mieux, un dragueur qui, comme ce courtisan contant fleurette à une dulcinée singulière, use de diverses manœuvres pour s'attirer les sympathies d'un auditoire aux espoirs parfois fondés un tribun qui ne dit pas simplement certains faits et arguments, mais qui les dits d'une certaine manière. L'orateur chatouille les cœurs et ne s'assure par la même occasion une crédibilité, à nul autre pareil, auprès des auditeurs. La capacité pour le beau parleur de pouvoir charmer et plaire son auditoire constitue un pilier fondamental de la rhétorique antique qui revêt encore toute sa vigueur aujourd'hui : l'éthos. Ce terme désigne : « la crédibilité morale de l'orateur et la confiance qu'il inspire souvent en fonction de la proximité qu'il parvient à créer et à maintenir directement avec son public »[147]. Par l'image que le tribun aura de sa propre personne, son caractère, sa personnalité, ses traits de comportement, il inspirera davantage son auditoire si du moins ce dernier est séduit par ces aspects de sa personne[148]. L'orateur qui fait preuve de prudence, de bienveillance et de vertu s'attire en général les faveurs de ceux qui l'écoutent, car se sentant plus en confiance face à un plaideur qui inspire davantage confiance. La personne de l'orateur est primordiale dans cet aspect du discours, l'image qu'il projette de lui-même et qui le rendrait exemplaire face à l'auditoire, lequel auditoire dans ces circonstances se trouvant mieux disposé à l'écouter. L'attitude et la moralité du débatteur sont des sources d'autorité pour la puissance du discours qu'il prononce ou qu'il prononcera. L'éthos serait de ce fait un aspect du discours au cours duquel il est question de questionner l'orateur en lui-même comme « argument d'autorité »[149], son éthique et sa moralité comme sources d'autorité. Une situation davantage connectée à ce que l'orateur ne représente comme personne qu'aux idées qu'il essaye de soumettre à l'appréciation d'un jury ou d'un auditoire du haut d'un perchoir. De par la force séductrice de sa parole, il essaye de conquérir son auditoire en abolissant la distance entre son auditoire et lui — même, créant une qui favorise mieux l'adhésion de son auditoire à sa cause. L'éthos c'est définitivement la prestance, l'éthique et la réputation de l'orateur en vue d'influencer favorablement son public[150]. Dès lors, comment l'orateur peut — il s'assurer d'avoir bonne impression sur son auditoire au-delà du fond de son discours ? Telle est la question que devrait se poser tout orateur sur le point de monter au perchoir défendre pour défendre une cause. Aussi, pour tenter de répondre à cette question, devient-il judicieux de nous appesantir tour à tour sur l'élocution (Chapitre IV) et l'action oratoire (Chapitre V) dans l'espoir de pouvoir mieux appréhender cet aspect tout aussi stratégique de l'art oratoire.

CHAPITRE IV : DE L'ÉLOCUTION[151]

Ce n'est plus un secret de polichinelle pour personne, l'orateur est un séducteur remarquable. Par le plaisir et l'émotion qu'il suscite, l'orateur charme autant par ses idées, que les enchantements orchestrés par ses rimes, vers et tournures de phrases. L'élocution ou élocutio apparaît dans ce sillage comme l'acte de donner une forme linguistique aux idées une fois qu'il a trouvé la matière et l'agencement de son discours[152]. La prononciation du discours n'est aucunement de moindre importance, ce d'autant plus que c'est l'acte qui donne vie au discours, tout en participant de manière plus que mineure à la persuasion de l'auditoire. Aristote le reconnaît d'ailleurs depuis l'aube de la rhétorique lorsqu'il estime qu' : « il y a une certaine différence quand on parle d'une façon ou d'une autre »[153]. Le tribun se définissant essentiellement par la maîtrise du langage, c'est le langage qui constitue substantiellement la grandeur d'un orateur et l'ossature même de l'éloquence qui est le socle de « la puissance du bien-dire »[154]. L'éloquence en elle-même qui vient de « *Éloqui* » signifie exactement « exprimer tout ce qu'on a conçu dans l'esprit et le porter à la connaissance des auditeurs ». Une situation sans laquelle l'art oratoire serait superfétatoire comme cette épée cachée dans le fourreau (*similia gladio condito intra vaginam suam*[155]). Même si une certaine tendance est restée réticente jusqu'à une époque très récente face à l'élocution, l'art de bien-dire accusé à tort de développer des débats de pure forme, du verbalisme stérile et du radotage érigé en système au détriment des questions de fond. Pourtant, l'élocution dans ses variations que sont la forme et le mot revêt toute sa pertinence dans des optiques de persuasion multidimensionnelles. Bien qu'on devra reconnaître cependant que l'art du mot et de la forme ne pourrait aucunement supplanter un déficit de fond ou une crise argumentaire quasi chronique. L'orateur qui détient les meilleurs arguments devra donc absolument savoir comment les exprimer de manière adéquate. Ce sans quoi son discours serait fade, sans assaisonnement ni arôme susceptible de convaincre un auditoire autant accroché au parfum des mots qu'au poids des idées et la force des arguments. Une situation que Cicéron révèle dans un dialogue sur l'éloquence dans _De Oratore, Brutus, Orator. Des académiques_, livre 1er. [156] Il va de soi dans les circonstances que l'élocution devient une des pièces maîtresses de l'art de la persuasion, que se doit de maîtriser tout orateur qui du moins souhaite se parer des couleurs chatoyantes de l'éloquence en vue de persuader, de convaincre. Dès lors, comment l'élocution de l'orateur peut-elle influencer la persuasion de l'auditoire ? Et ainsi faire triompher la cause pour laquelle il se bat bec et ongles ? Il conviendrait certainement, avant d'analyser comment l'éloquence de l'orateur peut influencer le prononcé du discours (II), de procéder tout d'abord à une catharsis de la valeur de l'élocution et la force de persuasion du discours (I).

I- La force de persuasion et les vertus de l'élocution[157]

L'élocution est définitivement une clef de persuasion hors du commun. C'est une facilitatrice vers l'intelligibilité du discours, son adaptation aux circonstances historiques de sa déclamation, notamment l'auditoire atypique qui le reçoit. La grammaire et le vocabulaire spécifique qui s'élèvent telle une fumée du discours, contribuent de façon plus que mineure à donner de la couleur, du style, mais surtout de la clarté aux propos de l'orateur, propos qui apparaissent dans l'esprit et l'imagerie de l'auditoire clair et net comme l'eau de roche. La question s'est souvent posée de savoir si les ornements rhétoriques pouvaient constituer une condition indispensable à l'élocution et de facto, garantir la force de persuasion essentielle pour l'orateur ainsi lancé dans ses envolées oratoires. La grande tendance est de considérer les ornements comme partie du pathos. C'est pourquoi, tour à tour, nous insisterons d'une part sur la convenance du discours (A), les corrections grammaticales et lexicales (B) et la clarté (C), tout en démontrant comment l'orateur devra veiller à ces aspects de l'élocution qui apparaissent comme essentiels afin d'assurer au discours la force de persuasion nécessaire, et à l'orateur la confiance et la crédibilité dont il a besoin plus que jamais pour assurer l'ascension nécessaire de l'oraison dans l'agoratoire. L'élocution a donc des mérites et il y a toujours une différence qui tienne compte de la façon de s'exprimer et l'impact que le discours peut avoir sur l'auditoire.

A- L'adaptation du discours à l'auditoire

L'orateur devra vérifier que son discours est accommodé au public qui l'écoute. Un discours devant un comité scientifique devra être différent d'une propagande électorale ou encore d'une plaidoirie devant un tribunal. À chaque milieu ses rites oratoires, à chaque lieu ses codes et mœurs oratoires. Et cette réalité, c'est une erreur tactique et stratégique de ne pas en tenir compte dans l'élaboration du discours. Il devra opter pour le style d'éloquence la plus appropriée pour la circonstance précise qui l'interpelle. Du style « humble » (*humilis)*, du style « moyen » (*mediocris*) et « solennel » il fera un choix approprié justifié par l'objet, les circonstances et le but qu'il se propose d'atteindre.

Le « style humble » paraît le plus simple, le plus modeste. Il est notamment marqué par l'usage courant du langage généralement précis et concis.[158] Il devra cependant être cohérent et avoir comme l'affirmait déjà Cicéron dans *Orator ad M.Brutum* : « une bonne santé ». Ce style dans lequel l'orateur ne fait certes pas preuve de négligence, mais de « diligentes négligences » est loin de ne pas séduire, ou de ne pas plaire : « comme l'on dit de certaines femmes sans embellissement, auxquelles ce manque donne beauté »[159]. L'orateur qui opte pour ce style privilégie la démonstration au style. Il pourrait toutefois faire recours à des figures ornementales, mais : « sa façon de présenter ne sera ni trop passionnée, ni théâtrale, mais caractérisé par un mouvement modéré de soi-même. »[160]. L'un des meilleurs exemples qui met en exergue la convenance d'un discours à l'auditoire nous est offert par Lysias qui démontre une forte capacité de clarté, brièveté et à narrer. Une telle option de convenance permet à Lysias de pouvoir stratégiquement atteindre son but, mais surtout s'adapter aux circonstances et à l'objet même de son intervention. Dans un tel contexte, il fait preuve de convenance en prononçant le discours le plus approprier dans les circonstances de l'espèce. Lorsque cependant l'orateur devra confronter un auditoire spécialisé ou très spécialisé il fera recours a ce que Cicéron a appelé : « le style moyen » qui selon Traversi avocat pénaliste est plutôt récurent dans l'art oratoire de style judiciaire en optant pour ce style, l'orateur s'accommode mieux aux circonstances, à l'objet et au but de son discours, pour espérer le rendre plus persuasif. « Le style moyen » est par nature : « plus riche et un peu plus robuste que le style humble, mais plus modeste que le plus élevé »[161]. On y trouve des ornements divers comme des nœuds de guirlandes[162]. L'orateur qui recourt à ce style pourrait mieux argumenter, mais aussi mieux charmer son auditoire tel que l'a illustré Cicéron dans l'oraison pour défendre Morena, accusé de fraude électorale. Le « style solennel » pour sa part se compose de mots nobles et d'une structure autant « élégante qu'ornée ». Il est riche de concepts « variés, copieux, austères »[163] dans l'optique non seulement de charmer, mais aussi de démontrer et d'émouvoir l'auditoire, les cœurs et les esprits des auditeurs, de faire changer leurs sentiments. L'exorde de la première action de Cicéron contre Verrès pour délit de concussion en constitue l'un des exemples encore vivants[164].

Donc, selon les caractéristiques propres aux circonstances, au genre oratoire, aux désidératas souhaités à travers le discours et au but, l'orateur adaptera son discours. Surtout, il devra être en harmonie avec son auditoire en adaptant non seulement son style, mais aussi la durée de son intervention. C'est seulement à cette condition qu'il influera mieux sur les cœurs et les esprits des auditeurs, c'est seulement ainsi qu'il pourra changer leur vision du monde, leurs sentiments, avec délicatesse, tout en faisant preuve de haute séduction et, par ricochet, de crédibilité. Un discours inadapté risque de perdre sa force persuasive même si sa substance fut pertinente. L'orateur gagnerait à connaître son auditoire à l'avance, mais aussi à pouvoir percevoir ses humeurs aux heures de son élocution pour pouvoir réagir conséquemment. D'où l'urgence d'éviter les textes pré-écrits, dont la lecture pourrait retirer au discours son existence même, surtout si des aléas commandent sa modification. La convenance est un mérite de l'élocution qui assure la persuasion du discours, tout comme les corrections grammaticales et lexicales qui s'avèrent fondamentales.

B- Les exigences grammaticales et lexicales

L'orateur, dans la livraison de son oraison, s'abstiendra d'utiliser des mots mal formés, en relation aux exigences morphologiques et phonologiques de la langue dans laquelle il s'exprime. Il/elle évitera donc des erreurs de vocabulaire qui affectent la forme du mot qu'il utilise. Qu'il s'agisse d'un mot existant déformé ou des mots quasiment inexistants dans sa langue d'expression. Les stylistes et linguistes appellent cette déformation du vocabulaire : « barbarisme lexical », lorsque cette dernière affecte ou infecte un élément du lexique. À tire d'illustration, l'orateur qui dit : « arborigène » au lieu d'« aborigène », « aréoport » pour « aéroport », « ituliser » pour : « utiliser » commet un « barbarisme lexical » qui pourrait s'avérer fatal pour la portée du discours, nonobstant son support argumentatif possiblement irréprochable. Dans la même veine, on parlera de « barbarisme grammatical » lorsque c'est la partie grammaticale du mot qui souffre de lacunes morphologiques ou phonologiques ; c'est le cas par exemple lorsque le mot « Courrirait » est utilisé en lieu et place de : « courrait ». Il devient donc judicieux que l'orateur fasse preuve de diligence élocutoire lors du moment décisif où il est appelé à prononcer son discours. Pour ce faire, il s'abstiendra de l'inversion des lettres, l'ajout de lettres, ou de procéder à une analogie coupable avec un autre mot[165].

Aussi, les mots et expressions qui relèvent d'un certain passé, d'une certaine époque aujourd'hui révolue, des termes vieillis, qui ne sont plus usités dans la langue de l'époque de l'orateur nommé « archaïsmes », ne devraient pas faire partie du discours. L'orateur devra vibrer avec le vocabulaire de son temps, afin de mieux faire passer les idées qu'il défend et ainsi faire triompher sa cause. C'est proprement difficile de plaider une cause au 3e millénaire avec un vocabulaire inspiré de l'époque médiévale. Ce serait difficilement digeste, malgré le poids des arguments qui résulteraient de l'oraison.

De la même manière, le discours devra être dépoussiéré des erreurs de syntaxe ou simplement des constructions non conformes aux règles de la syntaxe de la langue que l'orateur utilise, celle de son époque, des constructions aucunement acceptées dans une norme ou un usage jugé acceptable. Le solécisme[166] que constitue cette erreur syntaxique décrédibilise davantage le discours et même la personne de l'orateur, tout en jetant un doute dans l'esprit de l'auditoire qui pourrait toujours être séduit par le discours, mais loin du doute. L'emploi dans l'oraison du pléonasme c'est-à-dire des mots inutiles et parfois incorrects n'aide pas toujours à rendre le discours persuasif. Cette situation peut s'avérer lourde pour l'auditoire et parfois contre-productive au regard des objectifs à atteindre à travers le discours. L'orateur devra donc réguler ou limiter la présence du pléonasme.

L'orateur devra savoir quitter le perchoir à temps, comme le disent des contemporains : « savoir quitter la scène avant qu'elle ne vous quitte ». Parler plus longtemps que prévu est l'une des maladies de nombreux orateurs qui, par des discours trop longs, diffus, chargés de détails inutiles, se perdent dans des développements superflus de nature à distraire l'auditoire et à désintéresser naturellement celui-ci. La prolixité, qui consiste à parler plus longtemps que nécessaire, est une tare qui obstrue la persuasion du discours. Est-ce pour autant dire qu'il faut être toujours concis ? Nous avons des raisons d'en douter, car un discours excessivement concis ne permet pas à l'auditeur d'apprécier ses tenants et aboutissants ; comme l'affirmait Cicéron, un orateur qui donne l'impression de vite exprimer son discours est « comme si quelqu'un entrait dans une maison riche et bien fournie, où les tapis sont roulés, la vaisselle d'argent, les tableaux et les statues écartées où tous les choses et ustensiles magnifiques sont amoncelés et cachés. » L'orateur excessivement concis ne permet pas toujours à son auditeur de découvrir son corpus argumentatif et les mots qu'il utilise pour le dire. Aujourd'hui, on s'accorde à reconnaître qu'un discours trop long serait inconcevable, eu égard aux exigences liées à l'économie de temps. L'orateur s'abstiendra par conséquent de prolonger anormalement son discours et de faire la part belle aux faits et arguments non strictement nécessaires. Mais, il doit mettre plus d'emphase sur les points essentiels, sans pour autant être ni trop bref, ni trop prolixe. Seulement ainsi, il s'assurerait des opportunités de séduire davantage, charmer, draguer et amadouer ceux qui l'écoutent, et ainsi faire triompher la vérité avec un discours clair dans l'esprit et le cœur des auditeurs.

C- La nécessaire clarté

Le discours après tout, doit être compréhensible et intelligible. La clarté du discours permet de comprendre que celui ou celle qui s'exprime, comme un grand maître, maîtrise le sujet ; en effet, ce qui se conçoit généralement bien s'énonce toujours clairement et les mots pour le dire arrivent aisément[167]. La clarté du discours est la condition sine qua non pour gagner sa cause, séduire l'auditoire, faire état de ses arguments essentiels et ainsi atteindre l'objectif recherché au travers de l'oraison ; le discours, disait Aristote, « s'il n'est pas exprimé clairement, n'atteins pas son but »[168]. Pour ce faire, l'orateur devra prononcer le discours de la façon la plus audible possible. Le volume de sa voix devra être suffisant et la diction, claire comme l'eau de roche. Cette situation fait évaporer l'obscurité possible qui aurait pu assombrir l'élan lumineux porté par l'orateur. L'orateur devra ainsi travailler quotidiennement à améliorer sa prononciation, sa diction et son élocution en général. On dit à ce sujet que Démosthène, atteint de bégaiement et d'insuffisance respiratoire, réussit à triompher de ces difficultés en déclamant des vers à très haute voix et en retenant son souffle pendant qu'il montait une côte raide[169].

L'orateur fera des phrases faciles à comprendre, faciles à entendre et même à mémoriser. Il évitera de ce fait des phrases complexes, des constructions de phrases à l'emporte-pièce, des tournures grammaticales, syntaxiques et sémantiques ambiguës. Dans son ouvrage d'anthologie *De Oratore*, Cicéron, avocat émérite, écrivain et homme politique romain, nous offre un secret qui lui a permis de faire des discours davantage clairs et ainsi améliorer son élocution. Il recommande fortement l'agréable activité qu'est la lecture. Ainsi peut-on lire : « Quand j'ai du temps, j'ai l'habitude de lire des livres […] après avoir lu avec une certaine diligence ces livres à cap Misène, je sens que, à leur contact, ma façon de parler devient pour ainsi dire plus haute en couleur »[170]. La lecture agréable permettrait ainsi de développer la clarté du raisonnement et de l'élocution et, par conséquent, les artifices de séduction auxquels l'orateur devrait se parer dans toute envolée oratoire, afin de garantir la persuasion qu'il se donne le dessein d'atteindre par ses mots, phrases et périphrases.

La clarté toutefois, peut dépendre partiellement ou partialement de l'attitude de l'auditoire. Un auditoire distrait et détaché nécessite que l'orateur fasse plus d'effort de clarté. C'est pour cela que Quintilien avocat émérite qui recommande que dans une oraison, qui plus est, une oraison à saveur judiciaire, « on ne dise jamais ni plus ni moins que les arguments »[171] et que « les arguments soient clairs et de compréhension aisée même pour ceux qui prêtent peu d'attention... l'attention du juge n'est pas toujours assez forte pour éloigner toute seule l'obscurité et pour apporter quelques lumières de son intelligence aux ténèbres du discours... en étant lui-même distrait par plusieurs pensées, il faut que les mots que nous prononçons soient clairs pour réussir à faire en sorte que notre oraison touche son esprit comme le soleil frappe ses yeux… il faut faire en sorte, non qu'il ne puisse pas comprendre, mais qu'il ne puisse pas ne pas comprendre »[172]. L'orateur devra dire ce qui est nécessaire, le nécessaire, et rien que le nécessaire. Peu importe l'attitude de l'auditoire ou même des juges, les mots de l'orateur devront être assez clairs pour « Toucher » l'esprit du juge et des auditeurs, « comme le soleil (qui) frappe » sur leurs yeux. Dans un tel contexte, la clarté ne ferait l'ombre d'aucun doute et, incontestablement, les juges séduits et charmés cèderont certainement aux avances portées par l'orateur dans son oraison.

II- L'art de la présentation et de la séduction oratoire.

Dans sa posture de séducteur et de charmeur, au-delà de la clarté du discours, des divers artifices décoratifs qu'il regorge, l'orateur devra savoir comment mettre son discours en mouvement. D'où l'urgence de maîtriser l'art de la présentation et de l'exposition qui, à la vérité, est essentiel pour maximiser la force de persuasion qu'il souhaite atteindre par ses mots. C'est l'art de la présentation qui donne de la valeur au discours. C'est l'art de la présentation qui met en exergue les artifices de séduction construits de mains de maître par le génie inventif de l'orateur. C'est l'art de la présentation qui permet au finish de persuader et convaincre même des auditeurs les plus incrédules, les plus délicats. Mais encore faut-il savoir comment maîtriser cet art particulier qu'est la présentation du discours à des fins séductrices et persuasives. L'art de la présentation est semblable au jeu d'acteurs de cinéma où l'orateur incarne, comme un acteur hollywoodien ou nollywoodien, le discours qu'il prononce. Il mettra certainement ici en évidence ses compétences en art dramatique, musicologie, ainsi que son talent d'improvisation. La présentation du discours nécessite que l'orateur interpelle sa diction et sa gestuelle sans lesquelles le discours ne serait que l'ombre de lui-même, dépourvu de vivacité et de sensualité oh combien indispensables pour son cheminement méthodique dans le cœur et l'esprit de l'auditoire. La gestuelle, cet aspect de la communication non verbale, nous semble plus relever de l'action oratoire (Chapitre II) que de l'art de la présentation. C'est pourquoi la part belle sera faite à la diction. De bout en bout, nous analyserons d'une part la prononciation (A), d'autre part les pauses (B) et enfin le rythme (C). Plus loin dans les réflexions, nous contesterons la place de la mémoire de l'orateur dans une logique séductrice, artistique et rhétorique.

A- La prononciation.

La prononciation renvoie à la diction qui, selon le dictionnaire Larousse, se résume en la manière de parler. C'est l'ensemble des règles qui codifient la prononciation d'une langue, considérée d'un point de vue esthétique ou normatif. La meilleure prononciation influence donc systématiquement la séduction d'un auditoire, et la force de persuasion du discours. Comment aborder la prononciation du discours en faisant table rase de la voix qui la porte ? L'orateur ne peut se passer d'avoir une voix adaptée au discours et au contexte dans lequel il est dit et prononcé. À ce sujet, Quintilien estime que la diction est : « efficace et élégante quand elle est soutenue par une voix non forcée, forte, riche de modulations, solide, douce, constante, timbrée, pure, qui coupe l'air et pénètre dans les oreilles… »[173]. L'état d'esprit de l'orateur et la nature des questions abordées détermineront l'intonation qui sera utilisée aux fins du discours. Comme l'accord des violons en musiques, l'orateur accordera sa voix aux sentiments qu'il voudra bien véhiculer par l'entremise de son oraison. La prononciation permettra, au-delà de la raison, de transmettre les passions qui procèdent de divers mécanismes de séduction et de charme, de nature à toucher la sensibilité, le cœur des auditeurs. La tonalité variera ainsi en fonction du degré d'importance ou de divers moments de l'oraison, afin d'attirer l'attention sur ce qui est fondamental ou sur certains aspects inacceptables. Une astuce que Cicéron consacre dans son ouvrage <u>De</u> <u>l'orateur</u> lorsqu'il estime qu' : « il doit faire sortir un ton vibrant quand il voudra être passionné, étouffé quand il voudra être doux, profond quand il voudra apparaître grave, plaintif quand il voudra susciter de la pitié »[174]. La prononciation du discours ne devra jamais évoluer tel un fleuve tranquille, mais nous semble-t-il, comme une courbe sinusoïdale qui démontre clairement les variations de ton, de sentiments, les moments de passion, de douceur, de haute gravité, de plainte ou de pitié. L'orateur s'efforcera à rester naturel, car une prononciation forcée risquerait de briser la clarté nécessaire à la force de persuasion du discours. Il ne devra enfin : ni prononcer son discours à la vitesse du lièvre ni le prononcer à la vitesse de la tortue, une situation pouvant obnubiler d'une part les pauses et émotions et d'autre part, détourner l'attention de l'auditoire, pourtant nécessaire pour faire triompher sa cause.

B- Les pauses

Un discours sans pause serait qualifié de « Diarrhée verbale » et serait par conséquent dépourvu de séduction et de persuasion. Traversi définit la pause comme : « une brève suspension de l'élocution, destinée à être insérée entre une période et l'autre… »[175]. La pause permet que l'orateur, après avoir perdu de l'énergie dans le prononcé du discours, puisse respirer vers le terminus d'une phrase ou d'un paragraphe, afin de s'assurer qu'il ira jusqu'à la conclusion sans incident majeur. Mais surtout, l'effet le plus intéressant de la pause est de donner un supplément d'élégance au discours qui deviendra ainsi fluide, limpide, facile à écouter et même à mémoriser. Dans un tel contexte, le discours, le plaidoyer ou la plaidoirie : « coule sans cesse comme un fleuve »[176] *(ne infinite feratur ut flumen oratio)*. La pause permettrait d'établir diverses séquences du discours, divers moments et idées fortes. L'orateur pourrait aussi solliciter la pause pour souligner des moments d'attention exceptionnels, où, l'auditoire, accroché à ses lèvres, s'abreuve tout délicatement à la sagesse du perchoir qui porte l'orateur. C'est donc l'occasion pour ce dernier de saisir la balle au bond et ainsi, graver comme sur du marbre son plaidoyer dans la mémoire de l'auditoire ; ou simplement, de mettre l'emphase sur un point particulier de son discours afin d'offrir aux auditeurs un moment de réflexion pour en saisir les contours et détours[177]. La pause du discours est donc un moment crucial de l'élocution, un moment pendant lequel l'orateur, par le mécanisme de suspension du discours, véhicule des temps forts, des expressions fortes ; un moment de communion avec l'auditoire, mieux arrosé du discours et pouvant mieux tenir les tenants et aboutissants ; un moment de rhétorique où l'auditeur peut mieux appréhender les arguments qui s'élèvent naturellement au-dessus de la mêlée, les apprécier et, sans faiblesse ni pitié, mais aussi sans vengeance ni colère, faire usage de son *spatuim congitandi* (saisir la profondeur du discours). L'auditoire s'en trouve naturellement amadoué à cette étape et la force de persuasion du discours, non seulement renforcé, mais davantage consolidé.

C- Le rythme oratoire.

L'orateur, tout comme le musicien, est tenu de suivre une certaine cadence musicale afin de pouvoir atteindre son objectif qui consiste, au-delà de l'enseignement, à émouvoir, mais encore et surtout, plaire. Le discours devra apparaître harmonieux pour celui qui écoute l'orateur. En lever des rideaux, la rhétorique ancienne recommande à l'orateur d'apparaître calme et serein et éviter autant que possible de faire preuve d'agressivité ; car il est question comme nous l'avons vu pour l'orateur de solliciter l'attention et la bienveillance du juge ou de l'auditoire. C'est la première impression que l'orateur affiche et elle devra, nous semble-t-il, être bonne et même révérencieuse. La narration des faits qui intervient après l'exorde se doit d'être succincte. En effet, une narration trop longue s'avérerait ennuyeuse et parfois aérienne en ce qu'elle ne sera jamais le point nodal du discours, bien qu'elle commande la suite logique des arguments qui seront déployés. Cependant, en abordant la réfutation de la thèse adverse, le discours, le plaidoyer ou la plaidoirie devra monter d'un cran. La tonalité sera un peu plus montante, l'intensité du discours aussi. Lors de l'argumentation, autrement dit la présentation de sa thèse proprement dite, la tonalité et l'intensité du discours connaîtront leur paroxysme. C'est le point culminant de l'oraison dans lequel l'orateur démontre le bien-fondé de sa thèse tout en prouvant comment ses adversaires se sont trompés. Le discours devra monter en intensité naturellement, étant donné que l'issue de ces deux étapes sera déterminante pour la cause. À ce niveau, il fera appel à diverses séductions, à diverses passions pour, au-delà de la raison, conquérir les sensations. Puis viendra la péroraison avec une tonalité tout aussi vivace, mais pas autant que celle mise en surbrillance lors de l'argumentation et de la réfutation.

La question rythmique a fait l'objet de nombreux débats il y a plus de 2000 ans et l'avocat romain Cicéron l'avait tranchée en observant que : « le discours doit être construit avec art, de façon à ce que le début soit calme, que les discussions animées aient une allure rapide, les narrations des faits douces, et en tout cas, qu'il doit couler selon un rythme tel que, arrivé à la fin, la pause soit naturelle »[178].

Planche 2 : le rythme de l'élocution [179]

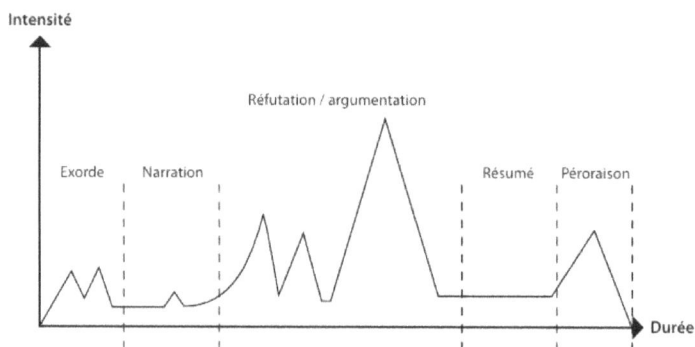

Intensité

Réfutation / argumentation

Exorde   Narration   Résumé   Péroraison

Durée

Crédit : Dede Fotsa

L'élocution, le rythme de l'oraison devrait varier en fonction des parties du discours. L'orateur par un tel procède permet à son auditoire de distinguer ce qui est plus important et moins, ce qui est utile et ce qui est agréable. Le rytme de l'élocution a toujours été différent dépendament des parties du discours. Chaque partie du discours correspond à un rytme bien défini. C'est un principe sacrosaint de rhétorique révolutionnaire.

L'orateur est un séducteur

L'orateur est avant tout un charmeur qui, au-delà de la substance argumentative dont il fait montre, invoque divers artifices élocutoires pour conquérir, au-delà de la raison, les passions de son auditoire. Il ne choisit pas seulement de dire certains faits comme le commun des mortels, mais de les dire d'une certaine façon qui fait plaisir et déclenche certainement un processus émotionnel, créant une adhésion à la thèse défendue, la cause plaidée. Il y a bel et bien une différence lorsqu'on s'exprime d'une façon ou d'une autre, le reconnaissait déjà Aristote dans le livre III de son ouvrage rhétorique. Dans cette foulée, l'orateur mettra en évidence les vertus de l'élocution en adaptant son discours à l'auditoire, en tenant en considération les particularités grammaticales, lexicales liées au discours dans une optique séductrice, et en veillant à la clarté dudit discours. Comme un acteur de Cinéma, il maîtrisera l'art de l'exposition et de la séduction oratoire basées notamment sur la qualité de la prononciation, les moments de silence et de pause, ainsi que le rythme de son élocution qui fera du discours un ensemble harmonieux, une réelle symphonie semblable à une musique, sa cadence, et ses divers battements. De même, la mémoire de l'orateur serait un atout majeur pour son élocution. En effet, un orateur qui connaît de fond en comble son dossier, la cause qu'il défend, pourrait faire usage de sa mémoire, qui contribuerait de manière plus que mineure non seulement au renforcement de sa crédibilité, mais aussi à séduire un auditoire émerveillé par cet orateur qui dit certaines phrases construites par ordre, comme si elles étaient disparates, et donnent l'impression de rechercher, d'une façon méditative et hésitante les éléments préparés pour l'oraison[180]. Pour le faire, l'orateur devra avoir la pleine maîtrise de sa cause à l'image d'un objet gardé en main[181]. Par le mécanisme d'association d'idées très célèbre dans la rhétorique ancienne, l'orateur mémorisera des concepts spécifiques en se souvenant de leur disposition. Cette méthode nommée : « mémoire artificieuse » permet selon Quintilien de graver durablement les images des lieux choisis comme le ferait le Cirque d'une garde-robe[182]. On ne naît pas grand orateur… on le devient ! Seule la pratique quotidienne permet d'améliorer l'art de l'élocution, à l'image de Démosthène, avocat et grand orateur grec qui, atteint de bégaiement et d'insuffisance respiratoire, réussit à vaincre ces handicaps en déclamant les vers à très haute voix et en retenant son souffle lorsqu'il montait une pente raide[183].

CHAPITRE V: DE L'ACTION ORATOIRE

Planche 3: L'action

Crédit : Dede Fotsa

Cette image inspirée d'un réel débat à l'université Paris-sorbonne, met au goût du jour un aspect fondamental de l'art oratoire : l'action oratoire, l'une des armes redoutables des orateurs révolutionnaires, permettant de changer le cours d'un débat.

L'action oratoire, cette communication verbale ou non verbale portée par l'orateur, constitue à n'en point douter, l'une des manœuvres séductrices les plus en vue à sa disposition. L'action est à l'orateur ce que le parfum est à la fleur ou ce que sont des plumes rutilantes pour un oiseau rare. L'action c'est « l'éloquence du corps »[184], du fait qu'elle tire son fondement essentiellement de la voix et de la gestuelle. La gestuelle peut consister en des gestes de la main décrivant les mouvements de la pensée, des expressions du visage ou simplement des postures du corps qui rendent le discours expressif, illustratif et persuasif. Le discours aussi a sa tonalité, le discours aussi a sa musique, le discours aussi a ses rythmes, bien que cet aspect musical soit à tout le moins masqué, ne s'élevant pas toujours au-dessus de la mêlée comme dans l'art musical traditionnel. Avec ses sentiments et inflexions, la voix éveille l'auditoire, la voix permet de maintenir la tension, le discours étant comme un long fil qu'il faut maintenir tendu afin d'éviter que les auditeurs ne s'égarent en cours de route.[185] C'est le véhicule par excellence de l'expression des sentiments, mais surtout de la séduction oratoire qui peut du fait de ses tonalités diverses, produire dans un discours un « chant aux accents d'une variété aussi délicieuse »[186].

Comme l'a reconnu Cicéron dans un traité épistolaire composé à la demande du célèbre Brutus en 46 avant Jésus-Christ, l'action oratoire serait la pierre angulaire même de l'éloquence. L'éloquence ne pouvant pas émerger sans elle. On peut comprendre combien l'action joue un rôle crucial dans le processus de séduction et de persuasion que constitue la délicate mission de l'orateur au cœur de son oraison. L'action à elle seule du fait de sa beauté, peut faire recueillir à des hommes qui ne savent pas s'exprimer le fruit de l'éloquence, tout comme un beau parleur, qui manque d'élégance dans ses actions, passerait pour un orateur de mauvais goût, inutile à la société. L'action oratoire se trouve de ce fait au cœur du discours et tout orateur désirant se parer des couleurs si lumineuses et si chatoyantes de la rhétorique devrait en maîtriser les usages et rouages.

Il devient de ce fait crucial d'évaluer l'apport de l'action oratoire dans la séduction d'un jury, d'un auditoire ; autrement dit, comment la voix, les gestes et expressions du visage d'un orateur, au-delà de charmer et séduire, peuvent renforcer ou consolider la force de persuasion du discours que l'orateur amène et soumet à la sagacité d'un auditoire. Dans L'espoir de répondre à la problématique qui se décline ci-dessus, il serait indiqué d'abord de procéder à une analyse de fond en comble du pouvoir de la gestuelle (II) et d'envisager ensuite une étude de la voix de l'orateur (I) dans un processus de charme et de persuasion qu'espère avoir l'orateur au sortir d'une oraison fleurie, et parée de sympathie.

I- La voix et la séduction oratoire

La voix est sans aucun doute l'un des véhicules d'expression indispensable à la disposition de l'orateur. C'est l'un de ses artifices de séduction, qui dans une démarche d'action, donne de la couleur à l'oraison. Une utilisation judicieuse de la voix aurait dans un discours un effet plutôt agréable et positif. L'auditoire mis au parfum d'une voix s'élevant au-dessus de la mêlée de par sa qualité, ses diverses tonalités, sa douceur, sa constance ou simplement son élégance, s'en trouvera davantage saisi de sa force, mais surtout séduit. La voix de l'orateur, plus que jamais, apparaît dans ce contexte comme un artifice de séduction susceptible de conquérir, au-delà de la rationalité, la fibre émotionnelle de l'auditeur. Ce dernier, voilé par l'odeur et le parfum de la voix ainsi mis en exergue, s'en trouvera davantage attiré, telle une abeille qui cherche à consommer certainement avec moins de modération le nectar de savoir porté par une voix aux saveurs angélique, aux mélodies harmonieuses, provoquant à la limite, des frissons et émotions. La voix apporte dès lors une certaine musicalité, une certaine sensibilité, une certaine cadence à l'oraison qui, dans ce cas de figure, fait aussi office d'œuvre d'art auprès de l'auditoire qui, d'une manière ou d'une autre, ne sera pas insensible aux diverses modulations qu'elle porte. Bien modulé et adapté aux circonstances du discours, la voix donne de la puissance à son contenu en permettant qu'il puisse avoir plus d'impact sur celui qui l'écoute. De même, elle octroie beaucoup plus de crédibilité à l'orateur posé ici en « acteur-musicien » de son propre discours. Le discours, ici posé en scène de cinéma mettant en scelle l'orateur comme acteur principal, ferait-il pour autant de lui le héros de son propre « film », la vedette de sa propre scène oratoire ? Seule son aptitude à user de ses cordes vocales pour maximiser sa force de persuasion aidera à trancher cette question. La voix et la séduction du discours nécessitent qu'on connaisse tout d'abord la qualité de la voix (A) afin de mieux appréhender sa tonalité et ses modulations ainsi que leur impact sur la force de persuasion du discours (B). La réponse à ces deux problématiques aidera à mieux appréhender la « scène oratoire » qui met en lumière l'orateur, sa voix et la force de persuasion qu'elle peut avoir sur son auditoire.

A- De la Bonne Qualité de la voix[187]

L'orateur devrait souhaiter avoir une bonne qualité de voix, étant donné qu'en général la bonne qualité de la voix ne dépend pas de l'orateur. Cependant, l'orateur doit-il pour autant se contenter de la voix que la nature lui aura donnée ? Il devra incontestablement travailler quotidiennement à améliorer la qualité de sa voix, ce d'autant plus qu'elle a un rôle majeur à jouer dans son processus de séduction oratoire, dans son processus de persuasion. À ce sujet, Quintilien dans son livre <u>Institution oratoire</u> au livre XI, estime que l'orateur devra avoir une voix naturelle, autrement dit, non forcée. Une voix forcée porterait un coup fatal à la clarté du discours et serait même nuisible pour l'auditoire qui s'en trouverait indisposé et perdra de ce fait l'attention pourtant nécessaire pour que l'orateur puisse persuader. La voix, selon Quintilien, devra être forte et riche, douce, constante et modulée. Une telle voix faciliterait la clarté du discours, la séduction fondée sur les codes vocaux et les variations de la voix. L'auditoire, emporté par la beauté de la voix, ses couleurs naturelles et variations, accordera plus d'attention à la personne de l'orateur et surtout au contenu du discours qui s'introduit doucement, délicatement et naturellement dans le cœur et l'esprit des auditeurs.

Comment l'orateur devra-t-il s'efforcer à améliorer sa voix et par conséquent son artifice de séduction vocal ? Force est de constater que, n'ayant de contrôle ni sur l'intensité de sa voix ni sur le timbre de sa voix, l'orateur peut toutefois, avec l'exercice de la déclamation acquérir avec le temps une souplesse plus grande[188], situation qui contribue non seulement à régénérer l'oreille de l'auditoire, mais à donner plus de confiance à l'orateur lui-même. Démosthène pour sa part estime que la meilleure qualité de l'orateur est loin d'être la recherche d'arguments ou l'art de bien agencer ou disposer les idées, mais « l'action », autrement dit, la façon de prononcer le discours. Pour la petite histoire, Démosthène lui-même fut timide et décontenancé en public en début de carrière d'orateur. Il s'imposa un entraînement strict et rigoureux pour pouvoir faire face aux Athéniens sans perdre son sang-froid. Entre autres pour mieux articuler, il s'entraîna à parler avec des cailloux dans la bouche. Afin de couvrir le bruit d'une assemblée qui murmure, il déclama face à une chute d'eau. Il s'exerce devant un miroir en s'enfermant plusieurs semaines dans une pièce souterraine, en se rasant une moitié du crâne pour avoir trop honte de sortir et s'obliger à travailler davantage. Caius Gracchus orateur Romain, afin d'améliorer la qualité de sa voix, veillait à se faire accompagner d'un joueur de pipeau qui émettait une note pour qu'il pose sa voix au-dessus de chaque discours.

C'est donc à force de s'entraîner que l'orateur améliore sa voix et son élocution. Divers exercices de souffle et d'entraînement, de déclamation devant la mer, s'imposent pour améliorer la voix et ainsi lui garantir tout le pesant d'or qu'elle devra avoir dans la séduction de l'auditoire et la persuasion des juges. Imaginons un tant soit peu, un discours avec les meilleurs arguments possible, la disposition la plus artistique qui puisse exister ; mais un discours avec une prononciation balbutiante, une voix inadaptée, forcée, faible, inconstante et monotone… Ce discours en réalité serait sans saveur ni odeur, simplement fade. Ce discours ne serait que l'ombre de lui-même et loin de changer tant le présent que l'avenir. C'est d'ailleurs pourquoi, plus que les Grecs, Les Romains s'étaient déjà penchés sur l'importance de la présence physique de l'orateur, la puissance de l'intonation de la voix apparaissant comme incontournable pour séduire, persuader et convaincre un jury. Comme un acteur, l'orateur devra interpréter son discours, maîtriser sa voix et son souffle[189]

B- Des tonalités de la voix.

La tonalité d'un discours revêt une puissance sans précédent pour les artifices de séduction et la force de persuasion. Comme appréhendé plus haut, c'est un maillon de l'action oratoire qui donne au discours une cadence, une musicalité, un aspect essentiellement artistique proche des arts de la scène et du cinéma. L'orateur, comme un acteur, devra recourir aux variations du ton pour garder vive l'attention[190] de son auditoire, il rendra le discours encore plus intéressant ou éviter que ses auditeurs ne soient indisposés par la monotonie du de son oraison. Cette monotonie pourrait s'avérer ennuyeuse et nuire durablement aux manœuvres de séduction à des fins persuasives pourtant activées.[191] La monotonie du discours enlève à celui-ci tous ses épices et artifices ; et, tel un château de cartes, l'attention des auditeurs s'écroule. Aussitôt, la séduction oratoire s'évanouit et la force de persuasion s'envole, à l'image de la fumée. D'où l'urgence d'accorder une place prépondérante à l'intonation de la voix qui semble avoir plus de puissance que l'argument même ou l'art de la disposition des arguments en elle-même.

En pratique, comme énoncé depuis l'antiquité, l'orateur passera des tons calmes comme celui mis en avant au début du discours (Exorde) à des tons plus élevés qui généralement conviennent au moment de son argumentation ou de sa réfutation. Il redescendra vers des tons un peu plus bas lorsqu'il fera des propositions, émettra des hypothèses, posera des questions ou suscitera des émotions. La modulation de sa voix en fonction des sentiments à faire prévaloir à un moment donné de l'oraison est plus que fondamentale pour toucher davantage les cœurs et s'assurer le capital de sympathie nécessaire au triomphe de la cause pour laquelle il prononce avec émotion son oraison. La tonalité donne du rythme à l'oraison ; en effet, cette musicalité fondée sur la modulation de la voix captive l'attention de l'auditoire resté suspendu aux lèvres de l'orateur, faisant simultanément preuve de réceptivité pour la cause qu'il plaide. L'orateur userait de la tonalité pour exprimer minutieusement et délicatement les nuances de son discours, comme un peintre le ferait avec ses couleurs pour les nuances de son œuvre d'art. Dans son ouvrage d'anthologie *Orator ad M. Brutum,* Cicéron nous montre l'importance pour l'orateur de changer sa voix selon l'état d'esprit qu'il souhaite exprimer à un temps ou moment particulier de son oraison, en vue de séduire davantage et persuader : « La nature a assigné à chaque émotion une expression, un ton de la voix et un geste spécifique... les tons de la voix sont accordés comme les cordes d'un instrument, et pourtant ont produit à chaque touche des sons aigus et graves, accélérés et lents, forts et faibles... Ils sont à la disposition de l'orateur pour exprimer les différentes nuances du discours, comme le peintre le fait avec ses couleurs... La colère assumera un ton de voix particulier, aigu, excité, avec de fréquentes interruptions... La compassion et la douleur auront un autre ton, flexible, plein, brisé et plaintif... Le ton de la peur, bas, hésitant, découragé, sera donc différent. Le plaisir demandera de nouveau un autre ton, dégagé et tendre, joyeux, mais étouffé... Le ton du découragement sera bas, mais sans commisération, uniforme dans l'articulation de la voix... »[192].

Le ton de la voix revêt une importance pour l'art oratoire en général. La tonalité fait de l'orateur un chanteur, un séducteur, un conteur et même un griot qui, par son oraison, véhiculent des émotions pour insuffler le changement qu'il souhaite voir à travers l'issue de la cause qu'il défend. Comme une courbe sinusoïdale, l'auditeur peut mieux savoir quand l'orateur fait allusion à une donnée importante sur laquelle il souhaite toute son attention, ou quand il veut véhiculer une émotion particulière qui l'aiderait à saisir les tenants et aboutissants de la cause pour laquelle il se bat. La valeur séductrice et persuasive des variations de ton ne fait donc plus l'ombre d'aucun doute. Une voix bien modulée assure des chances réelles au triomphe de la cause qu'on défend. Toutefois, la maîtrise de son corps et de ses gestes par l'orateur donnerait encore plus de puissance à l'oraison.

II- Le pouvoir des mouvements du corps[193] et la séduction oratoire.

La gestuelle l'avons-nous mentionné, est l'éloquence portée sur le corps de l'orateur. Le corps incarne une forme de rhétorique susceptible de servir ou desservir l'orateur selon son usage. La gestuelle se trouve ainsi au cœur de l'art oratoire. C'est le geste qui porte le discours, c'est le geste qui donne vie au discours. D'ailleurs, depuis l'antiquité, la gestuelle a toujours été considérée comme un complément indispensable de la communication verbale. Ce d'autant plus que Cicéron note dans un très célèbre ouvrage : « les mots émeuvent seulement celui qui est lié par la communauté de la langue et des pensées profondes souvent incomprises par l'esprit des hommes superficiels, alors que les gestes, par contre, qui annoncent les sentiments de l'esprit, touchent tout le monde parce que les esprits des hommes sont émus par les mêmes sentiments qu'ils reconnaissent chez les autres aux moyens des mêmes indices avec lesquels ils les montrent en eux-mêmes »[194]. La gestuelle a de ce fait une portée plus large que la langue à elle seule. L'orateur, de par sa gestuelle, communique plus largement les sentiments que porte son discours. Elle permettrait ainsi à l'orateur de : « recueillir plus rapidement les fruits de l'éloquence auprès de son auditoire, pourtant que la laideur de la gestuelle a fait passer plus d'un beau parleur pour un piètre orateur »[195]. Cicéron d'ajouter : « souvent, d'orateurs incapables ont gagné l'éloge d'orateurs adroits juste par leur habileté à tendre et beaucoup d'orateurs capables ont été considérés incapables pour leurs gestes faux »[196]. Ce n'est donc pas un fait hasardeux si Démosthène attribuait à la gestuelle la première, la seconde et la troisième place[197]. Les grands maîtres de la rhétorique s'accordent très bien à l'idée que la gestuelle constitue inévitablement l'une des clefs de voûte de l'art de la séduction, porté par l'orateur et, par ricochet, celle de la persuasion des auditeurs. Depuis les temps les plus anciens, c'est une réalité, qui n'a pas du tout perdu de son actualité. Au-delà de la posture oratoire et du mouvement des mains y afférents, une attention particulière est portée sur les expressions du visage, les mouvements des yeux, que Cicéron définit comme les « interprètes de l'âme ». La gestuelle a définitivement un impact considérable sur le processus de séduction oratoire et surtout, la force de persuasion qui détermine l'issue de la cause portée par l'orateur. Il devient dans ce contexte judicieux de procéder à une autopsie de ce procédé oratoire déterminant. Son analyse exigerait que l'on mette en lumière la posture de l'orateur et les mouvements des mains (A) dans une perspective de séduction et de persuasion, avant de consacrer de l'attention aux expressions du visage que plusieurs orateurs trouvent incontournables, et plus que nécessaires dans une optique de séduction et de persuasion (B).

A- De la posture et du mouvement des mains.

Depuis les temps anciens à notre époque contemporaine, l'orateur qui souhaite se parer des artifices de séduction et de là, espérer persuader devra prendre soin de sa posture. L'orateur éducateur devra opter pour une position, un fait de position et de prise de position, un positionnement, une posture qui, au-delà de l'agressivité, devront à tout le moins s'inspirer du modèle classique d'éloquence retenue et de calme, mais de fermeté. Bien que des aspects de cette tradition oratoire soient aujourd'hui quasiment obsolètes eu égard aux réalités de notre temps, d'autres cependant n'ont pas perdu de leur force probante. Quoi qu'il en soit, une posture droite, une relative stabilité sont aujourd'hui incontournables pour tout orateur qui souhaite faire de sa posture une valeur ajoutée en marge du discours qu'il prononce. Cicéron dans un traité épistolaire composé à la demande du célèbre Brutus reconnaît absolument cela lorsqu'il pense qu' : « ... il se tiendra droit, la tête haute (qu') il évitera d'aller et venir constamment (qu') il s'avancera rarement vers l'auditoire, et toujours de façon modérée (qu') il ne penchera pas mollement la tête... »[198] . Une telle attitude, loin d'accorder du crédit à l'orateur fait de lui un charmeur qui connaît se contenir tout en respectant les règles de bienséance utiles pour faire cheminer son oraison vers le cœur des auditeurs.

Comme un artiste des arts de la scène ou un acteur de cinéma, l'orateur devra interpréter son propre discours, ce qui suppose que pour être davantage expressif, il doit s'imposer l'usage méthodique des mains qui, comme la voix, doivent porter et exprimer ses émotions. En effet, les mains, comme la tonalité, traduisent le rythme de l'élocution, l'intensité du discours, ses moments de grande excitation et ses moments d'accalmie. L'orateur étendra ses bras dans les moments de forte excitation oratoire et les « ramèneront à lui dans les passages plus calmes »[199].   Dans un débat contradictoire, il prendra de la force ou du pouvoir en levant l'index même si Quintilien estime que seule la main droite doit bouger, « le majeur contre le pouce, les autres trois doigts tendus, un léger mouvement vers la droite et la gauche, sans jamais se lever au-dessus des yeux, ni s'abaisser en dessous de la poitrine »[200]. Dans un discours rhétorique, il mettra soit la paume en haut ou en avant pour expliquer ses métaphores ou séduire l'auditoire. L'orateur de toute façon réglera ses propres mouvements afin de les rendre plus naturels « de façon à ce qu'il n'y ait rien d'exagéré »[201]. Les mouvements des mains apportent un peu plus d'épices à l'élocution et rendent le discours plus digeste, plus attractif, plus persuasif. Le contraire rendrait le discours plus fade et entaché de handicap, hypothéquant sa portée. Et Quintilien d'observer dans ce sens que le mouvement des mains : « parle tout seul » ; en effet, « N'est-il peut-être pas vrai qu'avec celles-là nous demandons, nous promettons, nous appelons et nous faisons sortir, nous menaçons, nous supplions, nous exprimons de la haine, de la peur, nous interrogeons, nous nions, et nous manifestons de la joie, de la tristesse, de l'incertitude et d'autres émotions, du regret, de la modestie, une quantité, un nombre de temps ? Et ne sont-ce pas toujours nos mains qui révèlent de l'excitation, du gène, de l'approbation, de l'étonnement, de la pudeur ? Dans l'énumération de lieux et de gens, n'occupent-elles pas la place des adverbes et des pronoms ? Si bien que, malgré la différence linguistique entre tous les peuples et tous les gens, celui des mains me semble vraiment un langage de caractère universel. »[202].

Le mouvement des mains transcende les langues et les cultures. L'orateur par ce procédé pourrait toucher même ceux qui n''entendent pas et qui ne parlent pas. C'est le langage de l'universalité indispensable dans un discours, tout comme le sont les expressions du visage de l'orateur.

Planche 4 : la prise de force

Crédit : Dede Fotsa

l'index levé et les doigts ouverts sont des arqueurs de puissance.

Planche 5 : la détermination

le point fermé matérialise une expression forte des conviction et de la détermination. Un moment fort de passion oratoire, une communion entre l'orateur et son auditoire.

Planche 6 : La précision oratoire

Crédit : Dede Fotsa

Le mouvement des mains ici dénote un moment de précision exprimé par les deux orateurs. Précision sur un propos tenu, précision sur un point particulier de l'oraison.

Planche 7 : l'accalmie

Crédit : Dede Fotsa

Une oratrice très enflammée de par son visage et sa gestuelle qui dénote une montée des passions oratoire. Mais en face un orateur qui ses mains tendu en l'inverse essaye de calmer les passions, certainement pour revenir à la raison.

B- Des expressions du visage.

Parce que les expressions du visage sont parfois plus éloquentes que n'importe quel autre mot[203], les maîtres de la rhétorique romaine y accordaient une attention particulière. C'est la première impression laissée aux auditeurs[204]. Les expressions du visage doivent s'harmoniser avec le contenu du discours, sinon le discours risque de perdre en crédibilité et en efficacité. Le regard pour sa part devra suivre la direction du geste. Les yeux sont d'une grande importance pour la séduction, il faudra donc savoir régler son regard. Cicéron dans _De Oratore,_ démontre à quel point les expressions du visage peuvent être déterminantes sur la séduction oratoire et la force de persuasion du discours. Ainsi, peut-on lire dans l'orateur : « quant au visage qui est après la voix ce qui a le plus de pouvoir, combien il apporte soit de dignité, soit de grâce ! Quand on se sera gardé d'y rien faire apparaître de déplacé ou d'affecté, ce sont les yeux dont il est important de surveiller l'expression. Comme le visage est le miroir de l'âme, les yeux en sont les interprètes, ils seront rieurs et graves tour à tour, à la mesure des choses mêmes dont on traitera »[205]. L'orateur dans cette perspective veillera au mouvement de ses yeux, car comme l'affirme Cicéron : « si le visage est le Miroir de l'âme, les yeux en sont les interprètes ». Les yeux reflètent soit la joie, soit la tristesse dépendamment du sujet qui sera traité par l'orateur. Cette situation permet à ce dernier de transmettre via sa physionomie, des messages de joie, de tristesse, de pitié, de mélancolie, en lien avec la cause défendue. L'auditoire, emporté par ces actions, s'en trouvera davantage flatté et percevra ainsi mieux les fondamentaux de la thèse soumise à leur appréciation par l'orateur — acteur de circonstance.

L'orateur devra enfin harmoniser sa physionomie avec le discours prononcé, ainsi que la tonalité de ses discours. Précisément comme l'affirme Quintilien dans Institution Oratoire : « ... soit le geste précède la voix, soit commence après la voix... »[206]. L'effet contraire serait particulièrement désagréable pour l'auditoire qui risque de se trouver indisposé par un orateur paraissant nuisible dans les circonstances

L'orateur est un acteur

Crédit photo : Batoul Ajrouche

Au laboratoire de cyberjustice de l'université de Montreal, nous devrions agir comme avocat de la défense dans le cadre d'un procès simulé . On a pu réaliser a quel point « l'éloquence du corps » s'avère déterminante dans une joute oratoire aux élans révolutionnaires.

L'action oratoire, l'avons-nous vu, n'est autre chose que : « l'éloquence du corps, puisqu'elle repose sur la voix et le geste »[207]. C'est un procédé qui permet à l'orateur de mettre son corps, sa gestuelle, ses cordes vocales en évidence dans le but de séduire son auditoire et le persuader du bien-fondé de la cause qu'il soumet de par son oraison, à son appréciation suprême. L'action oratoire constitue, à n'en point douter, l'épine dorsale de l'art oratoire.

L'action complète l'élocution, l'action oratoire permet de recueillir les fruits de l'éloquence malgré une diction défaillante. Bien parler ne suffit pas toujours, peut même s'avérer très insuffisant si l'orateur fait table rase de l'action oratoire qui, incontestablement, occupe la première, la seconde et la troisième place dans l'art oratoire. La plus grande qualité de l'orateur ne serait donc aucunement l'invention d'arguments ni l'art de bien agencer et disposer ses idées[208] ; mais plus, la manière de prononcer son discours, l'art de l'interpréter, l'art de maîtriser sa voix, son corps, ses gestes et même ses expressions du visage, « Le visage étant le miroir de l'âme et les yeux les interprète »[209]. L'orateur est finalement comme cet acteur qui, par des manœuvres oratoires tels sa voix, son regard, ses gestes, se posent en séducteur d'un auditoire dont il veut par tous les moyens s'attirer les faveurs pour espérer ainsi voir son plaidoyer triompher et si nécessaire, bouleverser l'ordre établi. Les manœuvres ainsi déployées méthodiquement et artistiquement visent à conquérir le cœur et l'esprit des juges, le cœur des auditeurs. certes, les règles de la rhétorique ancienne ne s'appliquent pas toujours *mutatis mutandis* comme celles tirées du Harangueur du lac Trasimène. Force est de reconnaître toutefois que la plupart desdites règles anciennes n'ont pas pris une seule ride, d'où l'urgence de s'en inspirer, d'où l'urgence de s'en abreuver. Que serait en définitive un discours sans gestuelle ? Que serait un discours dépourvu de mouvements du corps, que serait un discours qui fait abstraction d'expressions du visage, de tonalités appropriées ou de musicalité ? Ce discours serait l'ombre de lui même ! Ce discours serait « fade et incomplet »[210], sans saveur, car dépourvu de ses artifices et épices essentiels. Un tel discours serait simplement loin d'emporter le cœur des auditeurs posés en spectateurs.

TROISIÈME PARTIE : LE PATHOS

L'orateur ne devra pas seulement être capable de prouver et plaire à ceux qui l'écoutent. Il devra aussi et surtout les émouvoir pour espérer remporter la victoire. Qu'il s'agisse d'un plaidoyer ou d'un discours politique, prouver a toujours été une nécessité, plaire une douceur, et émouvoir une victoire. Lorsque l'orateur émeut l'auditoire, sa cause est gagnée[211]. L'orateur fera appel à divers genres dans cette perspective : le simple pour prouver, le tempéré pour plaire, et le véhément dans lequel il concentre toute sa puissance afin d'émouvoir son auditoire. La capacité pour l'orateur à faire monter les émotions et passions lors de son oraison a été reconnue dans l'ancienne rhétorique comme *Pathos* « Cette partie de la rhétorique qui traite des moyens propres à émouvoir, par opposition à l'*ithos* qui traitait des mœurs »[212]. C'est presque le même raisonnement que nous retrouvons dans l'ouvrage la Rhétorique de Michel Meyer qui note que le pathos c'est : « l'ensemble des valeurs implicites des réponses hors questions qui nourrissent les questions qu'un individu considère comme pertinentes »[213]. L'orateur, au travers du pathos, provoque l'émotion de l'auditoire en jouant sur les valeurs qui lui sont sacrées : ce qui peut le mettre en colère, le calmer, ce qu'il méprise ou ce contre quoi il s'indigne. À travers son discours, l'orateur suscite donc de l'émotion et des passions chez son auditoire lesquelles émotions et passions peuvent tenir leur fondement autant de l'espoir, de la crainte, de l'amour, du désespoir, que du plaisir, du déplaisir[214] et bien d'autres. Les émotions provoquées par le discours, les passions ainsi suscitées contribuent à toucher le cœur de l'auditoire qui, au-delà de sa raison, se laisse emporter par un discours qui parle plus à ses sentiments qu'à son raisonnement. L'auditeur dans ce sillage n'est pas trop différent de cette personne passionnément amoureuse ne faisant plus de grande différence entre les qualités de l'être aimé et tout le bien qu'on pourrait penser de lui.

Comme par extraordinaire, l'auditeur trouve chez l'orateur, comme d'un coup de baguette magique, des qualités merveilleuses, exceptionnelles, faisant par ce fait passer lesdites passions à la valeur du discours et de celui qui l'incarne. C'est l'effet qu'on pouvait noter tant après le fameux « je vous ai compris » du Général De Gaule, le « *Ich bin ein Berliner* » de Kennedy, le « *I have a Dream* » de Martin Luther King, le « Yes, we can. » de Barack Obama, ou le très mémorial « Congolais, Congolaises » de Patrice Lumumba, en marge de la cérémonie d'indépendance du Congo… Par cet art de l'émotion, l'orateur fera vibrer son auditoire, il le fera rêver, il l'inquiétera, le rassurera, le fera rire ou pleurer. Il ne fait donc l'ombre d'aucun doute, le Pathos bien amené, bien utilisé, permet incontestablement de renforcer la force de persuasion et d'assurer la victoire pour la cause ainsi défendue, tout comme les histoires racontées, les agencements de mots et pensées, les images, paraboles et autres utilisées contribuent à faire monter les passions oratoires et mener vers la victoire. Les figures de rhétorique sont de ce fait essentielles pour faire monter les passions et émotions lors du discours. Celles aux saveurs décoratives le sont encore plus. L'orateur distingué, en supplément de la maîtrise de la dialectique, et de la sémantique, devra se parer d'artifices stylistiques de haut niveau pour s'assurer au-delà de la séduction, de lever les passions, d'émouvoir depuis le prétoire d'un abrogatoire, emporté par le lyrisme de son oraison épicée. Aussi, devient-il primordial d'analyser les manœuvres oratoires susceptibles d'émouvoir et mener vers la victoire. Dans cet effort, il y a lieu de reconnaître que les figures de rhétorique ornementales et les procédés d'amplification du discours deviennent incontournables. Nous analyserons donc tour à tour les figures de style décoratives (Chapitre VI) et divers procédés d'amplification de l'oraison (Chapitre VII). Ainsi pourrions-nous avoir une idée précise de la place du pathos dans les passions oratoires, dans l'émotion et la persuasion de l'orateur.

CHAPITRE VI: LES FIGURES DE STYLE DÉCORATIVES

L'orateur sublime s'exprimera avec distinction. Il fera usage d'un style brillant, fleuri, coloré et poli dans lequel l'auditeur peut dénicher sans trop de peine diverses séductions de la parole, diverses séductions de la pensée. C'est le style brillant porté par les figures rhétoriques qui s'emparent des âmes et cœurs. C'est ce style flamboyant qui se glisse subtilement dans les cœurs et sèmes des idées nouvelles, déracine les idées anciennes et change le monde[215]. L'orateur, en plus d'un support argumentatif irréprochable, une charpente argumentative solide comme du béton armé, une diction et une gestuelle digne des grandes oraisons, devra maîtriser les figures de style, figures rhétoriques qui ont fait la grandeur de l'éloquence dans l'antiquité et dans la cité. Les figures de style décoratives c'est-à-dire cette manière particulière de dire les choses de nature à modifier le langage ordinaire tout en le rendant plus expressif donnent au discours toutes son pesant d'or. Cette valeur expressive digne de la grande noblesse intellectuelle, influence sur les émotions et la force persuasive du discours qui se trouve par ce fait au-dessus de la mêlée.

La rhétorique ancienne dans ses divers aspects a effectué un classement général qui distingue les tropes des « figures de pensée » et « figures de mots » aussi appelées *Lumina, flores et colores*[216]. La division la plus pertinente nous semble venir de Fontanier qui organise les figures de style en sept classes, divisées en figures de signification et figures d'expression[217] ; une classification qui se greffe à celle traditionnelle qui faisait déjà état des « figures de pensée »[218] qui expriment des idées, et des « figures de mots »[219] dont la fonction principale se résume à embellir purement et simplement le discours. Pendant longtemps, des nuages ont fait ombrage, empêchant d'avoir des clarifications objectives sur diverses classifications avancées plus haut. Dans l'effort de trancher le débat, Cicéron ne semble pas convaincre davantage lorsque, dans le sillage d'opérer cette différenciation, il estime que : « la figure de mots disparaît si on change les mots, celle de la pensée reste, quelle que soit l'espèce de mots qu'on emploie »[220]. Aussi, afin de pouvoir méthodiquement ménager la chèvre et le chou, nous privilégierons, dans le cadre de cette réflexion visant uniquement à construire le temple et non des dieux à adorer, des figures de style ayant des fonctions essentiellement décoratives, pour l'oraison. Elles pourraient être des « figures de mots » tout comme de « pensée ». En conséquence, nous nous attarderons spécialement sur ce que la rhétorique ancienne a appelé : « Tropes »[221], bien que les autres procédés ne sont pas pour autant à négliger dans les processus émotifs et persuasifs du discours.

Il devient de ce fait logique de questionner notre patrimoine rhétorique afin de voir quelles figures peuvent être décoratives et ainsi contribuer à émouvoir l'auditoire qui d'une manière ou d'une autre en sera convaincu du bien-fondé de la cause plaidée par l'orateur du haut de son perchoir. Dans les perspectives d'analyse, la lumière sera mise sur les principales figures rhétoriques ornementales (I) avant que nous ne levions un pan de voile sur divers autres procédés stylistiques qui décorent tout aussi le discours (II). Mais surtout, nous verrons à chaque étape de la gymnastique comment ces figures apportent une valeur ajoutée au discours, notamment comment elles permettent la montée des émotions et renforcent la force de persuasion indispensable au triomphe de la cause pour laquelle l'orateur s'est consacré.

I- Les figures rhétoriques majeures à saveurs décoratives

L'orateur fera un usage méthodique des figures de style, notamment celles qui donneraient un peu plus de décor et d'ornement au discours. Plus le discours sera orné et décoré, mieux il fera lever les émotions tout en renforçant sa force de persuasion.

L'orateur privilégiera les mots et expressions nobles et élégantes. Les figures de style, comme ces décorations qui ornent le théâtre et des salles à l'occasion de grandes fêtes, donnent davantage de couleur et d'esthétique au discours, tel que le démontrent divers jeux de mots et de terminaison identiques qui excitent les esprits[222], les enflamment et permettent d'arracher la victoire. Il fera usage de ces figures qui donnent un tour brillant aux pensées, en créant par la même occasion un rayon lumineux dans l'esprit de l'auditeur, comme cette luciole qui éclaire au cœur de la nuit noire. Les figures de style décoratives au sens général consistent à substituer des mots ou expressions au sens propre par d'autres au sens figuré dans un but esthétique. Elles donnent au discours une saveur toute particulière qui se fonde sur une certaine fibre émotionnelle améliorant ainsi ipso facto la force de persuasion du discours et le triomphe de la cause qui tient l'orateur à cœur, et qui n'hésite pas à se déployer dans une envolée lyrique quasi torrentielle. Les maîtres de la rhétorique ancienne et contemporaine identifient de nombreuses figures rhétoriques de nature à apporter au discours de la hauteur, de l'élégance et de la noblesse[223] : des onomatopées à l'oxymore, en passant par la catachrèse, la litote, l'allégorie… elles sont nombreuses, les figures de rhétorique susceptibles de faire fleurir un discours[224]. Il devient par conséquent nécessaire dans le cadre de notre réflexion de consacrer beaucoup plus d'attention aux figures rhétoriques décoratives les plus fondamentales, les plus usitées, les plus en vue. Bien que les autres procédés rhétoriques regorgent encore de toute leur vigueur. Ainsi, allons nous tour à tour décortiquer : la métaphore, et quelques figures de comparaisons (A), la synecdoque, et des figures de substitution (B), afin de découvrir le procédé rhétorique lié à leur construction, leur usage, mais surtout, comment celles-ci permettent de lever les passions, les émotions et assurer la victoire de l'orateur qui, avec une maestria hors du commun, les met en évidence dans une optique persuasive.

A- La Métaphore et les figures de comparaison.

La métaphore[225] est sans aucun doute la figure décorative la plus importante. Elle occupe depuis Aristote une place centrale et presque générique par rapport aux autres figures, comme si elles en découlaient toutes[226]. Selon Aristote, la métaphore vise « à donner à une chose un nom qui appartient à une autre »[227]. L'orateur qui construit sa métaphore devra substituer un concept ou un mot avec un concept ou un autre mot employé au sens figuré et faisant état d'un rapport de vraisemblance entre les deux termes. C'est une comparaison voilée et à la limite implicite. Une situation qui amène Quintilien à induire que la métaphore est : « une similitude plus brève » (in *totum autem metaphora brevior est similitudo*). Avec la comparaison ou la similitude, l'orateur fait une comparaison directe avec la chose qu'il veut exprimer, par exemple :(Cellini est courageux comme un lion). Or, avec la métaphore, l'orateur dit ce qu'il dit en substituant cette chose elle-même. Dans cette perspective, dire que Boniface est un lion c'est dire de manière métaphorique que Boniface est courageux. Autrement dit, Boniface dans les circonstances est aux humains ce que le lion est pour les animaux[228]. Quand on est en présence d'un orateur qui développe une métaphore en complétant le comparant par plusieurs qui lui sont apparentés sans que le comparé soit exprimé, on est en présence d'une métaphore filée[229].

La métaphore est donc une figure élégante qui crée dans le discours un effet de présence et consiste à parler de quelque chose en utilisant une image. Si l'image est juste, bien trouvée, elle enrichit le discours et facilite l'attention. Elle donne de l'éclat au discours et peut même dans une certaine mesure avoir un effet argumentatif. En utilisant la bonne image, l'orateur peut de ce fait condenser un argument, ou même construire une contre-argumentation solide.

À la question de savoir pourquoi les orateurs préfèrent des termes utilisés au sens figuré que ceux utilisés au sens propre, le grand maître Cicéron donne une réponse plus que pertinente : « Je pense que cela arrive… soit parce que la première pensée de celui qui écoute va ailleurs, chose qui donne un grand plaisir… soit parce qu'avec un sens figuré, quand il est utilisé au bon moment, éveille les sens, particulièrement la vue qui parmi tous les sens est le plus utile »[230]. Par ses métaphores bien amenées, l'orateur captive l'attention de son auditoire et éveille ses sens. C'est l'arme par excellence de la séduction et des passions oratoires. On peut comprendre pourquoi c'est le mode d'expression par excellence de la poésie, notamment la poésie lyrique dont l'une des particularités est de faire monter les passions. C'est ce qu'on peut aisément observer dans le cantique des cantiques:

« Que tu es belle, mon amie
Que tu es belle
Tes yeux sont des yeux de colombe
Tes lèvres sont un fil de Pourpre
Et ta bouche est charmante,
Tes deux seins, deux faons,
Jumeaux d'une gazelle,
Qui passent au milieu des lis »[231]

Comment ne pas être emporté au sortir d'une telle oraison, une telle poésie lyrique aux vers de Miel ? C'est de cette manière que l'orateur pourra émouvoir son auditoire et par cette fibre sentimentale, remporter la victoire. La métaphore devra être naturelle selon Cicéron, elle doit être discrète afin d'accroître son efficacité. La métaphore bien employée apporte une coloration, un ornement au discours qui captive plus, séduit plus, enchante plus. Elle seule : « en guise des étoiles donne au discours un charme et une splendeur toute particulière »[232]. On ne s'étonne plus donc pourquoi la métaphore a fait le beau temps de grands orateurs, à des époques particulières. D'Aristote à Obama, Cicéron, Mélenchon, Victor Hugo, Jean Jaurès, Mandela, Lumumba, Martin Luther King à Fidel Castro…, la métaphore a toujours été le procédé rhétorique par excellence de tout grand discours ou plaidoyer, ayant systématiquement changé le monde[233].

En plus de la métaphore, l'orateur pourra invoquer d'autres figures de comparaison, en l'occurrence la similitude et l'allégorie qui pourraient, tout comme la métaphore, s'avérer déterminantes pour émouvoir et de ce fait, remporter la victoire. Lors d'une comparaison, l'orateur rapproche deux idées ou deux objets ; ou encore, un objet et une idée afin d'établir un rapport d'analogie entre les deux idées et les deux objets. L'orateur distinguera toujours le comparé (ce qu'il compare) et le comparant (ce qui sert à comparer). L'un des meilleurs exemples nous vient de La Rochefoucauld qui affirme : « L'absence diminue les médiocres passions, et augmente les grandes, comme le vent éteint les bougies et allume le feu »[234].

La similitude pour sa part permet de procéder à des comparaisons de plus grande ampleur que la comparaison proprement dite. Elle apporte au discours des rayons lumineux, éclairant tel un lever matinal du soleil, l'esprit des auditeurs qui se trouvent emportés par sa force de suggestion considérable. La similitude est très présente chez les prédicateurs ou dans la littérature d'inspiration religieuse. Ainsi peut-on lire dans la Bible :

« L'homme ! Ses jours sont comme l'herbe, il fleurit comme la fleur des champs. Qu'un souffle passe sur lui, il n'est plus, et le lieu qu'il occupait ne le connaît plus »[235].

Comme on peut s'en apercevoir, les comparaisons et les similitudes contribuent à donner plus de vigueur, plus de couleur et de force au discours. Des réalités qui ne peuvent qu'émouvoir et mener vers l'espoir de remporter la cause. C'est ce que l'on peut observer dans une très célèbre plaidoirie défendant mordicus un accusé de fraude électorale :

« Il n'y a rien de plus changeant que le peuple, rien de plus énigmatique que la volonté des hommes, rien de plus illusoire que la conduite générale des comices… en effet comme parfois les tempêtes se déchaînent par un certain signe prémonitoire des cieux, souvent elles éclatent soudainement sans raison précise et pour des causes inconnues, aussi bien dans la tempête démocratique des comices souvent tu peux comprendre par quel signe elles ont été déterminées, mais fréquemment il est tellement obscur qu'il semble qu'elle soit née par l'effet du cas. »[236].

L'allégorie est la représentation d'une abstraction, d'une idée, soit par des images, soit par des êtres vivants. Quintilien estime qu'elle consiste à : « indiquer avec des mots une chose différente de celle sous-entendue » ou à « faire entendre quelquefois même le contraire de ce qu'on dit »[237]. L'allégorie apporte au discours une certaine mystique que l'auditeur cherchera à décoder afin d'en mieux percevoir l'essence, la consistance et la quintessence. Baudelaire dans l'un de ses poèmes nous offre un exemple d'allégorie :

« — Et de longs corbillards, sans tambours ni musique,/Défilent lentement dans mon âme, l'Espoir,/Vaincu, pleure, et l'Angoisse atroce, despotique,/Sur mon crane incliné plante son drapeau noir. »
238

L'orateur devra en définitive, dire son discours d'une certaine manière qui s'élève au-dessus de la mêlée. Un tel discours sera semblable à cet oiseau de Minerve au beau plumage et au chant lyrique, qui vient éclairer par son chant et divers artifices, soigner les maux sociaux par des mots et tournures rhétoriques qui s'envolent de son discours, sonnant comme une musique amadouée, autant dans les oreilles délicates que dans les cœurs des ses auditeurs.

B- La synecdoque et diverses figures de substitution du mot.

Dans son projet de séduction et d'incitation des émotions pour la persuasion, l'orateur gagnerait à recenser et encenser son auditoire de paroles au goût de miel lors de son Oraison. Ainsi, s'assure-t-il des chances par l'incitation des passions, des possibilités de tirer son épingle du jeu. Que ce soit la périphrase[239], le pléonasme[240], ou l'anastrophe[241], l'orateur mettra de l'avant les figures qui donnent davantage de décor et de passions oratoires. En l'occurrence, il pourrait faire usage de la synecdoque, la catachrèse ou la métonymie, des tropes qui anoblissent particulièrement le moment oratoire, lui donnant un peu plus de solennité et même un supplément de majesté.

L'orateur qui souhaite émouvoir pourrait faire un usage stratégique de la synecdoque, cette figure de style qui consiste à « employer un mot en lui attribuant un sens plus large ou plus restreint que son sens habituel ». Le mot ainsi utilisé « entretient une relation d'inclusion particulière avec ce qu'il désigne »[242]. L'orateur pourrait de ce fait dans un discours nommer la partie pour le tout (par exemple : avoir un toit sur la tête pour dire qu'on est propriétaire d'une maison, ou aller à voile pour dire qu'on voyage à Bateau). De la même manière, mais inversement, l'orateur pourrait partir du tout pour désigner la part[243] (par exemple, aller en Afrique au lieu d'Afrique du Sud, aller en Amérique en lieu et place de voyager pour les États-Unis). Dans la même logique, il pourrait aussi aller du singulier au pluriel et réciproquement (le Camerounais en lieu et place des Camerounais, le Canadien pour dire les Canadiens…) ; enfin, il pourrait désigner l'espèce par le genre et réciproquement (du pain pour de la nourriture) (des « mortels » pour les « Hommes »). Comme on peut aisément le voir, la synecdoque donne de la couleur et de l'ampleur au discours, mieux, de la vivacité dont il a besoin pour s'imposer objectivement chez les auditeurs, émouvoir et mener vers la victoire.

Dans son envolée lyrique, l'orateur peut encore invoquer la Catachrèse ou *abusio* en latin, soit abus en Français. L'orateur dans les circonstances aura recours à un néologisme[244] ou à des termes déjà existants pour combler des lacunes de vocabulaire. Il emploiera donc un mot au sens figuré en l'absence du mot spécifique, du mot propre. Ainsi pourrait-on voir émerger dans un discours, des expressions du genre : « le cou de la bouteille », « le lit du fleuve », « le chef du gouvernement », « les dents d'une scie, » « la plume d'un stylo », « le soleil se couche »… En général, pour l'obtenir, l'orateur fera un emploi détourné ou un abus de langage qui se justifie dans ce contexte par l'urgence du vocabulaire le plus approprié au discours. Ainsi, loin de donner de la clarté et un peu plus de lumière au discours, l'orateur, par l'entremise de la Catachrèse, apporte des images fortes qui se gravent facilement dans la mémoire de l'auditoire, tout en suscitant les pulsions qu'elles drainent avec elle. Dans de telles circonstances, le discours de l'orateur, tel un fleuve tranquille, ne pourra que cheminer sans obstacle aucun vers la victoire.

Enfin, la « métonymie » avec sa forte capacité ornementale permet de susciter les émotions et de donner encore plus de couleurs au discours. Du latin *Denominatio*, la métonymie est « un changement de nom ». L'orateur désigne une réalité par un nom qui se réfère à une autre réalité. Le nom ainsi utilisé « de façon métonymique appartient au même champ sémantique que le nom habituel de la chose désignée. Les deux sont liés par un rapport de contiguïté, c'est-à-dire de proximité »[245]. Les illustrations de la métonymie sont multiples et variées. L'orateur dans son oraison pourrait nommer un auteur au lieu de parler de son œuvre exemple : (écouter du Beethoven). Il pourrait plutôt parler d'un producteur ou de la localité de production en lieu et place du produit proprement dit (exemple : Boire un « Martini », boire un. « Bordeaux »… L'orateur peut nommer le patron ou la patronne pour l'institution religieuse [exemple : « saint Pierre », « Notre-Dame »] ; le siège pour indiquer l'institution [exemple : « la Maison-Blanche » pour le président des États-Unis, « l'Élysée » pour le pouvoir présidentiel en France, « le Palais du bord de mer » pour le pouvoir présidentiel au Gabon, « Étoudi » pour le pouvoir exécutif au Cameroun…]. L'orateur pourrait nommer la couleur du maillot pour désigner l'équipe qui l'arbore : « les bleus » pour l'équipe de France, « Les lions indomptables » pour l'équipe nationale du Cameroun. « Les diables rouges » pour l'équipe belge… Les exemples d'usages métonymiques sont divers et l'orateur pourrait fleurir d'imagination s'il maîtrise le modus operandi de cette figure. Un bel usage de la métonymie permet de s'abstenir de répétitions inutiles. Mais surtout, cette figure de style colore le discours, lui donne des images fortes qui pourraient non seulement donner du plaisir, mais faire lever les passions qui, comme nous l'avons vu, permettent de mener vers la victoire.

II-Divers autres Procédés stylistiques décoratifs.

L'accessoire ne suit-il pas toujours le principal[246] ? Au-delà des figures de rhétoriques majeures à saveur décoratives, l'orateur, dans le processus d'édification de son Oraison, pourrait tout aussi bien interpeller divers autres procédés qui, comme celles que nous avons qualifiées de majeures, donnent au discours davantage de décor, de couleur et de pesanteur. Ces figures peuvent être autant de parole que de mots ou de pensée. L'orateur espère à travers leur usage susciter les passions et émouvoir son auditoire, afin de remporter la victoire.

L'allitération, l'assonance, l'insertion d'une lettre ou d'une syllabe à l'intérieur d'un mot — communément nommée épenthèse, — l'homéotéleute, la paronomase, sont autant de procédés basés sur la sonorité, procédés qui cajolent les oreilles, les cœurs et au-delà interpellent la fibre émotionnelle des auditeurs tout en sollicitant leur bienveillance. Cette catégorie particulière de mots caractérisée par l'assemblage de termes phonétiquement identiques, mais de sens différents, donne au discours une certaine cadence, une musicalité certainement émotionnelle. Posséder la magie verbale c'est aussi d'une manière ou d'une autre, être la mémoire et l'âme de la société dans laquelle on vit. À ce titre, l'orateur, comme le griot[247] dans les contrées africaines lointaines et anciennes, l'ethnophilosophe[248], ou le philosophe au sens gréco-latin du terme devraient dans certaines circonstances ne pas ignorer les sagesses ancestrales qui, de génération en génération, ont fait l'unanimité et la fierté en société. Il pourrait mentionner des maximes sociales érigées avec le temps en norme de vie socialement acceptable et acceptée par tous. Lesquelles maximes et sagesses incarnent, loin de l'esthétique, une idée claire de l'éthique et de la morale, de nature à redorer le blason de l'orateur. C'est définitivement plaisant et émouvant pour un auditoire de voir un orateur dire tout haut ce qu'il pense tout bas, bien que parfois dans un contexte différent. Dès lors, il serait indiqué, avant d'analyser cette rubrique dédiée aux sagesses et maximes dans une tournure émotionnelle [B], d'envisager tout d'abord l'analyse qui mettrait en relief l'impact des figures de sonorités ou d'homophonie sur la fibre émotionnelle nécessaire à persuaderA).

A- Les figures de Sonorité.

Les figures de sonorité jouent un rôle clef dans la démarche de l'orateur consistant à émouvoir, en incitant les passions de son public. Elles concernent une catégorie spéciale de mots qui se ressemblent à s'y méprendre de par leur phonétique, mais qui ont des sens différents ; nous citerons par exemple les mots : Ver, vers, vert, verre et vair. C'est le style par excellence du langage poétique qui, par sa musicalité très cadencée, caresse le public qui se laisse emporter par l'orateur lyrique. Afin de mieux appréhender l'apport de ces figures aux passions oratoires et à la victoire de la cause ainsi défendue, encore faudrait-il passer en revue l'allitération, l'assonance, l'homéotéleute et la paronomase qui constituent l'ossature des figures qui charment et lèvent les passions menant vers la victoire.

L'allitération consiste pour l'orateur à répéter la même syllabe ou consonne dans une suite de mots qui se rapprochent. Cette répétition produit un effet harmonieux. L'un des meilleurs exemples nous vient d'un recueil de poèmes de Victor Hugo, *la légende des siècles*, notamment le poème « Booz endormi » :

« Un frais parfum sortait des touffes
d'asphodèle ;

Les souffles de la nuit flottaient sur Galgala. »[249].

On notera des exemples similaires chez Jean Racine qui dans Andromaque fait cette affirmation digne des plus brillantes allitérations de l'histoire de la littérature :

« Pour qui sont ces serpents qui sifflent sur vos têtes ! »[250].

L'orateur pourra donc dans son oraison se permettre des constructions de phrases inspirées de la rhétorique classique[251], ainsi que de ses auteurs qui ne tarissent pas d'inspiration. Des expressions du genre : « l'objection objective », « L'incongruité inconcevable »[252], « tendancielle tendance » procèdent de cette démarche émouvante du discours. Il ne fait l'ombre d'aucun doute, l'allitération est un procédé de séduction de haut niveau qui interpelle les passions du public, ce dernier éprouvant de ce fait plus de sympathie pour la cause que l'orateur défend bec et ongles du haut de son perchoir. Toutefois, des maîtres de la rhétorique contemporaine estiment que l'allitération devrait être utilisée avec parcimonie, sinon elle risque de passer plus comme un défaut qu'un point mélioratif du discours. Cet avis n'a pas du tout perdu de sa pertinence.

L'une des manœuvres et non des moindres à la disposition de l'orateur est bel et bien l'assonance, qui consiste à répéter une même voyelle dans une même phrase ou vers[253]. Comme l'allitération, l'assonance produit un effet d'harmonie, donnant au discours du rythme, de la musicalité, de la cadence, nécessaires pour séduire et rendre l'oraison plus abordable aux auditeurs. L'un des meilleurs exemples d'assonance nous vient de Verlaine qui dans mon Rêve familier affirme :

[254] « Je fais souvent ce rêve étrange et pénétrant
D'une femme inconnue et que j'aime et qui m'aime
 Et qui n'est à chaque fois tout à fait la même,
 Ni tout à fait une autre, et m'aime et me comprend (…) »

On note bien dans cette strophe une assonance en (E) et (A). Un autre cas de figure nous vient toujours de Verlaine qui dans l'un de ses poèmes les plus célèbres fait un brillant usage de l'assonance par la voyelle (O) :

« Les sanglots longs
Des violons
De L'automne
Blesse mon cœur
D'une langueur
Monotone. »

L'assonance, tout comme l'allitération, a des vertus séductrices de nature à influencer les passions. Elle permet à l'orateur d'atteindre plus facilement le cœur et les émotions de l'auditoire et s'assurer par la même occasion des chances de voir par conséquent sa cause triompher.

Certes, l'orateur n'est pas un poète, mais il peut user de son talent de poète pour donner de la valeur à son oraison. Ce mécanisme se réalise quand il interpelle l'« homéotéleute », figure qui se réalise quand l'orateur emploie de manière rapprochée des mots avec une terminaison identique, semblable, ou quasi semblable tel qu'on puisse comme dans un poème y voir une rime aux effets sonores particuliers. Il ne serait donc pas exagéré d'affirmer que ce serait la poésie introduite dans la prose qui créée un effet émotionnel, charmeur et enchanteur.

La « Paronomase » consiste pour l'orateur à rapprocher les mots phonétiquement semblables, mais ayant un sens différent. Cette figure se retrouve dans divers proverbes et dans la sagesse populaire. Exemple : « Qui se ressemble s'assemble », « erreurs… et horreurs judiciaires », « Qui dort dîne », « à bon chat bon rat », « urbi et orbi », « Qui vole un œuf, vole un bœuf »…

La Paronomase permet de soutenir la mémoire de l'auditoire qui en tout temps se rappellera des points magiques du discours. Une telle situation donne de la couleur au discours, le rend plus digeste tout en renforçant la persuasion qu'il aura sur les auditeurs. Dans sa préparation, l'orateur ou l'oratrice ne perdra pas de vue que l'auditeur a une raison, mais qu'il a aussi des passions. Il ne perdra pas de vue que le discours a aussi une cadence, une musique, un rythme, une culture qui devrait vibrer en phase avec les valeurs de son auditoire qui, ému par divers procédés rhétoriques, n'hésitera pas à accorder du crédit au plaideur-courtisan qui leur aura conté fleurette pendant toute son oraison.

B- Les maximes et sagesses

S'il est vrai qu'un poisson sorti ne l'eau ne peut vivre, il en est de même de l'Homme en dehors de son milieu culturel. La culture c'est l'âme du peuple, ce qui demeure lors qu'on a tout oublié[255]. L'orateur devra s'adapter à la culture de son auditoire afin de pouvoir avoir un impact, un impact supérieur. Il n'y a pas meilleur moyen que de faire un usage stratégique de maximes et sagesses ayant été érigées en norme universelle et faisant de ce fait autorité.

La maxime désigne une formule qui résume un principe moral, une règle de conduite ou un jugement d'ordre général[256]. C'est donc une règle communautaire formulée dans une phrase et ayant la prétention d'être reconnue comme baromètre de la vie en société. L'orateur en fera mention dans son discours pour impliquer les valeurs de l'auditoire dans la cause ainsi défendue. C'est toujours un réel plaisir pour un auditeur de se reconnaître dans les principes avancés lors d'une oraison. Cette situation qui le caresse dans le sens du poil, active aussi les émotions qui somnolaient encore en lui. Dans un ouvrage de rhétorique antique resté célèbre, Aristote, maître de la Rhétorique, reconnaît cet état de fait lorsqu'il affirme : « les auditeurs éprouvent du plaisir quand on dit de façon universelle ce qu'ils peuvent avoir auparavant conçu dans un cas particulier. »[257]. Les proverbes ou des dictons populaires font partie de cette rubrique ; exemple : « La douceur du miel ne console pas la piqûre de l'abeille »[258], « Bonne renommée vaut mieux que ceinture dorée »[259], « Quand il pleut à la Saint-Aubin, l'eau est plus chère que le vin »[260]… Comme les maximes juridiques. Exemple : « ubi societas ibi jus »[261], « Si vis Pacem, para bellum »[262], « Cujus regio, ejus religio »[263], « Fraus Omnia corrumpit »[264]… c'est enfin le cas des citations littéraires connues de toutes les nations. Les maximes sont dans une certaine mesure importantes pour l'orateur. En effet, lorsqu'elles revêtent le couvert de la moralité, l'orateur apparaît par le même fait comme un individu qui incarne la vertu, relève Aristote dans <u>Rhétorique.</u> Il devient donc judicieux de savoir quelle maxime mettre de l'avant à une époque très particulière, ou à un moment très particulier. Cela, nous semble-t-il, devrait s'inspirer du courant des valeurs en vedette dans la société, au moment où l'orateur prononce son oraison. On le sait très bien, une vérité en deçà des Pyrénées peut être une erreur au-delà ; aussi, le contexte et le prétexte du discours devront influencer son texte. Que serait un discours qui ne prend pas en compte la culture ou le contexte de son temps. Les émotions ainsi levées pourraient diamétralement s'opposer à l'objectif de l'orateur, qui souhaite accumuler le maximum de capital de sympathie nécessaire au triomphe de la cause qui lui tient à cœur.

En Afrique, il est reconnu que lorsqu'un vieux meurt, c'est une bibliothèque qui brûle et que ce qu'un vieux peut voir étant assis, un jeune ne le verra que lorsque perché sur un arbre. Cette situation met au goût du jour la place primordiale des sagesses et de l'oralité dans la culture africaine. L'orateur qui souhaite s'exprimer dans un auditoire faisant la part belle à la culture africaine devrait, nous semble-t-il, s'abreuver auprès des anciens pour savoir le contexte de la question et comment elle a évolué avec le temps. Mais surtout, il devrait s'abreuver au nectar des sagesses qui fleurissent dans toutes les contrées et nations et de précédents consolidés et cristallisés président aux destinées des nations. Peu importe la culture d'origine de l'orateur, le monde multiculturel dans lequel nous vivons voudrait que l'orateur fasse un aller et retour entre sa culture d'origine et d'autres cultures afin de maximiser sa force de persuasion. La culture africaine est tout un gisement de sagesse qui, dans le cadre d'une oraison, à la cpaciter de lever des émotions, en plus des armes de séduction qu'elle possède, susceptibles de mener l'orateur vers la gloire victorieuse escomptée. Exemple : « Lorsque tu ne sais pas ou tu vas, regarde d'où tu viens »[265], « quand un arbre tombe on l'entend, quand la forêt pousse, pas un bruit. »[266], « la femme est la ceinture qui tient le pantalon de l'homme »[267], « Le mensonge donne des fleurs, mais pas des fruits »[268], « celui qui se lève tard, ne voit jamais la tortue se brosser les dents le matin »[269]…

Les maximes et sagesses apportent incontestablement au discours davantage de séduction, davantage d'émotions et bien évidemment, la force de persuasion nécessaire pour l'atteinte de l'objectif sacré de l'oraison : la victoire ! Si tant est que l'orateur en fasse un usage méthodique et stratégique.

L'orateur est un artiste de la parole

Crédit photo : FFD[270]

Prenant la parole dans un amphi de la sorbonne, auréolée de symbole de la Révolution française et du siècle des Lumières, on peut facilement comprendre qu'un orateur est celui qui dit les choses d'une certaine manière, que la parole est tout un art et cela ne date pas de notre ère.

Il est donc clair, les arguments pertinents, une disposition argumentaire de maître, une voix digne des opéras ne suffisent pas à eux seuls pour convaincre. Au-delà de ces procédés de base, l'émotion et les passions peuvent changer le cours de l'histoire. L'orateur devra maîtriser les figures de rhétorique les plus pertinentes susceptibles de donner de la couleur au discours. Certes, les figures décoratives sont primordiales, mais d'autres procédés rhétoriques et stylistiques tels : l'hypotypose, l'ironie, la peinture de caractère, l'allusion, l'insinuation, l'apostrophe, la prosopopée, la permission, l'effet de surprise, le franc-parler, l'antistrophe, la synonymie… sont tout aussi importants dans ce processus de recherche des passions. Il ne suffira pas seulement de les recenser afin de pouvoir les encenser dans l'oraison, encore faudrait-il que l'usage soit des plus appropriés, des plus méthodiques et des plus stratégique, dépendamment du contexte et du prétexte de l'oraison. Les figures de style décoratives apportent au discours un supplément d'âme, de l'émotion qui est les instruments par excellence pour s'adresser aux cœurs des auditeurs en excitant la fibre émotionnelle qui somnolerait en eux. L'orateur dans cette mouvance ne fera pas abstraction de la culture de ses auditeurs qui pourrait s'avérer utile, notamment dans le choix des maximes ou sagesses à utiliser dans l'oraison, afin d'avoir un impact persuasif de qualité supérieure. À ce titre, les proverbes, maximes juridiques ou littéraires tout comme les dictons et sagesses constituent le meilleur gisement d'incitation émotionnelle dans le cadre de l'oraison. L'orateur devra faire preuve de discernement toutefois, mais ne perdra pas de vue qu'une vérité en deçà des Pyrénées pourrait être une erreur au-delà. D'où l'urgence de calibrer les maximes mises de l'avant, les sagesses utilisées qui doivent s'accommoder raisonnablement à la culture des auditeurs, ou celle du lieu où le discours est prononcé. Dans le cas contraire, il/elle risque d'assister impuissant, à un effet contraire visant à refouler du revers de la main ou comme d'un coup de baguette magique un discours pourtant bien amené, pourtant bien prononcé, pourtant bien interprété, pourtant bien cadencé. Les figures de style décoratives sont définitivement comme ce rayon lumineux qui donne plus de lumière à l'oraison. Elles sont comme ces fleurs printanières qui donnent au jardin plus d'attraction et suggèrent chez des auditeurs des sentiments positifs. On ne devrait donc point s'étonner de sa force à pouvoir arranger les foules à l'image des abeilles attirées par les fleurs et leur nectar. Par ces procédés stylistiques, l'orateur parvient à émouvoir son auditoire, ce qui confirme certainement sa victoire. Mais encore faudrait-il maîtriser les mécanismes d'amplification oratoire.

CHAPITRE VII: L'AMPLIFICATION DU DISCOURS.

L'orateur avons-nous vu, est avant tout un stratège qui, au travers d'un discours, souhaite convaincre son auditoire d'adopter une posture particulière, une démarche singulière face à une situation bien particulière. Pour le faire, il met en lumière autant des arguments majeurs que ceux mineurs, tout comme divers artifices rhétoriques, sémantiques, stylistiques et morphosyntaxiques. Comme la musique, le discours aussi a ses temps d'accalmie, ses moments de pression, ses temps d'émotion et de grandes passions. Comme un fleuve qui coule, le discours aussi est parsemé de périodes plus douces, mais aussi de divers moments bruyants marqués par des chutes et élévations, des crues et décrues. Il y aurait donc dans toute communication des points qui constitueraient la clef de voûte de l'oraison, des points qui seraient essentiels et de nature à permettre que l'orateur atteigne son dessein ultime qui est de convaincre et mener vers la victoire. L'urgence de ces points nécessite non seulement que l'orateur puisse recourir à une hauteur de tonalité beaucoup plus expressive, mais surtout une élévation des émotions et un usage de style approprié pour la circonstance, mais aussi recherché, car s'élevant au-dessus de la mêlée : c'est l'amplification du discours.

L'amplification est une méthode qui consiste à mettre un sujet ou des aspects spécifiques du discours en relief, en faisant ressortir par diverses manœuvres rhétoriques son importance afin de toucher définitivement la fibre émotionnelle de l'auditoire. C'est l'occasion pour l'orateur de frapper et marquer le plus son public. C'est le moment plus que jamais d'imprimer, graver, cristalliser une idée dans l'esprit et le cœur des auditeurs. On serait dans ce contexte tenté de conclure que l'essence même du discours reposerait sur l'amplification moment pendant lequel l'orateur met en valeur une idée centrale par divers moyens, diverses manœuvres rhétoriques[271]. Une tendance de la rhétorique ancienne estime que l'amplification vise à inclure seulement des manœuvres rhétoriques qui donnent de « la grandeur à l'argument »[272]. Cette tendance nous semble assez restrictive. Quintilien pour sa part cependant est d'avis que l'amplification du discours reposerait sur quatre méthodes, soit : l'amplification, la comparaison, le raisonnement et l'accumulation[273]. Pourtant, et comme le reconnaît l'avocat pénaliste de Florence Traversi, les formes d'amplification seraient variées, et la définition plus étendue, tenant compte des moyens d'expression qui : « avec l'intensification persistante, rendent plus fort l'exposition »[274].

Dès lors, comment l'orateur pourrait-il insérer dans son oraison des mots ou expressions susceptibles de donner plus de force de persuasion aux faits ou arguments spécifiques exposés dans son plaidoyer ? Telle est la question qui illuminera nos réflexions tout au long de cette réflexion sur l'amplification oratoire.

Cette question ainsi posée nous impose de passer en revue notre patrimoine rhétorique afin de déterminer les figures de style autant de pensée que de mots, les figures les plus pertinentes, afin de déterminer comment elles permettent de lever les passions oratoires, comment elles favorisent l'expression des sentiments nécessaires au triomphe de la cause pour laquelle l'orateur fait couler sa salive. Aussi devient-il primordial avant d'analyser divers procédés d'amplification et pas des moindres (II), d'analyser tout d'abord les procédés d'amplification la plus courante (I)

I- Figures d'amplification

Les grands Orateurs autant antiques que de notre temps recourent spécifiquement à des figures de rhétorique particulières afin de tonner plus de tonus à certains aspects de l'oraison. Dans un cas de figure où l'orateur met en exergue le blâme ou des louanges, il interpellera respectivement les figures de style qui marquent l'horreur ou la beauté, afin de faire élever, comme cette fumée blanche papale, les émotions nécessaires pour faire de son discours, un discours historique, un discours d'anthologie qui sera inscrit en lettre d'or dans les anales de l'histoire pour avoir marqué et changé le monde. Les figures ainsi sollicitées prennent leur source dans divers modèles de construction fondamentale. L'une des manœuvres d'amplification la plus courante tire ses fondements de la répétition des mots à l'intérieur des phrases (dans ce cas, nous sommes en présence de l'« épanalepse »[275]. Cette répétition retrouvée çà et là, accorde au discours une certaine solennité et une intensité certaine. Perelman et Tyteca dans leur traité de l'argumentation, « La nouvelle rhétorique » pense que : « la répétition ainsi caractérisée dans le discours au travers de ces figures doubles ce qu'il serait convenu d'appeler : « effet de présence », rendant non seulement encore plus présent à la conscience de l'auditoire le thème du discours, mais aussi celui d'apporter une charge de valeur supérieure à la seconde énonciation[276]. Il serait par ricochet difficile pour les auditeurs de rester indifférents face aux manœuvres d'amplification du discours qui contribuent de façon « plus que mineure » à mettre de l'ampleur tout en apportant de la valeur à des aspects du discours jugé déterminant par l'orateur, pour le dénouement de la cause.

L'anadiplose consiste en la répétition à l'intérieur des phrases distinctes, la dernière partie de chaque phrase se répète au début de la suivante. Cette scène tirée d'une pièce de théâtre célèbre de Paul Claudel en est un exemple vivant :

« Le néant a produit le vide, le vide a produit le creux, le creux a produit le souffle, le souffle a produit le soufflet, et le soufflet a produit le soufflé »[277].

Le doublement du même mot selon Cicéron est un moyen qui : « frappe violemment l'auditeur », infligeant à l'adversaire de la cause une : « blessure grave, comme si une arme atteignait plusieurs fois la même partie du corps »[278]. Tel qu'on peut l'apercevoir dans cet extrait de ses catilinaires[279] : « Conformément à ce décret, Catalina tu aurais déjà dû être exécuté sans retard. Et au contraire, <u>tu vis</u> ! <u>Et tu vis</u> non pas pour renoncer à tes folles intentions, mais en persistant dans celles-là »[280]. Afin de mieux appréhender comment les figures de rhétorique les plus utilisées par les orateurs peuvent avoir un impact significatif sur les auditeurs et ainsi provoquer des passions et émotions qui mènent vers la victoire, nous analyserons tour à tour et de bout en bout : L'anaphore et ses variantes (A), l'antithèse et l'insistance (B). La lumière ainsi braquée sur ces figures particulières se justifierait par l'usage récurrent qu'en font autant les orateurs antiques que les néo-orateurs. Cela ne retire aucunement la valeur amplificatrice qu'incarnent d'autres constructions rhétoriques qui, il faut le reconnaître, ont aussi toutes leur pesant d'or.

A- L'anaphore et ses variantes

Du Grec : « anaphora » qui indique « l'action de porter en haut », l'anaphore est l'une des figures de rhétorique les plus anciennes. C'est un excellent procédé qui permet de donner de la brillance au style de l'orateur[281], comme le note Cicéron dans l'un de ses ouvrages d'anthologie : <u>La Rhétorique à Herennuis</u>. Concrètement, l'anaphore est une figure de répétition qui consiste donc en la répétition d'un même mot ou groupe de mots au début de chaque phrase ou de plusieurs vers. Les mots ainsi répétés sont par le même fait mis en exergue afin d'attirer l'attention de l'auditeur qui devrait les considérer comme majeurs dans le processus d'interprétation final qu'il apportera au discours ou au plaidoyer ; un fait qui serait déterminant pour l'issue de la cause portée par l'orateur. Dans un contexte particulier, l'orateur peut utiliser l'anaphore pour insister sur certaines sonorités, émettre à travers le discours une musicalité certaine, une cadence, un rythme atypique afin de séduire davantage. Dans la plupart des cas, elle est mise en valeur pour convaincre un auditoire ou pour signifier l'urgence d'une situation. C'est le cas de nombreux discours politiques qui ont marqué l'histoire, de divers plaidoyers et plaidoiries d'anthologie ayant fait tache d'huile dans l'histoire judiciaire et de procès classés procès historiques.

Dans une oraison demeurée célèbre prononcée par Cicéron pour défendre Marcus Caelius, l'anaphore exprime sa capacité irréfutable à donner de la hauteur à l'oraison et ainsi faire lever les passions nécessaires pour faire émerger la cause mise de l'avant.

« <u>Celle-ci</u> est la défense de l'innocent, <u>celui-ci</u> le langage de la cause, <u>celle-ci</u> la voie univoque de la vérité. L'accusation ne peut pas invoquer pour soi, <u>pas</u> un soupçon, <u>pas</u> un argument de fait du complot qu'on voudrait ourdi, <u>pas</u> une trace de mot, de lieu, de temps, <u>pas</u> au témoin, <u>pas</u> un complice dont on fasse le nom »[282].

À l'issue de la Seconde Guerre mondiale et suite à la libération de Paris, le Général de Gaule, avec une réelle émotion, fait un discours d'anthologie marqué d'anaphores afin de montrer aux Français l'ampleur de cette libération et le sentiment de fierté nationale ainsi retrouvé. Il fut largement acclamé par son peuple qui aussitôt avait saisi de bout en bout l'ampleur du moment, l'ampleur de l'oraison :

« <u>Paris</u> ! <u>Paris</u> Outragé ! <u>Paris</u> Brisé ! <u>Paris</u> Martyrisé ! Mais <u>Paris</u> libéré ! »[283]

Lors d'un face à face en marge de l'élection présidentielle française de 2012 opposants François Hollande à Nicolas Sarkozy, à la question de savoir quel président de la République il souhaitait être, François Hollande à élevé les émotions et sentiments des milliers d'auditeurs en faisant un usage méthodique et stratégique de l'anaphore au travers d'une phrase restée historique : « moi président de la République ». Cette capacité à émouvoir tout son auditoire par des procédés d'amplification du discours l'a mené directement à la victoire au sortir de ces élections, face à un orateur de talent, Nicolas Sarkozy De Nagy-Bosca. Cette sortie de François Hollande nous semble-t-il, est un exemple vivant d'amplification du discours et d'incitation de la fibre émotionnelle des auditeurs ainsi scotchés sur le petit écran :

« Moi président de la République, je ne serai pas le chef de la majorité… moi président de la République, je ne traiterai pas mon premier ministre de collaborateur. Moi président de la République, je ne participerai pas à des collectes de fonds pour mon propre parti dans un hôtel parisien. Moi président de la République, je ferai fonctionner la justice de manière indépendante… moi président de la République, je n'aurai pas la prétention de nommer les directeurs de chaîne de télévision publique. Moi président de la République, je ferai en sorte que mon comportement soit à chaque fois exemplaire. Moi président de la République, j'aurai aussi à cœur de ne pas avoir un statut pénal du chef de l'État. [...] Moi président de la République, je constituerai un gouvernement qui sera paritaire. Moi président de la République, il y aura un code de déontologie pour les ministres. Moi président de la République, je ferai un acte de décentralisation (…) »[284]

Nicolas Sarkozy nous semble être l'un des orateurs contemporains qui utilisent l'anaphore avec efficacité et tact. Ses discours sont en général bâtis autour d'anaphores qui se succèdent les unes après les autres, donnant un effet plus intelligible à ses oraisons. On comprendrait pourquoi lors de ses discours de campagne, la foule est quasiment folle d'émotion. Cette situation pourrait trouver une explication dans les procédés rhétoriques et d'amplification utilisée par l'orateur qui fait un usage élégant et parfait de diverses constructions anaphoriques :

« J'aimais, j'aimais le ciel sous lequel je vivais et pourtant ce n'était pas monsieur le Maire le ciel de Marseille. J'aimais le son des mots. J'aimais des chansons. J'aimais des musiques. J'aimais des livres. J'aimais des villes, une façon tellement française d'aligner les maisons, de planter les arbres le long des routes. J'aimais des bords de mer. J'aimais une façon de rire. J'aimais une façon d'être libre. J'aimais une façon française de goûter la vie. J'aimais une façon d'aimer. Au fond, j'aimais la France sans le savoir. »[285]

Comme figure de répétition, l'anaphore permet en définitive de mettre l'emphase sur des aspects du plaidoyer ou du discours. Elle permet une montée en intensité du discours au point de susciter chez l'auditoire un sentiment d'extase ou d'exaltation[286]. C'est ce qu'on peut lire dans le discours de Nicolas Sarkozy et bien d'autres orateurs:

« Nous avons deux mois. Deux mois pour bâtir la plus formidable aventure. Deux mois pour bousculer l'incertitude. Deux mois pour tout renverser. Deux mois pour les faire mentir. Deux mois pour faire triompher la vérité. Deux mois pour que la France que vous représentez (…) Cette France, c'est la France de Jeanne d'Arc, c'est la France de Victor Hugo, c'est La France de De gaule, c'est la France de Schuman, c'est la France de Monet, c'est la France des humanistes. Aidez-moi (…) »[287]

C'est la même cadence qu'on observe dans un discours d'Emmanuel Macron, resté historique depuis son prononcé :

« Être patriote, ce n'est pas la gauche qui s'est rétrécie sur ses utopies
Être patriote, ce n'est pas la droite qui se perd dans ses avanies
Être patriote, ce n'est pas le front national, le repli et la haine
Être patriote, c'est vouloir une France forte, regardant le monde »[288]

Parfois, l'orateur trouve judicieux de faire la répétition des mots ou groupes de mots plutôt à la fin de sa phrase, son paragraphe, son vers, ou sa strophe. Dans ce cas de figure, l'orateur use d'un procédé rhétorique appelé épiphore, légèrement différent de l'anaphore. L'épiphore signifie : « apporter en plus » et consiste à répéter un ou plusieurs mots à la fin d'un énoncé. L'un des meilleurs exemples d'épiphore nous vient de la rhétorique à Herennuis :

« Depuis le temps où la bonne harmonie dans la ville fut supprimée, la liberté a été supprimée, l'amitié a été supprimée, l'État a été supprimé »[289]

L'un des usages phares de l'épiphore nous vient de l'écrivaine et poétesse canadienne Anne Hébert qui, dans un poème resté très populaire, fait un brillant usage de cette construction qui nous semble idéale, et représente cette nuance de l'anaphore qu'est l'épiphore :

« Musique de l'eau,
Attirance de l'eau,
Trahison de l'eau,
Enchantement de l'eau. »

L'épiphore, tout comme l'anaphore, vise à amplifier le discours en levant les passions jusqu'à l'exaltation de l'auditoire.

Il arrive des situations dans lesquelles l'orateur parsème les séquences du discours d'anaphores et d'épiphores dans des phrases qui commencent et s'achèvent par des mots identiques. Cette symbiose donne naissance à un procédé rhétorique tout particulier, donnant plus de luminosité à l'oraison : la symploque dans un discours mémorable prononcé à Évry, Manuel Valls en fait un usage magistral :

« On nous dit que la gauche n'a aucune chance, mais rien n'est écrit. On nous dit qu'elle ne rassemblera jamais, qu'elle est incapable, rien n'est écrit.   On nous dit que l'extrême Droite est qualifiée d'office pour le second tour, rien n'est écrit »[290].

L'orateur pourrait enfin faire usage d'une figure de répétition qui par sa structure, ressemble par trop à l'anaphore, sans pour autant être en être une. Il s'agit de la polysyndète qui, comme l'anaphore, participe à l'amplification oratoire. Signifiant « lié ensemble » de par ses origines grecques, la polysyndète consiste pour l'orateur à répéter une conjonction récurrente devant chaque terme d'une énumération. Elle s'oppose à l'asyndète qui se réalise lorsqu'on omet la conjonction de coordination. La polysyndète, à l'instar de l'anaphore et l'épiphore, vise à donner au discours une plus grande amplification et plus de passion oratoire, des éléments nécessaires pour l'impact qu'il est censé avoir. L'un des meilleurs usages de cette construction rhétorique nous est fourni par Jean Racine dans sa tragédie Iphigénie.

« Avez vous dans les airs entendu quelques bruits ?
Les vents nous auraient-ils exaucés cette nuit ?
Mais tout dort, et l'armée, et les vents, et Neptune. »[291]

B- L'antithèse et l'insistance

L'orateur, dans la recherche de procédés rhétoriques pertinents d'amplification du discours, peut bel et bien jeter son dévolu sur l'antithèse dont les capacités amplificatrices font l'unanimité dans la communauté des spécialistes de la stylistique et de l'art oratoire. L'antithèse (contrarum) en elle-même est un procédé rhétorique par lequel on oppose fortement deux termes ou deux ensembles de termes contraires. Bien qu'étant un moyen d'énonciation d'idées contradictoires, l'antithèse est aussi et surtout une manœuvre qui consiste pour l'orateur, à mettre en lumière une idée phare du discours tout en passant en revue l'idée inverse qu'il écarte systématiquement en démontrant comment elle est boiteuse et nécessite sans cesse des béquilles pour tenir debout. L'antithèse comme on peut le constater, aurait donc une force persuasive liée non seulement à sa forme expressive, mais aussi sa force dialectique qui est aussi son fondement. De deux idées opposées, l'orateur se servira donc de l'une pour prouver l'autre plus facilement et brièvement. Comme dans ce passage, tiré de la rhétorique à Herennuis de Cicéron :

« Comment peux-tu espérer que celui qui a toujours été nuisible à ses propres intérêts puisse être utile aux affaires d'autrui »[292] ?

On voit clairement ici comment par l'antithèse, Cicéron met l'emphase sur l'incapacité pour celui nuisible à ses propres intérêts, à pouvoir s'occuper des affaires d'autrui. Il s'agit là d'une manœuvre rhétorique qui, de par sa construction stylistique, frappe directement l'esprit et même le cœur de l'auditoire désormais mieux habile à pouvoir tenir compte de ce paramètre lorsqu'il sera question d'évaluer la pertinence de l'orateur. Un autre exemple vivant nous vient de Jean-Jacques Rousseau qui dans du contrat social, affirme :

« L'homme est né libre et partout il est dans les fers. »[293]

Quelquefois, l'antithèse peut prendre la forme du chiasme, un autre procédé rhétorique. Ce procédé consiste à échanger l'ordre des mots de manière à créer une certaine parallèle discordante entre les mots et expressions ainsi utilisés. L'orateur obtiendra des constructions oratoires inspirées de cette maxime célèbre :

« Il faut manger pour vivre et non vivre pour manger »

L'orateur pourrait en plus de l'antithèse avoir recours à l'insistance qui consiste à « insister » de façon répétitive sur un thème ou une idée particulière du discours, en vue d'y mettre l'emphase et inciter l'attention des auditeurs sur ce point particulier de l'oraison. En rapprochant d'un énoncé un autre pour d'éclaircir et enrichir la pensée qu'on vient d'avancer, l'orateur peut mettre en évidence ce procédé rhétorique, tout comme en procédant par une retouche qui consiste à revenir plusieurs fois sur le même thème avec des expériences et un vocabulaire varié, dans l'optique d'y ajouter des détails et de reprendre avec davantage de vigueur des concepts déjà exprimés. Toutefois, l'orateur, avant de déclencher cette manœuvre rhétorique, devra s'assurer que l'argument qui fait l'objet d'une telle insistance est d'une pertinence hors du commun et essentielle pour la décision qui sera rendue au sortir de l'affaire. Au-delà de l'emphase et de l'amplification qu'elle draine avec elle dans le discours, l'insistance, nous semble-t-il, devrait être récurrente dans tout discours afin de maintenir l'attention des auditeurs sur la pierre angulaire du discoursou simplement son point nodal qui s'avérerait plus qu'utile pour le dénouement de la cause[294]. Les maîtres antiques de la rhétorique avaient depuis longtemps consacré cette astuce qui nous semble n'avoir aucunement perdu une seule ride aujourd'hui. L'un des meilleurs exemples d'insistance est mis en relief dans un discours de Cicéron, resté anthologique ; il s'agit du discours prononcé contre Catalina au sénat :

« Jusqu'à quand, Catilina, abuseras-tu de notre patience ? Pour combien de temps encore, ta folie se jouera de nous ? Jusqu'où osera arriver ton hardiesse déchaînée… tu ne vois pas que tes projets ici sont découverts ? Que ta conjuration est ici environnée de témoins, enchaînés de toute part ? Ne penses-tu qu'aucun, de nous n'ignore ce que tu as fait la nuit dernière ? Et celle qui l'a précédée ? »[295]

Comme nous avons pu le voir, l'insistance et l'antithèse sont des figures de répétition qui, dans le cadre d'une oraison, apportent des munitions supplémentaires à l'orateur. Ce dernier a ainsi l'occasion par leur entremise de braquer les regards de son auditoire sur des points clefs du discours, lesquels points ayant une importance fondamentale dans la décision qui sera rendue. Tout comme elles évitent aux auditeurs de disperser leur attention afin de se focaliser sur ce qui compte et comptera pour le triomphe de la cause pour laquelle l'orateur se consacre lors de ce moment sacré d'élévation oratoire. Leur effet d'amplification est incontestable lorsqu'elles sont amenées avec tact et maestria.

II- Procédés divers d'amplification du discours.

La toute-puissance d'un discours se mesure aussi et surtout par sa capacité à maintenir la tension et l'attention de l'auditoire, le discours étant semblable à ce long fil que l'orateur devra maintenir tendu, ainsi que la nécessité d'entretenir l'attention ainsi suscitée au début de l'oraison. Comment entretenir une telle tension et attention si on ne fait pas référence aux procédés divers d'amplification du discours qui, auréolés de leurs artifices de séduction, parés de leurs habiletés à émouvoir, font monter les passions nécessaires à assurer l'émergence des pensées, arguments et courants de pensée qui s'élèvent comme cette fumée papale. Les grands maîtres de la rhétorique autant contemporaine qu'antique invoquent divers procédés d'amplifications. Certains sont courants et récurrents dans divers discours, plaidoyers et plaidoiries, mais d'autres, bien que possédant toutes leur habileté amplificatrice, le sont moins. Dépendamment du patrimoine rhétorique de l'orateur, certains procédés seront mis en relief au détriment d'autres tandis que certains seront mises en quarantaine au grand dam de divers autres. Que ce soit l'anastrophe[296], l'hyperbate[297], l'oxymore[298], l'interrogation[299] ou la prosopopée, le discours peut s'amplifier par de multiples astuces, techniques, méthodes qui, loin d'y apporter la coloration dont il a besoin plus que jamais pour séduire un auditoire s'abreuvant des mots de l'orateur enchanteur, soulèvent les émotions et passions sans lesquelles la cause ainsi brillamment plaidée et joutée ne triompherait pas. On ne saurait se passer dans cette perspective d'analyser certaines techniques d'amplification oratoires dont l'exclusion de notre raisonnement le priverait d'une très grande dimension de sa pertinence. Tant sont-elles stratégiques, tant sont-elles quasi-déterminantes, afin de garantir au discours de l'éclat et à l'orateur la victoire. Aussi, devient-il judicieux de voir avec un peu plus de profondeur comment l'hyperbole, la gradation (A) et bien entendu la suspension (B) permettent la levée des passions et des émotions qui contribuent au triomphe de la cause qui fait l'objet du discours. Il va de soi que les procédés d'amplification sur lesquels nous avons jeté notre dévolu ne constituent que la pointe visible de l'iceberg. Le chapelet de figures rhétoriques contenant beaucoup de graines susceptibles de participer à l'amplification oratoire.

A- L'Hyperbole et la gradation

Du latin *superlatio*, l'hyperbole est une figure de rhétorique qui se fonde sur une exagération ou une expression caricaturale pour mettre l'accent sur un aspect que l'orateur veut mettre l'emphase[300]. C'est en définitive une représentation quasi paradoxale de la réalité, c'est un discours outrancier[301] par lequel l'orateur attire l'attention des auditeurs sur des aspects ainsi mis en surbrillance par le procédé de l'hyperbole. L'orateur, par l'entremise de l'hyperbole, vise à donner plus de poids et de direction à sa pensée, susciter l'attention de son auditoire sur cet aspect particulier de l'oraison tout en l'amenant à mesurer l'ampleur de la question. Son but n'est pour autant pas d'induire son auditoire en erreur par ce procédé d'exagération, mais plutôt d'exagérer convenablement la vérité[302] dans l'optique d'amplifier le discours et faire monter les passions et l'attention nécessaires au triomphe de la cause. L'auditoire fera donc preuve de discernement afin de déterminer le sens et les déductions applicables. L'orateur, pour assurer son efficacité, devra s'abstenir toutefois de faire preuve d'excès de zèle en utilisant des images hyperboliques de nature à rendre son assertion ridicule au lieu d'y apporter le tonus dont elle a plus que jamais besoin. Comme le note à cet effet Longin dans <u>Du sublime</u>[303] : les meilleures hyperboles seraient celles qui ne laissent pas percevoir qu'elles sont des hyperboles. L'orateur pourra autant construire son hyperbole à travers un sens figuré, une comparaison, ou un paradoxe. Victor Hugo dans cette description fait un usage méticuleux de ce procédé de nature à inspirer tout orateur ou oratrice :

« C'étaient des <u>hommes géants sur des chevaux colosses.</u> »[304]

Alfred de Musset dans son poème « *La nuit de mai* » ne se prive pas d'usage à saveur hyperbolique comme dans cet extrait :

« Console-moi ce soir, <u>je me meurs</u> d'espérance. »[305]

François Fillon, ex premier ministre de France, fait un usage de l'hyperbole pour traduire son désarroi face à sa convocation par les juges d'instruction, dans l'enquête sur l'emploi fictif de son épouse, alors qu'il était engagé dans la course vers l'Élysée. L'homme d'État, dans un style paré de métaphores et d'hyperboles, dénonce un « assassinat politique » :

« Ce n'est pas moi seulement qu'on assassine, mais l'élection présidentielle. »[306]

L'hyperbole comme nous venons de le voir, donnerait plus de valeur au discours, plus de saveur et de hauteur, une hauteur suffisamment haute pour avoir l'ascendance nécessaire sur les émotions suscitées auprès de l'auditoire. Il peut exceptionnellement arriver que l'orateur procède contradictoirement en disant moins pour suggérer davantage, atténuer un concept dans le but de le consolider dans le cœur des auditeurs. Cette tournure exceptionnelle est la litote[307], une figure rhétorique tout aussi imbibée de grandeurs révolutionnaires.

La gradation est l'une des figures par excellence de l'amplification du discours qui y apporte de la tension et du rythme. Du latin *Gradatio* qui veut dire : « escalier », la gradation est un procédé d'amplification par lequel L'orateur organise les termes d'une phrase faisant référence à une idée similaire, selon une logique de progression qui, en fonction des circonstances, peut être autant ascendante que descendante[308]. La gradation dans une oraison permet une certaine progression d'idée qui débouche sur l'impact fort que l'orateur souhaite graver dans la mémoire des auditeurs. L'orateur, tel un oiseau construisant minutieusement son nid, construit un discours aux allures d'un escalier ayant une étape cruciale sur chaque marche avant la marche suivante, selon une démarche crescendo ou decrescendo. On assiste donc à une montée en puissance progressive du discours lorsque la démarche est ascendante et à l'inverse, lorsqu'elle est descendante. Il ne fait l'ombre d'aucun doute que la gradation apporte plus d'intensité au discours ainsi que du rythme indispensable pour faire monter les passions et susciter l'attention, tout en maintenant la tension de l'oraison. De par son aspect ordonné, la force persuasive de la gradation viendrait aussi de la disposition rigoureuse qui caractérise celle-ci. L'un des meilleurs exemples est tiré du deuxième discours de Cicéron contre Catilina :

« … nous l'avons expulsé de l'Urbe ou, si vous voulez, nous » avons laissé partir ou, mieux encore, quand il est parti, nous l'avons accompagné en lui disant bien le bonjour. <u>Il est parti, il a fui, il s'est jeté hors d'ici… »</u>[309].

Lamartine dans un poème resté mémorable, nous offre un autre exemple de gradation :

« Le fleuve <u>naît</u>, <u>gronde</u> et <u>s'écoule</u>
La tour <u>monte</u>, <u>vieillit</u> et <u>s'écroule</u> »[310]

De même, nous pouvons relever cet exemple vivant de Baudelaire, dans un poème aux élans rhétoriques incontournables et aux vertus d'amplification certaines :

« Quand on m'aura <u>jeté, vieux flacon désolé,</u>
<u>Décrépit, poudreux, sale, abject, visqueux, fêlé,</u> »[311]

B- La suspension

L'une des astuces rhétoriques qui se révèlent efficaces pour donner au discours de l'ampleur est bel et bien la suspension, qui, bien utilisée par l'orateur, maintient l'attention en faisant monter les émotions propices à l'éclosion d'une sentence plutôt favorable pour la cause défendue, bec et ongles. En elle même, la suspension est une figure rhétorique qui consiste pour l'orateur qui l'utilise à mettre son auditoire dans l'impatience de ce qu'il aura annoncé préalablement, mais pas encore dit. Par ce procédé, l'orateur met en exergue un aspect singulier de son discours afin de persuader davantage son auditoire resté scotché à ses lèvres, en attente de la résolution de la figure. En parlant d'une chose pendant longtemps sans pour autant l'énoncer clairement, l'orateur par ce procédé crée une surprise au moment de la résolution de la figure lorsqu'il précisera finalement de quoi il était question. La suspension, comme d'autres figures, donne de la musicalité au discours. Une situation qui facilite l'attention et dans une certaine mesure emporte l'auditoire. Ce dernier ne s'apercevra pas facilement quand le discours sera long, parce que facile à écouter et même à mémoriser. Il ne s'en apercevra aucunement. La suspension suscite le suspens. C'est ce qu'on peut noter dans cet extrait de François Hollande lors d'un discours en marge de l'élection présidentielle française de 2012 :

« Je vais vous confier une chose. Dans cette bataille qui s'engage, je vais vous dire qui est mon adversaire. Mon véritable adversaire. Il n'a pas de nom. Pas de visage. Pas de parti. Il ne présentera jamais sa candidature. Il ne sera donc pas élu. Et pourtant il gouverne. Cet adversaire. C'est le monde de la finance. »[312].

Ce second passage de François Hollande témoigne davantage du suspense et de la tension que peut créer la suspension chez les auditeurs :

« Les Français doivent savoir que s'ils m'élisent, je me poserais comme président, qu'une seule question. Avant tout effort supplémentaire. Avant toute réforme. Avant toute décision. Avant toute loi. Avant tout décret. Je me poserais qu'une seule question. Est-ce que ce que l'on me propose est juste ? Si c'est juste, je le prends si ce n'est pas juste, je l'écarte. Seule la justice doit guider notre action. »[313]

Comme on peut s'en apercevoir, la suspension participe à donner davantage de la hauteur au discours en rendant mémorables et frappants certains aspects de l'oraison. Le suspens ainsi créé par la figure peut dans certains cas susciter l'humour et même le rire chez l'auditoire généralement enthousiasmé par ce procédé rhétorique particulier. Une fois de plus, François Hollande fait preuve de maestria dans ce cas de figure lorsqu'il utilise l'humour pour ridiculiser son adversaire à l'élection présidentielle :

« Le candidat sortant nous promettra du neuf. Il tentera de faire de ses faiblesses une force. Le président s'est trompé pendant 05 ans et justement ce sera son expérience. On nous dira, mais il a gouverné pendant 05 ans, il sait donc ce qu'il ne faut pas faire ! Il connaît les erreurs à éviter ! La preuve c'est qu'il les a tous commis... Vous connaissez la nouvelle du jour… le président candidat est désormais candidat président… »[314]

Dans ce procédé rhétorique, la notion de durée est donc importante. Cet état de fait suscite de la tension et de l'attention chez l'auditoire. Le suspens et la surprise ainsi créés et dévoilés suscitent des sensations émotionnelles qui accordent à l'orateur le capital de sympathie dont il aura nécessairement besoin pour tendre vers la victoire, ou simplement remporter la victoire[315]. on note enfin des exemples inspirants de suspension chez de nombreux auteurs et orateurs classiques tels Victor Hugo[316], Madame de Sévigné, pour ne citer que ceux-là.

L'orateur est un poète lyrique

Que serait à la vérité un discours qui ferait table rase de l'amplification oratoire ? Certainement sans hauteur, ni valeur, ni saveur, simplement monotone. L'amplification du discours est donc l'une des clefs de voûte du triomphe de la cause pour laquelle l'orateur fait couler sa salive. Pour démontrer la préséance et les séquences de son oraison. Il aura sans aucun doute recours à une certaine hauteur de ton, une élévation des sentiments, mais aussi et surtout un style spécial s'élevant au-dessus de la mêlée. Nous avons dans le cadre de cette analyse passé en revue divers procédés rhétoriques qui, avec l'intensification persistante, rendent plus forte l'exposition[317]. Il reviendra à l'orateur de s'entraîner aux techniques d'amplification du discours qui fonctionnent chacune selon une logique propre. Il lui reviendra de savoir comment les introduire dans son oraison, il lui reviendra de savoir à quel moment spécial les introduire, dépendamment des objectifs recherchés. Il n'y a pas meilleur moyen de les mettre en évidence que celui de s'entraîner régulièrement. On le dira jamais assez : « Nascuntur poeta, fuint oratores. » (On naît poète, on devient orateur)[318]. S'il est vrai que l'anaphore, la gradation, l'insistance, l'antithèse, l'hyperbole, la suspension, l'anastrophe et l'oxymore sont des techniques majeures qui aident à amplifier des séquences de l'oraison, il n'en demeure pas moins vrai que ces procédés rhétoriques sont semblables à cet arbre cachant la forêt, le patrimoine rhétorique regorgeant de nombreuses autres techniques que nous n'avons pas explorées et qui demeurent tout aussi pertinentes. Il n'est donc pas toujours nécessaire d'avoir toujours raison pour gagner une cause. Parfois même, les arguments les plus percutants ne parviennent pas à convaincre. L'issue favorable d'une cause peut dans une certaine mesure être influencée par le degré de bienveillance du jury à l'égard de l'orateur. Ce dernier fera feu de tout bois pour avoir cette amitié du jury en agissant tel que ceux-ci soient : « tellement émus de juger, non au moyen d'un jugement réfléchi de l'esprit, mais sous la poussée d'un impétueux mouvement du cœur »[319]. Au-delà, il nous semble aussi judicieux que l'orateur ne se limite pas à l'amplification du discours pour susciter les émotions de nature à générer la victoire escomptée. Il agirait dans son oraison, nous semble-t-il, de telle sorte que l'auditoire puisse s'apercevoir naturellement que les faits mentionnés dans le discours acquièrent de la vie : une telle astuce lève davantage des émotions, l'auditoire se sentant directement au cœur de la problématique mise en exergue par l'orateur. Comment parvenir à un tel résultat si l'orateur ne recourt pas aux méthodes de participation ? Comment y parvenir si l'emphase n'est pas mise sur des procédés rhétoriques spécifiques tels l'apostrophe[320], l'interrogation et la prosopopée[321] ? Des techniques qui nous apparaissent pertinentes dans une logique de participation émotive[322] et d'incitation des passions oratoires.

QUATRIÈME PARTIE : LE DÉBAT PARLEMENTAIRE STRUCTURÉ

Crédit photo : FFD[323]

L'orateur Eugène Afarin est un spécialiste du débat parlementaire. Il a débattu autant dans les formats de débat canadien, français, que Chinois. Champion du monde de débat francophone langue seconde, il contribue à la formation des orateurs de demain a Shanghai.

La naissance et l'essence du débat parlementaire sont intimement liées à l'avènement de la démocratie dans le monde occidental. Sous d'autres cieux, il est consubstantiel au patrimoine ancestral et culturel. L'art oratoire, le débat parlementaire et la démocratie seraient des jumeaux provenant de la division d'une seule cellule. Chaque fois qu'un modèle dominant de pensée disparaît et que celui qui lui succède se fait attendre, le débat parlementaire remonte en surface comme mode d'expression de la pluralité politique, afin de permettre l'expression de la démocratie qui se préoccupe des affaires de la cité[324]. Reconnu comme : « L'ensemble des délibérations menées par le parlement dans l'exercice de son pouvoir de légiférer et de surveiller les actes du gouvernement »[325], le débat parlementaire tire ses origines de la Grèce antique, notamment sa ville mythique Athènes, le berceau de la démocratie. C'était l'unique moyen par lequel les Athéniens pouvaient participer directement à la gestion de la cité. Ces derniers toute classe confondue et sans exception aucune pouvaient par l'entremise du débat parlementaire participer activement à la gestion de la cité. C'était l'âge d'or de l'art oratoire grec incarné par des sophistes comme Gorgias, Isocrate et d'autres orateurs célèbres à l'instar de Démosthène, Aristote, Platon et bien d'autres.

En 509 avant Jésus-Christ, l'abolition de la royauté à Rome donne naissance à un régime politique tout particulier : La République. Du Larin *Res publica*, signifiant (chose publique), elle permet à certains groupes de citoyens autorisés, à participer à la gestion des affaires de la cité. Bien que limité à une certaine élite sociale, l'avènement de la république à Rome au travers de ses institutions politiques a permis par le débat parlementaire à ses citoyens d'avoir un mot à dire dans la gestion des affaires publiques, que ce soit dans les assemblées populaires, les magistratures ou le sénat Romain. L'aspect très aristocratique de la République romaine n'a pour autant pas empêché au débat parlementaire et à l'art oratoire en général de connaître une certaine envolée. On a pu voir à cette époque un orateur de haute cambrure et de diapason supérieur incarner et porter ce débat parlementaire dans son désir ardent de justice, lors de ses multiples sorties oratoires au Sénat ; c'est le cas de l'oraison contre Catilina devant le Sénat romain, ou son discours intitulé *Pro Roscio Amerino* prononcé en 80 avant Jésus-Christ : Cicéron a définitivement marqué d'une pierre blanche le débat parlementaire à Rome.

L'éclosion du Moyen-Age, la royauté et le servage, la centralisation, la personnification, l'héroïsation et la sanctification du pouvoir politique entre les mains du Roi prononcent par la même occasion l'oraison funèbre de la démocratie et les obsèques du débat parlementaire, relégué aux calendes grecques et au magasin des accessoires. Dans diverses contrées occidentales, notamment en France où Louis XIV règne comme un Dieu, et en Angleterre où le Roi Jean Sans Terre instaure un absolutisme de Droit divin, pouvant tout faire, sauf bien sûr, changer un Homme en femme. Cet absolutisme royal n'a heureusement pas pu empêcher un mouvement irrésistible et irréversible consacrant la signature de la Magna carta qui limite pour l'avenir les pouvoirs financiers du Roi d'Angleterre par l'institutionnalisation de contre-pouvoirs. Arrive par la suite l'Habeas corpus qui impose un jugement avant toute condamnation. Cette révolution qualifiée de « glorieuse » avait par la même occasion fait poser les bases du régime parlementaire de type britannique matérialisé par l'instauration de la chambre des Lords et de la Chambre des communes que les Rois n'appréciaient pas, car réduisant leur marge de manœuvres politiques et économiques. Plus tard, avec la colonisation et l'expansion de l'Empire britannique dans le monde, le régime parlementaire va s'étendre dans plusieurs pays du Commonwealth, notamment au Canada. Le Canada a donc mutatis mutandis repris les règles du parlementarisme britannique à quelques exceptions près. Ce régime politique a aussi été à l'origine d'une tradition oratoire bien particulière que nous avons eu l'occasion d'expérimenter comme débatteur de l'équipe de débat de l'Université de Montréal et dans la société canadienne de débat interuniversitaire et intercollégiale.

Avec le siècle des Lumières et ses idéaux de justice, on assiste à l'avènement d'hommes de droit, de lettres et de sciences comme Loke qui reconnaissait déjà en 1690 la nécessité de séparer les pouvoirs législatifs, exécutifs et judiciaires afin d'empêcher qu'ils reposent entre les mains d'un seul individu[326]. C'est dans la même perspective que quelques années après, Montesquieu commence à conceptualiser la nécessité de séparer les pouvoirs. Ainsi, pouvait-on lire dans De L'esprit des lois de Montesquieu : « c'est une expérience éternelle que

tout homme qui a du pouvoir est toujours porté à en abuser [...]
Pour qu'on ne puisse pas abuser du pouvoir, il faut que par la
disposition des choses, le pouvoir arrête le pouvoir »[327]. Ces idéaux
de liberté se sont propagés, telle une traînée de poudre dans le
monde, et ont provoqué directement ou indirectement la révolution
américaine en 1776 et celle française en 1789. En France, cette
révolution a attisé la création d'une assemblée nationale constituante
qui mena à l'adoption de la Déclaration des droits de l'homme et du
citoyen. Cette déclaration sonnait le glas de la royauté et son
absolutisme. C'était aussi l'avènement de la démocratie française et
du débat parlementaire comme incarnation de la pluralité politique,
un modèle oratoire qui demeure jusqu'aujourd'hui et ne cesse
d'inspirer de jeunes orateurs soucieux de faire l'histoire de demain.

Comme orateur et débatteur, nous avons eu la chance de vivre
cette expérience de débat parlementaire à la française à la Sorbonne,
Assas, science po Paris et au Quai d'Orsay[328] à l'occasion de diverses
compétitions de débats d'envergure mondiale, ou encore de rendez-
vous culturels visant à célébrer le parfum des mots sous le prétexte
du débat parlementaire et divers procès historiques.

Considérés comme Berceau des civilisations du monde pendant
longtemps, des penseurs ont laissé croire à tort que parce que
possédant une culture non écrite, l'Afrique n'avait pas de philosophie
ou de système institutionnel traçable sous la base de preuves
palpables. L'aspect essentiellement oral de sa culture en était la raison.
Dans cette partie du monde, la sagesse ne se transmet pas toujours
par des manuels comme ailleurs, mais généralement par des
discussions vespérales autour du feu, arrosées du nectar de raphia et
d'un repas copieux. Les sages saisissent ainsi la balle au bond pour
abreuver les plus jeunes de contes, fables et sagesse ayant marqué
l'histoire. C'est cette réalité qui a poussé Amadou Hampâté Ba à dire
lors d'une oraison restée ancrée en lettres d'or dans l'histoire : « En
Afrique quand un vieillard meurt c'est une bibliothèque qui
brûle »[329]. L'art oratoire constitue donc sans aucun doute le

fondement des sociétés africaines qui, à travers l'héroïsme de ses griots, à travers ses contes, proverbes et légendes, ses empires glorieux, a toujours fait de l'oralité un moyen de gestion de la cité sur le fondement de ses traditions. Comme d'autres pays d'Amérique, L'Afrique a elle aussi connu l'impérialisme, l'Afrique a elle aussi connu une influence institutionnelle étrangère, influence parfois britannique, parfois française, espagnole ou portugaise. Cette ouverture sur le monde aurait influencé durablement son système politique au crépuscule de la colonisation. On y note autant de styles oratoires de types britanniques, que de styles français, des styles qui cohabitent avec la rhétorique africaine traditionnelle ; cette dernière préexiste dans divers royaumes, chefferies, et même dans la gestion institutionnelle de jeunes États issus du : « soleil des indépendances »[330].

Comme plaideur au très prestigieux concours africain de procès simulé de la faculté de Droit de l'université Pretoria d'Afrique du Sud, nous avons pu, au-delà de la technique du droit, voir cette rhétorique africaine se mouvoir et s'émouvoir sur divers aspects, visages et images. Le débat parlementaire en Afrique semble donc atypique tout en suscitant de la curiosité, car faisant preuve d'hybridisme paré de spécificités. Afin de mieux appréhender le débat parlementaire structuré et voir comment il peut aider à former des orateurs de qualité, des citoyens éclairés et plus outillés ; aider à susciter des idéaux démocratiques, des vents révolutionnaires nécessaires pour changer le monde, il serait judicieux d'analyser d'une part le débat parlementaire structuré de style canadien (Chapitre VIII), le débat parlementaire structuré de style français (Chapitre IX) d'autre part, afin de pouvoir aborder plus aisément la problématique de la rhétorique ou du débat parlementaire à l'africaine (Chapitre X). Au-delà de la théorie liée aux divers systèmes oratoires, nous fonderons d'autres analyses sur les expériences et interactions particulières acquises du fait du contact avec ces divers systèmes de débat.

CHAPITRE VIII: LE DÉBAT PARLEMENTAIRE DE STYLE CANADIEN.

Ici la toute première délégation Canadienne à l'université Paris-Panthéon-Assas en marge de la cérémonie d'ouverture des championnats du monde de débat 2014. De gauche à droite : Adam Samson, René Le Bertre, Marianne Amar, Cédrick Cormier , Isabelle JV, (debout) Gabriel Meunier, Gabrielle St-Onge, Élisabeth Arsenault, et André Blondel Tonleu Mendou (assis).

Le Débat parlementaire canadien, tout comme le droit canadien, sont des fils du droit anglais. En sa qualité de colonie anglaise, le Canada a donc reçu le même système parlementaire que celui de la grande Bretagne[331]. Le débat parlementaire de style canadien viendrait de la chambre des lords et des communes britanniques. Chaque parlement a une tradition orale, un code de conduite des débats, une procédure oratoire. C'est par ce procédé que se déroulent les grands débats concernant la cité et l'avenir des communautés. S'inspirant du débat parlementaire canadien, les orateurs contemporains ont imaginé un concept tout particulier qui intervient dans la formation des orateurs, dans les compétitions de débats et formation des personnes destinées à influencer le monde de demain : le débat parlementaire structuré de style canadien. Le débat parlementaire structuré de style canadien est une argumentation fondée sur une structure qui tire sa source des débats au parlement du Canada. Il respecte une tradition ancienne et comporte des règles précises. Il consiste précisément en deux équipes de débatteurs représentant respectivement le gouvernement et l'opposition officielle qui croisent le choc des idées par deux discours opposés, deux positions contradictoires, dans l'optique de vaincre ses contradicteurs et convaincre l'auditoire du bien-fondé de la position défendue, en application d'une structure établie et d'un code de conduite. Bien que les rôles attribués lors de la joute relèvent de la pure fiction parlementaire, le débat parlementaire canadien semble être l'un des meilleurs laboratoires dans lequel se moulent les orateurs les plus brillants, les plus prestigieux, capables de découvrir les missions à eux attribuées par leur génération afin de pouvoir les accomplir,[332] parce qu'auréolés de la magie verbale qui s'élève au-dessus de la mêlée comme cet oiseau hégélien migrant du monde intelligible vers le monde sensible. C'est proprement le lieu d'expérimentation de techniques de l'argumentation et de l'art oratoire qui fournissent les armes nécessaires pour mener les révolutions nécessaires tout en apportant par des petites choses, faites dans des petits milieux les changements systémiques qui s'imposent. Afin d'assurer un avenir meilleur aux générations présentes et futures. Comme débatteur, nous avons pu affronter de nombreux orateurs de haut niveau sur ce format de débat. Nous avons pu expérimenter l'effet en nous de pouvoir débattre en application de ce registre de débat, ses grandeurs, mais aussi ses insuffisances éventuelles. Quels sont donc les mystères de la rhétorique parlementaire canadienne ? Autrement dit, quels sont les secrets de ce registre de débat qui a fait la gloire de nombreux orateurs et leaders charismatiques du Canada et du monde ? Quel est son apport dans la formation de l'orateur de demain ? Un effort de réponse à ce système de questions recommanderait qu'avant d'aborder les critères de persuasion (III) des juges dans ce registre oratoire, que l'on envisage d'abord d'une part une analyse des acteurs en présence, ainsi que la structure du débat (I) ; et d'autre part, nous apporterons un peu plus de lumière sur le déroulement du débat parlementaire de style canadien (II). C'est seulement ainsi que nous pourrons évaluer avec plus de discernement les enjeux d'un tel système de débat pour un orateur qui se veut distingué, parce que vivant dans un village planétaire dans lequel les critères d'évaluation d'un orateur brillant peuvent être une vérité en deçà des Pyrénées, mais une erreur au-delà.

I- Les acteurs du débat parlementaire canadien.

L'une des clefs du débat parlementaire canadien est bel et bien le respect d'une certaine structure, une certaine logique, une architecture claire du discours qui permettent à tout auditeur de suivre de manière aisée l'évolution logique de l'oraison. C'est la structure qui permettra au juge de savoir que le débatteur est dans une phase préliminaire, qu'il est au cœur d'un argument ou qu'il migre progressivement d'un argument à l'autre. La matérialisation de cette structure est incarnée par des acteurs du débat qui chacun doivent suivre la nomenclature qui s'impose au rôle à eux assigné par les règles du débat. Le respect de la structure de débat est d'autant important que c'est encore elle qui détermine en majorité qui des deux contradicteurs remportera le choc des idées en présence. Les acteurs du débat parlementaire ici désignent tout orateur qui, à la lumière de la grille de débat, a un rôle précis à jouer autant dans l'affirmative que la négative. Il va de soi que le panel de juges forme, à n'en point douter, un ensemble d'acteurs stratégiques, car devant juger sans faiblesse ni pitié, mais aussi sans vengeance ni colère qui des deux équipes aura su faire prévaloir, selon des critères spécifiques, le poids des idées, la force des arguments, l'éthos[333] et la pathos[334] nécessaires pour remporter la victoire. Nous traiterons du rôle des juges de fond en comble dans la troisième articulation de notre démonstration qui porte sur l'évaluation des débatteurs. L'un des acteurs, et pas des moindres, est le chronométreur, maître du temps. Il a la responsabilité de rapporter du temps de parole et si nécessaire reprendre la parole au débatteur qui va au-delà du temps requis. Le public est un acteur du débat, bien que passif, étant donné que le pouvoir de décision revient exclusivement au panel de juges sensé, à la lumière de sa sagesse et son génie oratoire, évaluer le débat. Sa présence apporte toutefois au débat un effet spectacle qui procure de l'animation surtout qu'il peut réagir dépendamment des humeurs que l'orateur par son discours provoque au plus profond de lui. Un comportement qui, nous semble-t-il, peut dans une certaine mesure influencer des juges parfois dubitatifs dans le jugement à faire prévaloir. Parfois, les juges souhaitent, pour accroître leur crédibilité, rendre un jugement qui rejoint les différentes sensibilités en présence, un jugement qui rejoindrait l'unanimité notée ci et là, afin de pouvoir s'imposer plus facilement avec force exécutoire. L'une des spécificités du débat parlementaire canadien est la place accordée à l'équité lors des joutes oratoires. Le chargé de l'équité est l'un des acteurs clefs qui élaborent des principes d'équité pour les compétitions tout en se réservant le pouvoir discrétionnaire de sanctionner tout débatteur ou juge ayant violé lesdits principes[335]. Peut-on à la vérité invoquer les acteurs du débat parlementaire canadien en faisant abstraction du premier ministre, du ministre de la couronne, du membre de l'opposition et du chef de l'opposition ? Ce serait priver l'analyse d'une très grande dimension de sa pertinence. Il serait par conséquent primordial de nous intéresser à l'équipe du gouvernement, et à celle de l'opposition qui, en débattant tant affirmativement que négativement sur la motion à l'ordre du jour, nous semblent être des acteurs de premier plan du débat parlementaire structuré de style canadien. Parce que c'est un débat contradictoire qui, faisant intervenir tour à tour un orateur du gouvernement contre un orateur de l'opposition, puis deux cristallisations contradictoires, il devient judicieux d'analyser les acteurs du débat selonla structure de débat et leur ordre de prise de parole. Soit : le premier ministre (A), le membre de l'opposition (B), le ministre de la couronne (C) et le chef de l'opposition (D).

A- Le Premier ministre

Le Premier ministre est le premier orateur du débat qui dispose de 10 minutes s'échelonnant sur deux interventions : une de 6 minutes, et la dernière de 4 minutes. Il défend l'affirmative. Après que les deux équipes aient terminé la recherche liée à la motion qui fait l'objet du débat, il revient au Premier ministre de présenter la proposition du gouvernement. L'énoncé devra être clair, concis et précis. Il dira par exemple pour introduire la proposition : « La motion soumise à l'appréciation de la chambre est la suivante… »[336]. Dans son propos introductif, le Premier ministre définira les termes qui prêtent encore à confusion, mettra la motion en contexte en élaborant l'historique succinct, en suscitant par la même occasion la bienveillance des juges et de l'auditoire. Cette étape complétée, le Premier ministre devra annoncer de la manière la plus simple et claire, la position du gouvernement qu'il entend défendre dans le débat : « Nous, du gouvernement croyons fermement que… ». Ces deux premières étapes du débat permettent au premier ministre non seulement de se conformer à la structure du débat, mais aussi d'instaurer avec l'auditoire un rapport de sympathie, de façon à ce que les juges et le public puissent sans le savoir induit à s'identifier à lui[337], tel que mentionné dans les anciens traités de rhétorique. La troisième articulation de la démonstration consiste pour le premier ministre à faire un état sommaire des arguments qui seront développés par le gouvernement afin de prouver le bien-fondé de la thèse par elle défendue. Il dira par exemple : « afin de pouvoir vous convaincre du bien-fondé de cette motion, nous développerons les arguments suivants…   J'aborderai les points A et B, et mon très excellent collègue vous fera part, et avec une certaine maestria des arguments C, D et E ».

Cette étape complétée, le premier ministre devra élaborer les deux premiers arguments du gouvernement comme annoncé lors de l'étape précédente. Il nommera les arguments, expliquera en quoi ces arguments prouvent la thèse du gouvernement, invoquera éventuellement des faits, autorités ou témoignages qui plaident en faveur de l'argument et de la thèse ainsi mise de l'avant. Il devra conclure chaque argument selon une logique syllogistique, inductive ou par tout autre procédé logique. Notamment : « par conséquent, donc, en conclusion, finalement. » Pour que son discours puisse avoir l'effet d'une musique aux oreilles des juges, il est vivement conseillé d'utiliser des mots de liaison et des connecteurs logiques qui permettent de mieux apprécier la progression de l'oraison ministérielle. Force est de constater que cette démarche doit se faire pendant une durée de 6 ou 7 minutes, car il est de tradition dans ce format de débat que le premier ministre introduise et prononce l'oraison funèbre du débat. Dans son discours de clôture qui intervient après l'intervention des autres acteurs du débat, il est attendu que le premier ministre réfute[338] les arguments du membre de l'opposition avant de cristalliser[339] le débat pendant 3 à 4 minutes. À L'occasion de la coupe Laurier de l'université McGill[340], j'ai eu l'opportunité d'agir au côté de mon collègue Arnera Nathanaël dans la posture de premier ministre. Comme si c'était hier, je me souviens de ces moments forts de ma carrière d'orateur. Je me souviens de cette première à travers laquelle nous avions plutôt fait d'un coup d'essai un coup de maître. La position de premier ministre, en plus de m'aider à me structurer davantage, a aussi réveillé le leader qui somnolait en moi. En réalité, le débat parlementaire canadien invite à réfléchir rapidement, car nous savions les sujets seulement 10 minutes environ avant le débat, quand nous étions au gouvernement : nous n'avions pas assez de temps pour faire des recherches approfondies. Mais cet état de fait à développer en moi une certaine spontanéité à pouvoir saisir le taureau par les cornes en toute circonstance, et peu importe le sujet, à rester logique, structuré et élégant face à l'adversaire. Il me semble, c'est un exercice idéal qui nous prépare à faire face à toute situation, à cultiver la mémoire telle que cela se pratiquait dans l'antiquité, mais surtout le sens de l'écoute de l'autre ainsi que la curiosité intellectuelle qui nous incite à nous intéresser davantage aux affaires de la cité et aux problèmes qui bouleversent l'humanité. Je ne saurais ignorer les capacités d'improvisation exceptionnelles, le sens de la formule et de l'imagination qu'une telle contrainte de temps peut cultiver chez un orateur se prêtant à un tel exercice.

B- Le Membre de l'opposition

Après le premier discours du Premier ministre faisant état d'un ensemble d'affirmations, il revient à l'opposition de monter sur le perchoir afin d'assurer la contradiction. Selon des arrangements internes du côté de l'opposition, un membre de l'opposition pourrait s'exprimer en premier tout comme le chef pourrait choisir de le faire aussi. Mais traditionnellement, le membre de l'opposition s'exprime avant le chef, pour 7 minutes. Que doit-il exactement faire pendant ce temps sacré ? Tout d'abord, le membre de l'opposition devra naturellement présenter de manière générale la thèse de l'opposition, en montrant comment elle se pose en s'opposant à celle défendue par le premier ministre. En général, avant tout débat de fond un membre de l'opposition prononce une formule du genre : « Nous du côté de l'opposition, nous sommes contre la motion telle que proposée par le gouvernement. Nous croyons cependant que… ». Le membre de l'opposition devra accepter ou rejeter les définitions avancées par le gouvernement. Dans l'hypothèse du rejet de définition, il devra apporter celles qui selon son entendement semblent pertinentes dans les circonstances. Ensuite, le membre de l'opposition est censé résumer les arguments de l'opposition, puis indiquer ceux qu'il se chargera de présenter. Il développera les arguments les plus percutants de l'opposition en y apportant des preuves palpables, en invoquant les autorités pertinentes, en citant des témoignages et autres faits qui soutiennent ces arguments et la thèse de l'opposition qu'il montrera par des liens logiques clairs. C'est ainsi qu'il procédera à la conclusion de chaque argument au sortir de la démonstration qui le porte. Toutefois, Le membre de l'opposition fera une différence entre l'exemple et l'argument. En effet, une telle confusion pourrait jouer contre son camp. L'argumentation terminée, il procédera à une articulation déterminante pour l'issue du débat : la réfutation.

La réfutation est l'essence même de la joute oratoire, dans la mesure où elle incarne la contradiction. Le membre de l'opposition lèvera un pan de voile sur les arguments avancés par le premier ministre. Il mettra particulièrement de l'emphase sur les arguments qui, selon son intime conviction, seraient erronés ou simplement boiteux. Dans la mesure du possible, il serait urgent de dire exactement les mots qui ont été énoncés par le premier ministre, d'où l'urgence de prendre des notes qui aideraient à pouvoir se rappeler exactement de ce qui aura été dit. Il ne suffira pas simplement de dire qu'on est contre tel ou tel autre argument, il faudra surtout démontrer en quoi et pourquoi ces arguments sont erronés. Dans cette logique, les faits vivants et saillants, des preuves de tout ordre pourraient aider à éclairer la lanterne des juges. Le membre de l'opposition n'oubliera pas de conclure chaque réfutation : « voilà pourquoi, honorables juges cet argument est erroné… Par conséquent, monsieur le président, cet argument s'écroule tel un château de cartes… » La conclusion de chaque réfutation permet au juge d'avoir plus de lisibilité sur la progression du débat, et ainsi de savoir que le débatteur passe d'une réfutation à une autre, d'une étape à une autre. Enfin, c'est un impératif quasi catégorique pour le membre de l'opposition de résumer au sortir de son oraison, la position de l'opposition et des arguments développés, de revenir sur la motion telle que présenter par le gouvernement tout en mettant en lumière les réfutations avancées, ainsi que les arguments qui lui accorderaient du crédit.

Dans un style parlementaire canadien, c'était un réel défi pour moi de débattre dans la position de membre de l'opposition. Comme membre de l'opposition, la motion était souvent découverte lors du discours du premier ministre. Séance tenante, il est question d'écouter, de réfléchir rapidement, de s'organiser afin d'apporter dans les limites de temps, autant une argumentation solide qu'une réfutation béton. Je dois avouer que lors des pratiques à l'équipe de débat de l'Université de Montréal, ce n'était pas un exercice aisé à mes débuts ; mais avec l'aide de mes pairs, j'ai pu surmonter cette difficulté et, comme un coq qui apprend à chanter, j'ai pu chanter le chant du débat. Au championnat national canadien de 2013, j'ai pu également découvrir la forte capacité pour cette position à pouvoir structurer davantage ma pensée, à pouvoir me contraindre, à réfléchir très rapidement, à pouvoir dire l'essentiel face à une situation d'urgence extrême. C'était un privilège pour moi d'être supporté par des orateurs, brillants faucons[341], dont les capacités oratoires ne m'ont pas laissé indifférent, et n'ont qu'amélioré mes efforts d'apprentissage dans une belle ambiance. Comme membre de l'opposition, j'ai acquis un peu plus de confiance en moi-même. J'ai pu constater enfin que la première inspiration est souvent la bonne, et qu'on peut par un coup de baguette magique avancer des arguments capables de renverser un ordre huileusement établi.

C- Le ministre de la couronne.

Le ministre de la couronne est le second orateur du gouvernement, c'est à dire de l'équipe qui affirme le bien-fondé de la proposition ou motion. À l'aube de son discours, il est de bon ton qu'il reprenne la motion mot pour mot tel qu'elle a été dite par le premier ministre dans son discours liminaire. Dans l'éventualité où le membre de l'opposition aura contesté les définitions avancées par le premier ministre, il urge qu'il reprécise dans quelle mesure ces définitions restent pertinentes pour le débat. Ces considérations générales évacuées, le ministre de la couronne devra tout d'abord développer de nouveaux arguments dans une logique qui complète ceux amenés par le premier ministre ; arguments au cours desquels il est attendu qu'il démontre, explique et prouve par divers procédés dialectiques et rhétoriques en quoi ils sont valables pour la motion avancée. Comme les autres acteurs du débat, il serait de son intérêt d'éviter des logiques fallacieuses, des arguments à bâtons rompus et d'autres manœuvres qui ne permettent pas de prouver l'assertion mentionnée à la prémisse. Ensuite, comme le membre de l'opposition, mais à contrario, le ministre de la couronne doit contester les arguments du membre de l'opposition. La réfutation dans cette étape de l'oraison est essentielle. Des arguments non réfutés resteraient valides et peuvent donner du grain à moudre au premier ministre qui, dans son dernier discours, revient sur les thématiques du débat, mais pas forcément sur les arguments. Et, pris par la pression de la circonstance, il y a de bonnes raisons qu'une telle réfutation soit omise au grand dam de l'opposition. Enfin, dans ce discours de 5 minutes après la réfutation des arguments du membre de l'opposition, le ministre devrait revenir sur ceux de son premier ministre qui ont fait l'objet d'attaque auprès des juges : C'est la reconstruction des arguments du premier ministre. La reconstruction consiste soit à démontrer que la réfutation apportée par le membre de l'opposition n'est pas de nature à ébranler le poids de l'argument du premier ministre, ou tout simplement, elle permettrait au ministre de la couronne de compléter un argument resté faible et pourtant défendu par le premier ministre. En aucun cas, la reconstruction des arguments du premier ministre ne devrait se résumer à une simple répétition du chapelet argumentatif présenté par ce dernier. Une telle démarche serait purement et simplement contre-productive et constituerait une défaillance notoire de la part du ministre de la couronne[342]. Pour clore son discours, il est judicieux que le ministre de la couronne fasse une synthèse de son intervention, notamment les points stratégiques abordés, afin de pouvoir réaffirmer sa position et celle du gouvernement, dans la dernière phrase prononcée. La Posture de ministre de la couronne nous semble intéressante ; elle permet de savoir ce que représente le fait de travailler en équipe. Le mécanisme de la reconstruction est un bel exercice qui permet à l'orateur d'évaluer avant son intervention, le degré d'impact d'un argument, de voir comment l'argument a été attaqué et d'imaginer quel antalgique apporter afin de pouvoir le tonifier, le solidifier davantage, dans une perspective qui réponde aux vœux les plus profonds exprimés par l'opposition. C'est l'un des meilleurs exercices de logique qui structure la pensée de l'orateur tout en le préparant à faire face à toute forme d'éventualité, une fois rendu devant les juges qui, dans le cadre du débat, sont des « dieux » parce que décidant qui perd et qui gagne, ses adversaires n'existant pas, car n'étant qu'une voix balbutiante contestant la vérité[343].

D- Le chef de l'opposition.

Le chef de l'opposition détient l'une des interventions les plus déterminantes pour l'issue du débat. Dans un discours de 10 minutes ou 7, selon le format choisi, il devra apporter son grain de sel au débat resté en suspens. Comme le membre de l'opposition, il est apprécié qu'il reprenne la motion selon la logique argumentative déployée par l'opposition. S'il estime que les définitions telles que mentionnées par le gouvernement souffrent de pertinence, c'est le temps plus que jamais de mettre de l'avant les raisons qui justifieraient la prise en compte des définitions mises en exergue par L'opposition. D'entrée de jeu, le chef de l'opposition devra apporter de nouveaux arguments en supplément à ceux du membre de l'opposition, puis démontrer à travers ces arguments comment la raison est du côté de l'opposition. Ensuite, la structure du débat exige qu'il réfute les arguments du ministre de la couronne en prouvant comment ils manquent de logique, de mécanisme fiable et de crédibilité. Dans la même perspective, le chef de l'opposition reconstruira les arguments du membre de l'opposition pour permettre aux juges de constater qu'en dépit de la réfutation du ministre de la couronne, ses arguments regorgent toujours de leur pesant d'or. Il reviendra sur l'inefficacité de la réfutation d'une part, et d'autre part sur l'argumentation proprement dite, afin de pallier leurs insuffisances éventuelles, ou alors approfondir davantage le raisonnement du membre de l'opposition.

Le chef de L'opposition devra aussi passer en revue les arguments du premier ministre afin d'y donner un dernier coup, de nature à les ébranler durablement. Enfin, comme le premier ministre, il procédera à la cristallisation du débat. Il convient de noter que la cristallisation du débat par l'opposition intervient avant celle du premier ministre qui, selon la tradition, doit introduire et conclure le débat. Dans cette dernière ligne, le chef de l'opposition ne pourra apporter de nouveaux arguments, c'est la dernière opportunité de s'adresser aux juges en mettant en avant les problématiques et thématiques ayant jailli du débat, afin d'attirer l'attention sur ce qui aura été fait brillamment par son équipe, au détriment du gouvernement qui n'aura fait que tirer le diable par la queue. La cristallisation est en définitive un moment de haute tension, d'action, de séduction et de passion qui, si bien orchestrée, mène incontestablement vers la victoire[344].

La société de débat français de l'université d'Ottawa[345], dans son guide d'introduction au débat parlementaire, illustre de la plus belle des manières les acteurs du débat parlementaire ainsi que leur rôle dans la structure du débat. Ce guide résume clairement les questions liées aux acteurs, ainsi que celles concernant la structure du débat. Nous nous en inspirerons largement pour l'élaboration de la démonstration schématique qui suivra. Dans la même lancée, on ne saurait ignorer le guide de la société universitaire canadienne de débat intercollégial et enfin le guide élaboré par Judith Wyatt en 1980 et révisé par Jocelyne Tessier pour la fédération canadienne des débats d'étudiants. À la lumière de ces interprétations du débat parlementaire canadien, nous nous permettons d'établir ce schéma sommaire portant sur les acteurs et la structure du débat canadien.

Premier ministre (6 +4 minutes)

Rôle : Introduire la motion et imposer la dynamique du débat

Discours d'ouverture (6 minutes)

1- Annoncer la motion et l'expliquer clairement
(1 minute)
Motion
Contexte de la motion

2- Annoncer les arguments
(5 minutes)
Argument 1
Argument 2
Argument 3

3- Résumé du débat : Rappel de la motion et synthèse de l'argumentation.

Discours de Fermeture (4 minutes)

1- Recentrer le débat et rappel de la motion selon son contexte (30 secondes)

2- Réfutation brève des arguments de l'opposition (2 minutes)

Argument de l'opposition 1………………..réfutation
Argument de l'opposition 2………………..réfutation
Argument de l'opposition 3………………..réfutation
Argument de l'opposition 4………………..réfutation
Argument de L'opposition 5………………réfutation

3- Conclusion
(30 secondes)

Bref rappel des arguments du gouvernement/nos arguments étaient :

Argument 1

Argument 2

Argument 3

Argument 4

Argument 5

4- Cristallisation
   (1 minute)

Balancer les thèmes et arguments du débat, démontrer pourquoi l'opposition fait fausse route et en quoi la motion est nécessaire et d'utilité publique.

Le Membre de l'opposition (7 minutes)

Rôle : créer un doute sur le bien-fondé de la motion en mettant en relief les faiblesses principales du gouvernement.

1- Mise en contexte (30 secondes)

2- Énoncer deux arguments (3 minutes).

Argument 1

Argument 2

3- Réfutation des arguments du premier ministre

Argument du gouvernement 1.........................Réfutation

Argument du gouvernement 2.......................Réfutation

Argument du gouvernement 3....................…...Réfutation

4- Résumé : Retour sur la position de l'opposition, résumé des arguments énoncés, et résumé des arguments du gouvernement. (30 secondes).

Le ministre de la couronne (7 minutes)

Rôle : Apporter de nouveaux éléments au débat tout en rétablissant la position du gouvernement.

1- Recentrer le débat et rappeler la position du gouvernement (30 secondes)

2- Apporter deux nouveaux arguments (2,5 minutes)

Argument 1

Argument 2

3- Réfutation des arguments du Membre de l'opposition (2 minutes)

Argument du membre opposition 1.................Réfutation

Argument du membre opposition 2.................Réfutation

Argument du membre opposition3..................Réfutation

4- Reconstruction des arguments du premier ministre (1,5 minute)

Argument1

Argument2

Argument3

5- Résumé : bref rappel des arguments du gouvernement (30 secondes)

Le chef de l'opposition (10 minutes)

Rôle : Annoncer de nouveaux éléments dans le but d'apporter plus de profondeur au débat et en faire une synthèse.

1- Recentrer le débat et mise au point (30 secondes)

2- Annoncer 3 nouveaux arguments (2,5 minutes)

Argument 3

Argument 4

Argument 5

3- Réfuter les arguments du ministre de la couronne (1,5 inutes)

Argument du ministre de la couronne 4...........Réfutation 4

Argument du ministre de la couronne 5.............Réfutation 5

Argument du ministre de la couronne 6.............Réfutation 6

4- Reconstruction des arguments du membre de l'opposition (1 minute)

Argument 1

Argument 2

5- Réfutation des arguments du premier ministre

Argument du premier ministre 1.....................Réfutation 1

Argument du premier ministre 2.....................Réfutation 2

Argument du premier ministre 3.....................Réfutation 3

6- Cristallisation

Résumé de L'argumentation, retour sur les points forts de l'opposition, retour sur les points faibles du gouvernement, établir la balance en faveur de l'opposition.

Planche8 : acteurs du débat canadien

Crédit : Dede Fotsa

À gauche le gouvernement, formé du premier ministre et du ministre de la couronne. à droite l'opposition, formé du chef de l'opposition et du membre de l'opposition.au centre le chronomètreur, en face des orateurs les juges et derrière les juges le public assidu.

II- Le déroulement du débat parlementaire canadien.

Le débat parlementaire canadien a des rites, traditions et coutumes bien particulières, des rites qui, avec le temps, se sont cristallisés au point d'être érigés en norme, s'imposant aux acteurs passifs et actifs du débat. Le déroulement du débat met en évidence un ensemble de situations qui peuvent surgir en plein cœur de diverses interventions, divers discours, ou encore, à mi-parcours d'un discours. Lorsqu'un adversaire porte atteinte aux lois sacrées du débat pendant son oraison ou simplement, méprise systématiquement les lois écrites autant que non écrites du débat, des mécanismes spécifiques devraient s'appliquer à son encontre dans l'optique de garantir l'objectivité suprême et l'équité absolue censées planer en tout temps dans l'aréna. Il est très courant qu'un adversaire déforme les propos qu'on a avancés non seulement pour les besoins de sa cause, mais aussi afin de tourner au ridicule l'auteur de tels propos. Il est clair que cette manœuvre se réalise au mépris des règles éthiques qui sont pourtant cardinales en style parlementaire canadien. Cet état de fait se déroulant sous le feu de l'action, il peut sembler difficile de le cadrer. Heureusement que les principes du débat ont prévu des antalgiques permettant d'édulcorer cette situation qui pourrait sembler macabre et à la limite pitoyable pour la présence réelle d'une ambiance bon enfant lors des envolées oratoires.

Le débat a aussi un aspect dramaturgique, le débat a aussi un aspect théâtral qui apporte une valeur ajoutée au déroulement des compétitions. Ce côté théâtral qui s'insère dans ce qu'il est convenu d'appeler l'action oratoire se déroule selon des paramètres précis, une nomenclature bien définit qui fixe son étendue et dans une certaine mesure ses limites. Le chahut est la matérialisation de ce côté théâtral. Il souligne l'humour et les faiblesses notées dans l'argumentation des adversaires[346]. Au cours d'un débat, certaines questions peuvent être parfois plus importantes que les réponses ou les leçons tirées. En débat canadien, les questions ont une histoire, les questions répondent à une tradition qui remonte à la chambre des Lords. Les questions peuvent en définitive influencer l'issue d'un débat, déstabiliser ou paralyser totalement un adversaire. Cependant, la structure encadre les questions afin de ramener les orateurs à ce qui demeure essentiel : le débat contradictoire, une relative élégance dans les interactions. Afin de mieux appréhender le déroulement du débat parlementaire canadien, il s'avère fondamental d'envisager une analyse de bout en bout qui ferait la part belle au point d'ordre (A), à la question ordinaire (B) ainsi que la question de privilège (C)). Ainsi seulement, nous pourrons savoir comment réagir comme débatteur à ces aspects clefs du déroulement du débat à la canadienne.

A- Le point d'ordre

Tel que nous l'avons mentionné plutôt, le débat parlementaire a une structure, des codes et coutumes qui s'imposent à tous les orateurs qui croisent le choc des idées ainsi que la puissance du verbe. Il serait naturel dans les circonstances, que toute infraction auxdites coutumes oratoires soit constatée et pris en considération aussi bien dans le déroulement du débat que son jugement, en premier et dernier ressort. Les débatteurs devraient par conséquent faire preuve d'extrême vigilance pendant la joute, afin de pouvoir dénicher toute irrégularité susceptible de compromettre l'élégance qui est censée planer en toute circonstance sur les débats. Il est de la responsabilité de chaque équipe de pouvoir faire de telles remarques, car le juge ayant un rôle passif, il ne le fera pas forcément. Un orateur qui, dans son discours, ne respecte pas le décorum, mettant de l'avant des propos antiparlementaires[347] portant notamment le sceau d'une certaine vulgarité, devrait être interpellé. De même, un orateur qui ne respecte pas le protocole établi par la structure de débat. Un débatteur qui exige de s'adresser au président de la chambre au début de son discours et dans ses articulations essentielles, et qui interpelle son adversaire par son nom ou surnom quand il est censé faire mention de son titre mentionné à la structure de débat, [348] devrait être interpellé. Tout débatteur qui estime qu'une infraction aux règles du débat s'est produite devrait simplement se lever pendant le débat : « point d'ordre monsieur le président/ madame la présidente. Le président demandera à l'orateur engagé dans son discours de s'asseoir et lui demandera de s'expliquer »[349]. Il sera question pour le dénonciateur de dire de la manière la plus concise et précise quelle infraction est commise dans les circonstances. Par exemple : « L'honorable membre ne s'est pas adressé au président de la chambre »[350]. L'orateur dénonciateur retournera à son siège immédiatement après la dénonciation. Le président jugera du bien-fondé de la dénonciation : si le point d'ordre est fondé, l'orateur sera tenu de s'excuser devant la chambre avant de poursuivre son oraison ; si cependant le point d'ordre n'est pas fondé selon la discrétion du président, l'orateur interrompu par le point d'ordre sera autorisé à poursuive son discours sans s'expliquer, sans autre forme de procès, car l'objection étant rejeté. Le point d'ordre est définitivement un mécanisme à la disposition des débatteurs pour dénoncer tout manquement aux règles et traditions du débat parlementaire. Il peut être soulevé à tout moment qu'un débatteur estime qu'il y a violation des règles fondamentales du débat.

B- La question ordinaire.

Pendant un débat, il est fortement recommandé à toute équipe de poser au moins une question. La question ainsi posée, l'équipe adverse est tenue d'y apporter des éclaircissements appropriés le moment venu. La question ne peut être posée dans les moments protégés du discours, notamment les 30 premières et dernières secondes au cours desquelles une large marge de manœuvre est accordée à l'orateur aux fins d'introduction et de conclusion de l'oraison. Contrairement à la norme qui exige de s'adresser à l'équipe adverse par l'entremise du président de la chambre, la question peut directement être posée au débatteur qui a émis l'assertion fondant la question. Comme le point d'ordre, la question devra être précise et concise. Elle devra être une question précise qui nécessite une réponse précise. D'où l'urgence d'établir un distinguo clair entre une question, une assertion, un simple commentaire ou une opinion.

Le débatteur qui pose une question vise de ce fait un éclaircissement ou établir un fait contradictoire fondé sur des déclarations avancées par son adversaire. Toutefois, on a vu des orateurs dubitatifs qui, lorsqu'ils avaient eu l'autorisation de poser une question, étaient hésitants racontant tout, sans poser en réalité une question. On les a vus sur le motif d'une question baguenauder et jouer de la lire alors que Rome brûlait. C'est pourquoi il est impérieux de penser sa question avant de la parler, avant de l'émettre. Une question non pertinente ou sans aucun fondement n'apporterait que de l'eau au moulin de l'adversaire, bien que ce dernier puisse comme par extraordinaire ne pas être à la hauteur du débat. Lors de diverses compétitions, j'ai pu voir et même admirer des orateurs qui avaient l'habileté d'utiliser des questions pour déstabiliser l'adversaire. C'est une manœuvre à laquelle j'ai souvent eu recours dans des circonstances extrêmes qui exigent de faire preuve de haute stratégie oratoire. Cependant, le danger de faire dans l'enflure du questionnement ou d'en faire un usage abusif peut donner une mauvaise impression auprès des juges, un sentiment de mauvaise foi qui pourrait, lorsque rendu dans le secret de ses délibérations les faire prévaloir en notre défaveur. La coutume du débat canadien recommande à toute équipe qui reçoit des questions ou une question d'en répondre au moins à l'une d'elles. Mais l'équipe qui reçoit la question n'est pas obligée de répondre immédiatement ; elle peut y revenir lors d'une autre séquence du discours. Dans des situations de gestion complexe de temps, l'orateur engagé dans son envolée pourrait s'abstenir de répondre à une question. Si la question se fonde sur un thème qui sera abordé plus tard dans le débat par l'orateur ou son coéquipier, il serait judicieux de le mentionner. Quoi qu'il en soit, le débatteur qui répond aux questions devrait rester courtois dans sa réponse. Bien qu'il demeure fondamental de reconnaître dans cet élan de courtoisie, une question purement et simplement hors sujet, interpellant plus à la diversion qu'à la réflexion sur une question essentielle traitée dans le débat. L'usage méthodique et stratégique des questions s'améliore nécessairement avec la pratique. À nos débuts, c'était souvent difficile de tirer nos épingles du jeu à travers des questions ordinaires. Mais à force de les utiliser, une expertise s'est développée, une stratégie aussi. Les questions posées après un certain temps s'apparentaient à un véritable coup dans la fourmilière. En somme, l'usage méthodique de la question, au-delà de participer à convaincre, fait du débatteur avant tout un stratège de la parole qui, par un jeu de questions, peut faire sortir de son adversaire des mots et idées qu'il n'aurait jamais imaginé un tant soit peu de dire tout haut.

Planche 9 : la question ordinnaire

Crédit : Dede Fotsa

les mains levés ici constitue une tradition de la chambre des lors Britannique qui signifie : « je n'est pas d'arme juste des mots. » je viens en paix.

C- La question de privilège

Lors d'un débat, chaque orateur fait des allégations, apporte des arguments. L'adversaire, dans ses efforts d'établir la contradiction et avoir du crédit auprès des juges ou du public, peut prétendre citer une déclaration de son adversaire, pourtant il n'en est rien. Il peut aussi du simple fait de détenir la parole avancer à l'encontre de son adversaire des propos malveillants et à la limite, à forte connotation diffamatoire, de nature à s'attirer les fleurs et honneurs du jury. Une telle situation serait inéquitable si la coutume du débat parlementaire n'avait pas imaginé et instauré une coutume nommée question de privilège qui, exceptionnellement, accorde au débatteur estimant subir un tel manquement à l'équité, un mécanisme de remise des pendules à l'heure.

Aussitôt que l'incident se produit, le débatteur doit se lever comme un soldat et déclarer : « Question de privilège, Monsieur le Président/Madame la présidente »[351]. Saisi par cette déclaration, le président demandera au débatteur de bien vouloir s'expliquer tout en ordonnant au débatteur interrompu de s'asseoir. L'orateur plaintif présente sa plainte de la manière la plus concise : « Monsieur le président/Madame la présidente, je n'ai pas dit… mais j'ai plutôt affirmé que… »[352]. L'adversaire ne pouvant répliquer, le plaintif retourne à son siège. Le président usera de son pouvoir discrétionnaire pour juger du bien-fondé de la plainte. S'il s'avère qu'elle est fondée, l'orateur fautif s'excusera auprès de la chambre avant de poursuivre son discours. On doit noter cependant que si l'adversaire fait un résumé de nos ropos sans mentionner qu'il nous cite, cela ne peut déboucher sur une question de privilège. C'est une étape normale du débat. Enfin, la question de privilège est strictement personnelle, c'est-à-dire limitée aux allégations de l'orateur qui dit avoir été mal cité ou diffamé. Il est donc prohibé de poser une question de privilège pour son coéquipier. La question de privilège, bien que permettant de rétablir l'équité nécessaire pour le bon déroulement du débat, se doit d'être utilisée avec parcimonie. Une interruption abusive du débat et parfois pour des raisons dérisoires peut avoir un effet boomerang qui risque d'être fatal pour l'interrupteur à l'image de l'arroseur arrosé.

III- L'évaluation des débatteurs

Dans un débat, les juges sont semblables à de petits dieux. Ils décident en effet qui ils vont bénir et qui peut-être ils vont maudire au soir de l'oraison. Ils décident à qui accorder la grâce magistrale et qui laisser tomber en disgrâce. Ils décident à quelle équipe attribuer la victoire, sur le débat houleux s'étant déroulé sur leurs regards parés de lentilles de sagesse. En réalité, les deux équipes ayant croisé le choc des idées n'étaient que des voix balbutiantes et discordantes contestant la vérité. La vérité, seuls les juges peuvent prétendre la détenir, seuls les juges et eux seuls, du haut de leur magistère, de leur intelligence, peuvent détenir la vérité qu'ils n'hésitent pas le moment venu, à laisser triompher en prononçant le vainqueur[353] s'élevant au-dessus de la mêlée. Une fois les projecteurs éteints sur le débat, commence un autre débat tout particulier et loin des regards indiscrets : le « débat invisible »[354], une étape subtile du débat au cours de laquelle les juges décident de l'équipe gagnante sous une base objective, dans le secret de leur conscience, de leur pouvoir discrétionnaire, et ce, sans faiblesse ni pitié, mais aussi sans vengeance ni colère. Ce n'est dans une splendeur objective à nulle autre pareille que le processus sentencieux est enclenché. Le débat parlementaire canadien met à la disposition des juges, des directives qui facilitent des décisions plus rationnelles, des décisions beaucoup plus intelligibles. L'objectif de tout débat ici étant de convaincre, la décision devrait se fonder sur les échanges, les échanges et rien que les échanges qui ont émergé naturellement des débats soumis à l'appréciation magistrale des juges de l'espèce. Il est de coutume que la décision soit tout d'abord individuelle avant qu'une étude comparative des sentences au tribunal de la raison et des passions oratoires ne soit établie, afin de rendre une décision collégiale marquée d'intelligibilité et qui jette son dévolu sur l'équipe qui mérite de récolter les gloires oratoires du débat. L'évaluation d'un débat, au-delà de la sentence, revêt une couleur pédagogique de portée exceptionnelle. C'est le moment plus que jamais pour les sages et intelligents juges de dire aux débatteurs comment améliorer diverses performances oratoires susceptibles de faire d'eux des débatteurs distingués. En style canadien, l'évaluation se focalise davantage sur l'argumentation avancée par les orateurs, ainsi que les liens logiques de ce dernier avec la motion débattue, que sur divers autres artifices rhétoriques ; une situation qui, nous semble-t-il, extrait du débat une certaine saveur telle que nous la verrons.

Parce que les juges sont des sages, et parce que ce qu'ils peuvent voir assis, un débatteur ne peut le voir qu'étant perché sur un arbre, les débatteurs ne sont pas tenus de discuter ou contester les commentaires des juges qui visent en général à construire le temple et non des dieux à adorer. Parallèlement, les juges se limitent à aider, motiver et soutenir les débatteurs sans toutefois faire preuve d'excès de zèle[355]. De manière panoramique, l'analyse du juge vise à vérifier comment l'orateur s'est servi du logos, de l'éthos, du pathos et de l'action oratoire pendant l'oraison bien que concrètement, le logos semble priorisé sur d'autres facteurs. Quoi qu'il en soit, les juges sont tenus de fonder leur appréciation du débat sur trois critères inséparables : le respect de la structure du débat tel que prescrit sur la grille (A), la qualité de l'argumentation et de la réfutation (B) ainsi que la qualité du style (C). Une fois ces évaluations complétées et la décision prononcées, les juges ont coutume d'inviter les débatteurs à bien vouloir se serrer la main. Un signe symbolique de la démocratie qui laisse clairement comprendre que le débat n'est qu'un sport de combat dans lequel les armes sont des mots, lesquels mots participent à soigner les maux sociaux. Ce n'est donc pas le lieu de s'opposer parce qu'on a un ami ou camarade qui soit opposé aux idées et convictions qui nous sont fondamentales. Le débat canadien promeut la liberté d'expression qui, loin d'insister sur les accents différents incarnés par les orateurs, célèbre leurs divers accents dans une osmose de convivialité.

A- Le respect de la structure du débat

Le respect de la structure est la base de tout débat. C'est le minimum que devrait respecter un orateur afin d'espérer tendre vers la gloire réservée au vainqueur du débat. C'est une forme de contenant sans lequel les arguments et procédés rhétoriques n'auraient aucun support solide leur assurant toute l'efficacité requise. Le débatteur remplit-il bien les fonctions imposées par son rôle dans le débat ? Telle est la première question que se poseront les juges. Selon qu'il aura été premier ministre, ministre de la couronne, membre de l'opposition ou chef de l'opposition, les juges passeront au peigne fin son intervention afin de vérifier s'il aura respecté les étapes requises par son rôle dans le débat (par exemple : recentrer le débat, argumentation, réfutation, reconstruction et cristallisation pour le chef de l'opposition).

Le discours du débatteur est-il facile à suivre, à comprendre et même à mémoriser, car fondé sur un plan clair et précis ? Les juges vérifieront si l'orateur a respecté une démarche fondée sur un plan qui permettait de suivre facilement sa démarche et les étapes de son intervention. Il va de soi qu'un orateur qui ne prend pas le soin d'annoncer sa démarche, de mettre l'emphase par des connecteurs logiques qui démontrent qu'il migre d'une étape à l'autre de la démonstration récolterait difficilement les faveurs du jury pour cet aspect particulier de l'évaluation.

L'orateur parvient-il à bien faire comprendre ses idées ? Autrement dit, y a t-il une clarté qui ne ferait l'ombre d'aucun doute ensuite, les juges contesteront l'introduction et la conclusion du discours. Il s'agit notamment de voir si l'orateur introduit son discours selon les règles de l'art démontré plus haut, s'il apporte à la fin de chaque argument la conclusion requise témoignant de la fin du raisonnement pour cette étape du discours. Si c'est le cas, l'orateur en sera gratifié ; dans le cas contraire, il risque de tomber en disgrâce.

Enfin et pas des moindres, l'orateur a-t-il utilisé le temps requis, tout le temps, et rien que le temps consacrés à son discours ? Le respect du temps est une valeur cardinale du débat parlementaire canadien. C'est la preuve que le débatteur a non seulement fait la recherche nécessaire, mais surtout, qu'il sait ce qui est nécessaire pour faire avancer sa cause ; mais encore, qu'il ne souhaite pas abuser de la patience de son auditoire qui espère l'écouter dans un intervalle de temps prédéfini. Cependant, il devra scrupuleusement respecter ce temps. Un orateur qui n'utilise pas la totalité du temps disponible à son intervention transmet une mauvaise impression à l'auditoire qui serait appelé à douter de sa crédibilité pour la cause ainsi défendue. De la même manière, le dépassement du temps n'est pas très apprécié par les très honorables juges qui, en application des critères d'évaluation, n'hésiteront pas à faire prévaloir la rigueur qui s'impose. Quoi qu'il en soit, l'idéal serait d'utiliser le temps, rien que le temps, et tout le temps alloué par la structure à l'oraison. C'est seulement dans ce sillage que le débatteur peut présenter des arguments convaincants et davantage pris en considération dans le processus d'évaluation général du débat.

B- La qualité de l'argumentation.

Les débatteurs sont tenus de présenter des arguments de qualité qui plaident en faveur de la cause qu'ils défendent lors de l'oraison. Un argument de qualité, nous semble-t-il, devrait revêtir un titre interpellateur qui est pour le jury et le public des éléments, un indice ui, comme des lucioles, donne des idées plus ou moins claires sur le contenu de l'argument. Le titre de l'argument bien évidemment devrait répondre à la spécificité liée à la motion. D'où l'impérieuse nécessité de faire table rase de tout titre hautement abstrait, ou encore de titres métaphoriques parfois éloignés de la destinée qu'incarne la motion[356]. Les juges sont assez rigoureux sur cette dimension pas moindrement importante de l'évaluation du débatteur. L'argument dans son contenu devra être hautement convaincant et constructif. Il devra être en lien avec la position défendue par l'orateur. Quelles que soient les circonstances, l'argument devrait répondre au pourquoi et même au comment de la position que l'orateur entend défendre. Il est censé montrer pourquoi les juges devraient lui donner raison dans la décision qui jaillira au soir du débat.

L'orateur, comme nous l'avons démontré, peut faire usage des techniques argumentatives pertinentes comme le raisonnement par hypothèses, par induction, l'abduction et le syllogisme, très prisé par nombre d'orateurs pour ses vertus persuasives d'exception. Il est donc clair qu'un argument ne consiste pas à expliquer un plan d'action, un phénomène scientifique, un énoncé de faits historiques qui dans un discours peuvent constituer des parties de la chair, mais pas l'os qui représente ici l'argument. L'argument diffère donc des faits, des exemples, citations, articles, jurisprudences qui, nous semble-t-il, peuvent soutenir un argument sans pour autant en constituer le cœur. L'argument ici se résume en un énoncé ayant un lien logique avec la motion ou la position défendue par l'orateur et qui explique pourquoi la motion est acceptable, pourquoi la position défendue par l'orateur est vraie et par conséquent devrait triompher[357]. L'argument, l'avons-nous reconnu plus haut, est la pierre angulaire du débat parlementaire canadien et tout orateur qui ne se montre pas capable d'en construire un de qualité réduit systématiquement ses chances de gagner sa cause. L'évaluation de la qualité de l'argument s'étend aux réfutations qu'apporte le débatteur pour démontrer que son adversaire se trompe et qu'en fin de compte son argument à lui reste pertinent. Comme l'argumentation, la réfutation se fonde sur un énoncé logique qui démontre comment un argument avancé par l'adversaire a besoin plus que jamais de béquilles pour tenir debout. Les juges vérifieront l'objectivité de la réfutation afin de voir si elle détruit en vérité l'argument de l'adversaire. Si oui, c'est un avantage ; sinon, l'orateur perdra certainement des faveurs. Tel est également le cas de la reconstruction qui permet au juge d'évaluer jusqu'à quel point l'orateur apporte de la valeur ajoutée aux arguments de son coéquipier afin de prouver qu'ils sont toujours valables. Les juges ont une attention particulière à la cristallisation[358], qui constitue une séquence fondamentale du débat autant pour l'opposition que pour le gouvernement. Les juges vérifieront si l'orateur a synthétisé le débat de manière organisée et persuasive, s'il a identifié les grands enjeux, les grands thèmes qui ressortent du débat et démontré avec maestria comment sous le fondement de ces enjeux il devrait naturellement remporter sur son adversaire qui présente un modèle inutile à la société[359]. Cette dernière étape de l'oraison donne aussi des lentilles aux juges qui peuvent désormais évaluer avec un peu plus de recul si le débatteur maîtrise profondément le sujet du débat.

Avons-nous reconnu, certaines questions sont parfois plus importantes que les réponses ou les leçons. Les juges accorderont une attention particulière aux questions posées par les débatteurs à leurs adversaires. Les questions ayant créé les paniques dans le camp adverse seraient de nature à donner plus de gloire à l'équipe initiatrice desdites questions. Dans le même ordre d'idées, l'habileté des débatteurs à répondre aux questions avec tact et stratégie est hautement prise en considération dans le processus d'évaluation du débat[360].

C- La qualité du style

Depuis l'antiquité, un débat réussi devrait se former autour du Logos, de l'éthos et du pathos. En reconnaissant dans cette grille d'évaluation des débatteurs l'urgence de respecter une structure claire, la nécessité de développer des arguments de qualité, le débat canadien reconnaît par la même occasion les valeurs du logos tel que voulu par les pères fondateurs de la rhétorique grecque et romaine. La grille d'évaluation des orateurs a tout aussi prévu des faveurs accordées aux orateurs lorsque les procédés liés à l'éthos et au pathos sont mis en valeur dans le débat. Il s'agit notamment de : la personnalité confiante et crédible de l'orateur, l'aisance et la fluidité de l'expression, la primauté d'un style solennel exempté d'anglicisme et de juron, la capacité à susciter des réactions émotives favorables à la persuasion, l'emploi des figures de style percutantes, le respect du décorum[361]. Toutefois, de mémoire d'orateur, j'ai des raisons de croire que ces mentions intéressantes accordées au style et notamment à l'éthos ainsi qu'au pathos relèveraient plus de la pétition de principe que tu constat empirique.

Le débat structuré de style parlementaire canadien, me semble-t-il, a encore du chemin à parcourir dans un monde dans lequel la rhétorique où la valeur d'un débatteur peut s'évaluer au-delà du logos. De mémoire d'orateur, on a vu des débatteurs gagner un débat sans la moindre référence aux artifices rhétoriques, sans avoir à faire référence aux procédés de séduction oratoire. On a vu des orateurs gagner une compétition sans mettre en évidence ni la mémoire oratoire, encore moins l'action oratoire qui conduit vers la victoire[362]. On a vu des orateurs rempoter des débats avec des phrases parfois parsemées de jurons, une structure sémantique et morphosyntaxique à tout le moins douteuse. J'ai vu de mes propres yeux, oui de mes yeux j'ai vu des discours ne suscitant aucune émotion, aucune passion, aucune sensibilité chez l'auditoire être inscrits en lettres d'or dans l'histoire du débat parlementaire. Amoureux de la rhétorique et de belles phrases, nous avons souvent eu affaire à des juges qui nous ont donné l'impression de ne comprendre ni le sens, ni la consistance, ni l'essence même de nos interventions. Il me souvient, lors du championnat d'un championnat national avec mon ami et coéquipier yrech, nous affrontions en lever des rideaux des orateurs de l'université de Colombie-Britannique (UBC). Dans les commentaires, les juges ont mentionné que notre niveau de rhétorique était d'un niveau très avancé comparé à nos adversaires, que cette situation était inéquitable et que pour cette raison, nous devrions perdre le débat, au grand dam des débatteurs de l'université de Colombie-Britannique qui, eux-mêmes surpris d'avoir gagné, ont tout de même fait preuve d'humilité en venant nous avouer leur surprise d'avoir remporté la ronde. Tourmenté par la situation et pris d'inquiétude sur le bien-fondé de nos pratiques oratoires, yrech et moi, après d'énormes réflexions, sommes parvenus à la conclusion certainement qu'il peut y avoir des jugements aux deux poids et deux mesures. Parce que nous voulions plus nous améliorer que forcement gagner, nous n'en avons pas créé de polémique. Ce fut un bel apprentissage…

Au-delà de ce cas isolé, nous avons pu voir plusieurs débats dans lesquels bien que le critère d'évaluation style, soit mentionné en noir et blanc dans la grille d'évaluation, les juges n'en font aucunement mention ni dans l'évaluation du débatteur, et encore moins dans les commentaires… Eh bien, même quand l'orateur fait un usage de procédés rhétoriques nécessaires à la persuasion tels les métaphores ou autres procédés, très facilement, autant son adversaire que les juges qualifient une telle manœuvre de sophisme. Et pourtant, le sophisme que nous avons traité plus haut correspond à d'autres critères. Dans ce contexte, on est tenté de conclure que le débat parlementaire structuré de style canadien se résume en une seule articulation : le logos et pour être précis, l'argument, contrairement aux vœux des grands maîtres de l'art oratoire et de la rhétorique qui, depuis l'an 46 avant Jésus-Christ jusqu'à nos jours, l'ont construite brique après brique en accordant à l'éthos et au pathos toutes leurs lettres de noblesse autant que le Logos. Le style ! Où se trouve-t-il donc dans l'évaluation concrète du débatteur en débat parlementaire structuré de style canadien ? Il n'existe simplement pas ! Bien que son ombre puisse paraître sur la fiche des résultats de la société universitaire canadienne de débat, censé l'appliquer aux fins d'évaluation intégrale des débatteurs.

Grandeurs et défis du débat structuré de style canadien

Le débat parlementaire canadien en filigrane, est un mode d'expression rhétorique, une culture oratoire avec une histoire propre, une coutume bien définie, une structure, des acteurs, mais aussi un jeu et des enjeux. C'est incontestablement l'un des meilleurs systèmes qui permettent de se former à l'art de l'argumentation, à la dialectique et même à la rhétorique. De nos interactions avec le débat parlementaire canadien, nous pouvons nous permettre d'affirmer qu'au-delà de former l'orateur, il forme le débatteur, mais aussi, et surtout le citoyen engagé de demain soucieux du bien-être de sa communauté et du monde dans lequel il pratique sont art : le débat. Le débat parlementaire canadien a le mérite d'initier l'orateur à la réflexion, une réflexion rapide et efficace. C'est un système dans lequel la primauté est accordée au fond du discours. Que serait en réalité un discours dépourvu de fond ? Du pur verbiage stérile, une masturbation intellectuelle sans tenants ni aboutissants. L'orateur s'entraîne à reconnaître à travers ses pratiques quotidiennes les qualités d'un meilleur argument sans lesquelles son discours serait superfétatoire et à la limite, aérien. Par la même occasion, il acquiert d'excellentes habiletés de recherche qui aident à trouver les meilleurs arguments pour une cause donnée. La structure du débat canadien nous semble être le meilleur outil moderne de la disposition des arguments qui puisse exister. Une chose est de trouver les arguments et autre chose de les organiser, les disposer afin d'en tirer le meilleur pour la cause qui nous tient à cœur. Le débatteur ici est un penseur qui fait un usage magistral du raisonnement par hypothèse, par induction, par abduction et par syllogisme. Le débatteur ici est un chercheur qui maîtrise les techniques des lieux propres et lieux communs développées par Cicéron dans *De Inventione*[363]. L'orateur canadien est aussi un fin stratège maîtrisant la disposition argumentaire, il sait sans se fâcher poser les questions qui fâchent, mais sait aussi y apporter des réponses de manière joviale, décontractée et froide lorsque les circonstances l'imposent. Le débat de style canadien se pose en laboratoire de la démocratie, du vivre ensemble et de l'engagement citoyen. Les orateurs se sentent investis d'une mission sociale visant à promouvoir la liberté d'expression, l'unité dans la différence ainsi que les valeurs du multiculturalisme qui caractérise toute société distinguée menant vers un idéal de justice. Comme mentionné plus haut, les défis du débat de style canadien sont multiples : prendre davantage en considération l'éthos et le pathos comme des critères à part entière et non entièrement à part de l'art oratoire - la tendance pour le juge ici étant de considérer ces aspects comme accessoires à l'art oratoire ; pourtant, ils visent le même objectif que le Logos : persuader et convaincre. Par son bilinguisme français et anglais, on retrouve des débatteurs francophones, mais qui en réalité, ont une culture anglophone, et des débatteurs anglophones de culture francophone. La tendance pour un juge de culture anglophone est d'appliquer une méthode d'évaluation qui ne prenne pas en considération les spécificités de la langue française, à un débatteur très francophone et réciproquement. Aussi, pour les juges, un réel problème de formation s'impose. Certains exercent même des métiers de la parole, mais en réalité ne semblent pas être assez sensibilisés au sujet de la littérature oratoire et ses applications. Le problème de l'impartialité des juges a souvent été soulevé par des débatteurs qui estimaient : « faire face à un groupe d'amis qui débattent tous ensemble de sujets sur lesquels ils sont tous d'accord. » C'est pourquoi la professionnalisation du débat nous semble être une avenue possible, qui permettrait à la rhétorique d'intégrer l'enseignement traditionnel et ainsi faire l'objet d'une discipline reconnue par le monde universitaire et professionnel. Ainsi, seulement, pourrions-nous avoir des débatteurs un peu plus offensifs à l'occasion de grandes messes mondiales de l'art oratoire et du débat. C'est seulement ainsi que des leaders incarnant la révolution positive des sociétés naîtront lentement, mais sûrement et de manière durable au grand bonheur de l'humanité. Ainsi, seulement, pourrions-nous avoir des débatteurs habiles à persuader tout type d'auditoire, toute catégorie de jurys qu'ils fussent asiatiques, européens ou français.

CHAPITRE IX : LE DÉBAT PARLEMENTAIRE DE STYLE FRANÇAIS.

Crédit photo : FFD[364]

Dans la solennité du cérémonial de cette joute finale, le débat avait pris une nouvelle tournure. Les arguments préparés avaient besoin de béquilles. Aussi un orateur avait trouvé utile d'affronter ses contradicteurs sans notes. Une technique qui est certes exigente en terme de mémoire et d'action fut utile devant ce public enflammé et ce jury prestigieux attentionné. La sorbonne est définitivement le sanctuaire des orateurs révolutionnaires.

Sous le régime monarchique, le roi de France était tout-puissant. Omniprésent et omnipotent, le pouvoir était concentré sur sa personne à une époque ou l'héroïsation, la sanctification et même la divinisation du pouvoir royal furent le principe. Parce qu'après la nuit se lève le jour, le siècle des Lumières et ses idéaux démocratiques n'a pas hésité à critiquer l'absolutisme royal à une époque ou le Roi avait constitué un îlot de bonheur réservé au clergé et à la noblesse, opposés à l'océan de misère dans lequel somnolait le peuple de France. Dans cet élan révolutionnaire, Diderot n'a pas hésité à affirmer qu' : « aucun homme n'a reçu le la nature le droit de commander aux autres. La liberté est un présent du ciel et chaque individu de la même espèce a le droit d'en jouir aussitôt qu'il jouit de la raison »[365]. Le siècle des Lumières sonne le glas d'un absolutisme de droit divin qui débouche sur la Révolution française de juillet 1789 et l'instauration d'une assemblée nationale sur laquelle repose pour l'avenir, le régime politique, mais surtout le débat parlementaire qui fonde ainsi la démocratie. La rhétorique française renaît aussi de ses cendres après plusieurs siècles d'absolutisme. Elle connaît à cette époque un âge d'or. Des orateurs illustres l'incarnent, des parlementaires n'hésitent pas à faire de la rhétorique et du débat parlementaire un instrument de révolution. Depuis cette époque, le débat parlementaire de style français constitue l'un des meilleurs exercices qui participent à la formation des orateurs. Des sociétés d'orateurs telles Lysias, la Fédération francophone de Débat, la Fédération française de Débat et d'Éloquence, débattre en Sorbonne, vont perpétuer cette culture oratoire à travers divers chocs, concours de débat et de plaidoirie, afin de transmettre cet élan révolutionnaire du siècle des Lumières, cet amour de la parole aux générations montantes soucieuses de faire bouger les lignes dans divers aspects de la vie quotidienne, au travers de l'usage stratégico méthodique de la magie verbale. C'est ce style parlementaire structuré à la française que nous avons côtoyée lorsque nous avons débattu à Science Po. Paris, en marge des championnats du monde de Débat. C'est le même style que nous avons découvert aussi bien dans les amphis de l'université Assas que ceux de la Sorbonne, ou encore sur les Dorures du Quai d'Orsay. Comme le débat parlementaire de style canadien, le débat parlementaire de style français a une histoire, une coutume, des rites, une tradition qui font sa spécificité, sa singularité. Comme le débat canadien, il est ponctué de diverses questions lors de son déroulement[366]. À la différence du débat canadien, il y a des particularités qui font de ce modèle, un atypique dont l'exploration devient nécessaire afin de comprendre divers autres secrets de la rhétorique que le style canadien ne nous explique pas forcément.

Dès lors, quels sont les acteurs du débat parlementaire de style français ? Quels en sont les enjeux ?   Nous nous efforcerons de répondre à ces questions sous le fondement de nos acquis expérientiels et de documents disponibles traitant du sujet. Ainsi seulement, pourrions-nous mieux évaluer ses forces, mais également les challenges auxquels l'orateur d'un tel système pourrait faire face dans un monde davantage marqué par la mondialisation et les réalités du multiculturalisme qui recommandent des orateurs à la hauteur des changements ainsi imposés. Il serait donc judicieux d'analyser d'une part les acteurs d'un tel modèle oratoire (I) et d'autre part ses enjeux (II), afin de pouvoir mieux déterminer ses grandeurs et misères, comparées aux autres systèmes mis en surbrillance.

I- Les acteurs du Débat parlementaire français.

Le débat parlementaire en France semble se confondre avec les grandes tendances révoltantes et révolutionnaires françaises du XVIIIᵉ siècle. Alors que nous étions à la Sorbonne, nous avons constaté que plusieurs sociétés d'orateurs avaient des noms qui rappellent les idéaux de justice, d'équité et de démocratie impulsés par la Révolution française d'où le nom : « Révolte-toi ! »[367] Une analyse profonde nous a permis de comprendre que c'est conformément à une tradition hautement révolutionnaire impulsée par le siècle des Lumières que s'inscrit le débat parlementaire en France. Un débat qui, comme les autres systèmes, a une histoire, une coutume, un contexte, un prétexte, un texte, une ossature, une structure, mais aussi et surtout, des acteurs qui l'incarnent. Le débat à la française est atypique, car il s'inscrit dans l'histoire lointaine et récente du pays.

C'est le débat qui a suscité les grands changements juridiques, institutionnels, et sociaux que connaît la France et nombre de nations occidentales, africaines, sud-américaines et même asiatiques[368]. C'est pourquoi le débat ici est un aspect de la culture, et les orateurs des vedettes, qui font de l'art oratoire pas seulement un art du mot ou de la parole, mais un vecteur, un incitateur de changement social. Un tour à l'amphithéâtre Louis Liard[369] de la Sorbonne ou encore au Palais de justice de Paris — qui abrite chaque année depuis 300 ans le concours de la conférence du stage — nous permet de comprendre sans trop de peine comment en France, l'éloquence est sacrée, l'art de la parole valorisée, la technique de débat encensée. C'est sans doute ce qui justifie l'intérêt grandissant et à la limite galopant du public parisien et français pour le débat et l'éloquence. Les amphis sont généralement bondés de monde. C'est un public enflammé qui, comme cet admirateur de sport qui vient dans un aréna supporter son équipe, ils sont là amoureux du verbe, mordu de débats et d'éloquences prêtes à donner au débat son côté spectaculaire. Le public ici est un réel acteur qui intervient, soit par des applaudissements pour approuver l'argument de fond ou les constructions rhétoriques qu'utilise l'orateur, soit par des rires ou murmures traduisant ses sentiments les plus profonds face à une situation particulière qui se pose dans le débat. Des nids d'oiseaux ayant fait leur plein d'œufs, les agoras sont pleines à craquer de spectateurs suspendus aux lèvres du maître des cérémonies qui préside les débats. Le maître des cérémonies dans le contexte du débat en style français est un orateur doté d'un charisme exceptionnel qui fait office d'imprésario pendant la joute verbale. Il est aussi maître du temps, donne et retire la parole aux orateurs, chronomètre le temps de chacun d'eux. Mais avant, il a la responsabilité de mettre le public en confiance en l'animant par divers procédés rhétoriques ; il ou elle a la responsabilité d'introduire les membres du jury dans la salle. Une fois le jury introduit, le maître des cérémonies procède à la présentation des débatteurs qui croiseront le choc des idées. Il lui incombe aussi en plus de maintenir l'ordre général pendant le débat, de distribuer la parole tour à tour aux débatteurs quand leur temps de parole arrive. C'est un acteur majeur qui apporte au débat un aspect cérémonieux, harmonieux et hautement protocolaire.

Aussitôt introduit par le maître des cérémonies, le jury entre en jeu. Généralement constitué de six à sept éminentes personnalités du monde de la parole (avocats, professeurs de droit, juges, journalistes, politiciens, ministres, activistes, orateurs de haute renommée), le jury est un acteur incontournable du débat parlementaire et de la rhétorique française. Il détermine, de son pouvoir discrétionnaire et de sa sagesse irréprochable, quel orateur, quelle équipe aura su faire un usage judicieux du logos, de l'éthos, du pathos, de l'action oratoire et même de la mémoire afin de mieux convaincre, mieux persuader l'auditoire. Suite au débat, sur invitation du maître des cérémonies, le jury devra se retirer aux fins de délibération. Revenu sur la scène, ses membres feront des commentaires et le président ou la présidente prononcera le verdict final. On ne saurait ignorer dans cette mouvance les journalistes et photographes qui, dans l'effort d'immortaliser l'événement, font jaillir momentanément comme des éclairs lumineux, les zooms in et zooms out de leurs appareils photo et caméras. Le décor ainsi pointé, la foule, le jury, et les médias n'attendent que le mot d'ordre du maître des cérémonies qui devra déclencher les hostilités en invitant le premier ministre à monter au perchoir pour son discours introductif. On est à ce moment précis au cœur du débat parlementaire qui se matérialise par des orateurs-acteurs montant au perchoir pour défendre avec opiniâtreté leurs opinions, convictions, dans un style paré d'éloquence et parfois d'une chatoyante grandiloquence et ce, au grand plaisir du public enchanté, mais surtout, sous l'observation gendarme et calme du jury. Les débatteurs constituent nous semble-t-il, les acteurs qui donnent au débat tout son sens, toute sa consistance, son entière valeur et, bien entendu, ses saveurs les plus délicates. Nous nous attarderons donc particulièrement sur ces acteurs spécifiques regroupés en gouvernement (A) et opposition (B), afin de pouvoir établir en fin de compte la structure du débat parlementaire de style français ; et voir plus loin comment ils pourraient contribuer à former des orateurs d'un type nouveau, appelés à jouer les premiers rôles dans les batailles qui interpellent le monde de demain.

A- Le gouvernement.

Le gouvernement est un acteur clé du débat structuré à la française. La motion ici est en principe annoncée aux débatteurs à une heure du débat, contrairement au style canadien où, dans un passé lointain, le gouvernement préparait la motion et l'opposition ayant l'obligation de l'attaquer à coup de canon. Aussitôt que la motion est annoncée, un tirage au sort permet de définir quelle équipe constituera l'opposition et laquelle formera le gouvernement.

Le gouvernement dans le débat français a un rôle crucial qui consiste, au-delà d'expliquer et de démontrer en quoi et pour quoi la motion est préférable au statu quo, prouver que l'opposition se trompe. Autrement dit, il s'agit de montrer que le fait de ne pas adopter la motion serait une erreur qui entacherait durablement l'avenir de la société, voire de l'humanité. Le gouvernement se caractérise par une solidarité certaine entre ses orateurs qui seront appelés à soutenir, bien que par des arguments légèrement différents, mais complémentaires, une même option, une même position. Le premier ministre dans son discours introductif plante le décor, présente la thèse générale du gouvernement tout en se focalisant sur un argument qu'il se donne le plaisir de développer. Le premier député devra réfuter le discours du chef de l'opposition tout en proposant et développant un nouvel argument. Le deuxième député du gouvernement critiquera le premier député de l'opposition avant de proposer son alternative. Enfin, le secrétaire général, en plus de réfuter l'argument du deuxième député de l'opposition, mettra plutôt l'emphase sur les thèmes qui ressortent du débat afin de prouver comment le gouvernement s'est positivement démarqué pendant la gymnastique oratoire. Il devient donc nécessaire d'analyser le gouvernement dans sa composition, notamment ses débatteurs, leurs rôles et défis tel que prévu dans la structure du débat. De bout en bout, nous passerons en revue : le premier ministre (a), le premier député (b), le second député (c), et le secrétaire général du gouvernement (d).

a- Le premier ministre.

Le premier ministre est un personnage essentiel du débat parlementaire. Il est le leader du gouvernement et le tout premier orateur du débat qui porte avec lui la motion objet du débat. Il dispose de 04 précieuses minutes pour introduire la motion, susciter l'attention de l'auditoire tout en gagnant sa bienveillance. Les premiers moments de son discours sont « comme le prologue dans la poésie et chez le flûtiste le prélude »[370]. Avant tout débat, le premier ministre devra briser le silence, créer un rapport de sympathie qui incite l'auditoire pour qu'elle se sente identifiée et parfois sans le savoir au premier ministre. Si la motion permet de procéder à une narration brève des faits, le premier ministre devra procéder de manière on ne peut plus claire et vraisemblable[371]. Les formalités d'usage achevées, le premier ministre présentera la thèse générale du gouvernement, nommera les arguments qui soutiendront cette thèse, leur ordre de présentation et les députés qui auront la responsabilité de le faire aux différents moments du débat. Ce plan de match ainsi dévoilé, le premier ministre s'autosaisit d'un argument du gouvernement qu'il traite en profondeur. L'argumentation constitue l'un des points fondamentaux de l'oraison, point dans lequel le premier ministre explique les tenants et aboutissants de l'argumentaire, soit par syllogisme, induction, hypothèse ou abduction, puis recourt à des autorités et exemples pour illustrer sa pensée afin finalement de conclure l'argument en lien avec la motion. On ne saurait ignorer le rôle des questions dans cette phase du débat, soit sur des questions de principe, des définitions, ou des questions de fond traitées par le premier ministre. En style français, l'argument à lui seul ne semble pas suffisant ; le public suspendu aux lèvres de l'orateur s'attend à de belles constructions sémantiques, stylistiques, mais aussi aux intonations de la voix, l'exercice de la mémoire, l'action oratoire, qui donnent au débat toute sa splendeur, tout son style. De son bord, le premier ministre devra savoir manager et gérer les réactions du public souvent enflammé, surtout quand l'orateur se pose en séducteur, suscitant chez l'auditoire des passions ! Le premier ministre ici n'a qu'une seule intervention, contrairement au style parlementaire canadien dans lequel il est l'alpha et l'oméga du débat. Le rôle de premier ministre dans ce format peut parfois être délicat, dans la mesure où il a une grande responsabilité : l'issue du débat dépendra en grande partie de sa prestation. C'est pourquoi l'orateur qui l'incarne devra inspirer confiance et faire preuve de charisme.

b- Le premier député du gouvernement.

Au sortir du discours du premier ministre, suivi de la réplique du chef de l'opposition, le premier député du gouvernement entre en scène avec une mission particulière : il devra recentrer un débat dérouté par le chef de l'opposition, qui aura démontré en quoi le statu quo est largement préférable à la motion proposée par son premier ministre. Dans le même esprit, le premier député, avant de progresser dans la démonstration de la thèse du gouvernement, procédera à la réfutation de L'argument qu'aura construit le chef de l'opposition, en exposant son manque de fondement. Il pourrait s'inspirer de la démarche aristotélicienne qui consiste, dans un « élan réfutatoire », à démontrer : « soit que le fait n'existe pas, soit que l'ampleur du dommage n'est pas comme on le prétend… »[372]. La réfutation devra être claire, le député devra exactement relever dans l'argument réfuté les incohérences, les insuffisances qui nuisent à un tel argument. En réfutant l'argumentation du chef de l'opposition, le premier député prépare par la même occasion le jury et le public à la déclinaison de son argument qui, comme ce phare en pleine nuit, apportera au débat de la luminosité dont il a plus que jamais besoin. Le premier député démontrera donc méthodiquement comment son argument s'inscrit dans la perspective de la motion, comment cet argument apporte un plus au débat en faisant appel aux procédés logiques et rhétoriques précédemment analysés. On ne saurait perdre de vue que ce membre du gouvernement dispose de 5 minutes pour finaliser son intervention. Le maître de cérémonie lui accorde du temps protégé[373] du début et à la fin du discours, respectivement pour introduire et conclure son propos. Le député certainement fera face comme à l'accoutumée, aux questions féroces de ses contradicteurs, parfois pour soulever des exceptions ou simplement grignoter quelques minutes de son précieux temps. Ce sera à lui de savoir gérer son temps, ce sera à lui de savoir quand prendre une question, ce sera à lui de savoir appréhender les éléments perturbateurs ou déstabilisateurs venant de ses adversaires. Contrairement à son collègue canadien, il dispose de moins de temps, mais cela semble se justifier par sa mission qui n'est pas autant lourde : recentrer le débat, réfuter le chef de l'opposition, présenter son argument et conclure le débat. Ce temps nous semble suffisant afin de permettre à l'orateur de mettre de l'avant diverses manœuvres rhétoriques tout aussi prisées et appréciées que l'argument ou encore l'action.

c- Le deuxième député du gouvernement :

Planche 10 : la question en débat Français

Il est de coutume ici de formuler des questions pour essayer de distraire ou déstabiliser un débatteur percutant. Comme cette scène réelle ou le deuxième député de l'opposition fait naître, la panique au gouvernement qui a son tour essaye de l'accabler de questions. (Cette image reflète une scène réelle).

Le premier ministre ayant introduit le débat, le chef de l'opposition l'ayant contredit tout en présentant une alternative différente, le premier député du gouvernement ayant recentré le débat, réfuté le chef de l'opposition et présenté le second argument du gouvernement, le premier député de l'opposition ayant réfuté le premier député du gouvernement tout en présentant un argument qui soutien la thèse de l'opposition, c'est le temps pour le gouvernement d'infiltrer des éléments nouveaux dans le débat. Le deuxième député arrive sur scène pour rétablir l'ordre et faire pencher la balance du côté du gouvernement. Comme le premier député si nécessaire, il devra recentrer le débat, procéder à la réfutation des arguments avancés par le premier député de l'opposition, apporter un nouvel argument qui justifie davantage pourquoi le gouvernement a raison dans le débat. Dans les cinq minutes dont il dispose, le deuxième député prendra aussi aux questions éventuelles de l'équipe adverse. Il devra savoir gérer les réactions et humeurs du public susceptibles d'influencer le déroulé de la joute. Il peut s'avérer délicat d'incarner le rôle de deuxième député lors d'un débat. En réalité, ce dernier arrive souvent tard, comme cet oiseau de minerve ne prenant son envol qu'à la tombée de la nuit. Il arrive souvent quand les points stratégiques du débat ont déjà été abordés. C'est pourquoi il nous semble judicieux qu'au-delà de l'argument, il soit un excellent rhéteur qui impressionnera l'auditoire avec ses figures de style, son vocabulaire proverbial et imagé. Mais aussi, un bon acteur qui saura incarner comme au théâtre ou au cinéma, le rôle à lui confié par la structure de débat.

d- Le secrétaire général du gouvernement :

Le secrétaire général du gouvernement est un acteur indispensable pour l'issue du débat. Il n'intervient qu'après le débat et principalement, doit faire écroulé l'argumentaire du deuxième député de l'opposition afin de donner de la valeur à la thèse du gouvernement par son dernier discours, qui constitue la dernière impression que le gouvernement laissera aux juges et à l'auditoire. Toutefois, avant de cristalliser le débat, le secrétaire général est tenu de conclure la thèse du gouvernement en revenant sur divers arguments développés qui restent pertinents parce que l'opposition n'aura pas pu les faire écrouler, les faire démanteler. Il ne devra pas apporter de nouveaux arguments, mais peut revenir sur divers arguments de son équipe afin de procéder, dans la mesure du possible, à une reconstruction claire et brève. La conclusion terminée, le secrétaire général fait à ce stade de la démonstration une étude thématique du débat, autrement dit, un débat sur le débat dans lequel il montre objectivement et par des manœuvres rhétoriques comment l'opposition n'a pas pu créer le doute dans l'esprit du public. Il montre comment malgré tout, la position portée par le gouvernement reste la meilleure et se doit d'être adoptée pour le bonheur de tous. Il montre enfin comment un statu quo dans les circonstances serait hautement dangereux pour l'avenir et que dans les circonstances, il va de soi qu'on n'a pas de choix que de donner raison au gouvernement qui propose une motion d'utilité publique. Pendant les quatre minutes que dure son discours, le secrétaire général aura certainement à répondre à une ou plusieurs questions. Cependant, il devra faire preuve de vigilance, car son discours est la dernière carte de son équipe, son joker, aussi il devra atteindre ses buts : réfuter, conclure, cristalliser et éventuellement répondre à des questions.

Comparé au style canadien, le discours du secrétaire du gouvernement se ressemble à s'y méprendre au dernier discours du premier ministre dans lequel il cristallise le débat, à la seule différence qu'ici, le gouvernement n'a pas la responsabilité historique de clore le débat, à la seule différence qu'ici, le premier ministre n'a qu'un seul discours : le discours introductif et non le discours final. On serait dans ce cas tenté de conclure que le secrétaire serait la seconde personnalité du gouvernement, car disposant parfois de privilèges et honneurs que n'ont pas forcément les autres députés. C'est en définitive un maillon essentiel de la cause portée par le gouvernement, qui déterminera certainement, tout comme le premier ministre, le ton et l'issue de l'oraison, avant que l'opposition ne puisse revenir à la charge.

B- L'opposition.

Comme son nom l'indique, l'opposition ou l'équipe de l'opposition est celle qui se pose en s'opposant au gouvernement. Elle fait office de contradicteur dans le cadre du débat parlementaire. C'est donc l'opposition qui favorise la contradiction en donnant un sens au terme débat. L'opposition, comme le gouvernement, reçoit la motion à 1 heure du débat et a pour mission de préparer des arguments contre ainsi que les réfutations qui briseront l'architecture argumentaire du gouvernement, semant de ce fait un doute raisonnable dans l'esprit du jury, lequel doute serait de nature à faire tourner la balance en faveur de l'opposition. Comme le gouvernement, l'opposition est constituée de quatre orateurs qui se succèdent au perchoir pour la thèse de l'opposition : le chef de l'opposition (a), le premier député de l'opposition (b), le second député de l'opposition (c) et finalement le secrétaire général (d). Il conviendrait de voir en détail les attributions de chaque orateur dans les stratégies défensives et offensives de l'opposition, face au gouvernement.

a- Le chef de l'opposition.

Dès que le premier ministre achève son discours, le chef de l'opposition est la per sonne habilitée à prendre la parole. Le maître des cérémonies l'ayant formellement passé la parole, le chef de l'opposition qui incarne la contradiction devra procéder à l'exorde. L'exorde, tel que Cicéron l'a conçu, consiste à capter l'attention de l'auditoire, en attirant sa bienveillance, de façon à ce qu'il puisse s'identifier, même sans le savoir parfois, à l'orateur. Le chef de l'opposition présentera la thèse générale de l'opposition, puis apportera la critique nécessaire à l'argument développé par le premier ministre, pour attirer l'attention de l'auditoire sur le fait que cet argument manquerait de fondement logique. L'argument du premier ministre ayant perdu sa capacité de nuire du fait de la réfutation, le chef de l'opposition revient à ce qu'il pense être vrai dans le débat, en présentant son argument d'une part ; d'autre part, il déclinera la suite des arguments en nommant les députés de l'opposition qui s'en chargeront, dans le but de faire triompher la vérité ; une vérité assombrie par la sortie du premier ministre qui n'aurait pas aidé la chambre en faisant preuve de clairvoyance. C'est dans cet élan révolutionnaire que le chef mettra un terme à son intervention. Comme tout orateur de ce style, le chef de l'opposition aura à subir la pression du public parfois enchanté, parfois désenchanté. Le chef de l'opposition aura à répondre aux questions de ses adversaires qui parfois, sont virulentes et déstabilisantes. Agir comme chef de l'opposition nécessite que l'orateur fasse prévaloir son charisme, ses aptitudes de leadership sans lesquels il pourrait faire l'objet d'intimidation. Il est enfin attendu du chef de l'opposition une prestance, un style, une rhétorique dignes des orateurs distingués, pendant les 4 minutes à lui allouées par la structure du débat.

b- Le premier député de l'opposition.

Le premier ministre aura fait son discours, le chef de l'opposition l'aura contredit. Le premier député du gouvernement vient de quitter le perchoir suite à une démonstration qui remet en selle la position du gouvernant qui, d'un coup de baguette magique, renaît de ses cendres. Le premier député de l'opposition, après avoir capté l'attention de son auditoire, devra dans une rhétorique hautement contestataire réfuter dans ses contours et détours l'argument du premier député du gouvernement. Il montrera de manière froide comment cet argument aurait un support objectif limité ou absolument pas de support logique. Après avoir évacué un argument qui ferait ombrage aux rayons lumineux que projette l'opposition dans le débat, le premier député procédera à la présentation de son argument, tel que libellé et annoncé par le chef de l'opposition dans son propos liminaire. La présentation d'un tel argument pourrait reposer autant sur des procédés logiques tels le syllogisme, l'induction, l'abduction, l'hypothèse, et divers artifices rhétoriques qui, au-delà de séduire le jury, suscitera la fibre émotionnelle qui sommeillerait en eux. Pendant les 5 minutes dont il dispose pour son discours, le premier député de l'opposition comme tout orateur est tenu de répondre aux questions de ses adversaires. Il devra toutefois savoir arrimer la réponse aux questions au temps dont il dispose. En effet, une attention un peu trop grande accordée à une question donnerait l'impression que la question aurait embarrassé l'orateur, qu'elle serait pertinente et de nature à déterminer l'issue du débat. C'est pourquoi, il est suggéré de répondre aussi brièvement qu'efficacement possible. Le premier député de l'opposition devra enfin conclure en réaffirmant la position centrale de l'opposition.

c- Le deuxième député de l'opposition.

Le deuxième député de l'opposition intervient après le deuxième député du gouvernement. Concrètement, il sera question pour lui de recentrer le débat en le ramenant vers les vœux de l'opposition. Cette opération permet au second député de contester l'argument du second député du gouvernement et, par la suite, apporter un nouvel argument afin de pouvoir conclure une fois de plus en réaffirmant la position incarnée par le chef de l'opposition depuis l'aurore du débat. Comme le second député du gouvernement, le second député de l'opposition arrive parfois tard dans le débat : soit quand les questions fondamentales ont déjà été abordées, soit quand le débat prend une autre tournure qui nécessite d'insister sur la réfutation, l'action oratoire ou des procédés purement et simplement rhétoriques qui font monter les passions en faveur de l'orateur et son équipe. C'est un rôle qui peut s'avérer délicat en ce sens qu'il nécessite un talent d'improvisation d'exception, mais surtout, de l'imagination. J'ai eu l'opportunité d'incarner ce rôle de second député lors de la finale des championnats du monde de débat à l'amphi de gestion de la Sorbonne qui, pour la circonstance, avait fait son plein d'œufs dans un débat qui nous imposait de défendre l'importance de la langue française en France, comme second député, j'avais jugé judicieux du fait de la tendance que prenait le débat, d'insister sur la réfutation du second député du gouvernement. En dernière analyse et vu la tournure des débats, il devenait nécessaire pour moi de débattre sans support papier afin d'avoir plus de moments de grâce permettant de faire monter les passions à travers le pathos, dans un débat qui semblait évoluer en dehors de cette dimension tout aussi pertinente. Comme on peut le voir, il est vivement souhaité que le second député de l'opposition, comme celui du gouvernement, sache lire le débat, voir ses tendances, ses tournures pour savoir comment s'actualiser en se positionnant. Le risque du second député est parfois d'intervenir avec une tonalité, un argument ou une réfutation qui ne correspondent plus trop à la trajectoire du débat. Comme un stratège, il agira. Comme un acteur, il se comportera. Comme un poète, il disposera son discours. Comme un chercheur, il avancera la réfutation et l'argument les plus adaptés aux circonstances du débat. D'où l'urgence de continuer à dialoguer pendant le débat, fut-il par des signes, avec le chef de l'opposition et les autres députés. Pendant les 5 minutes dont il dispose, le second député répondra à une ou deux questions de l'adversaire, mais n'oubliera pas de conclure en réaffirmant la thèse de l'opposition.

d— Le secrétaire de l'opposition.

Le secrétaire de l'opposition a le privilège d'être le dernier orateur du débat. Il a l'occasion de revenir sur la thèse de l'opposition, de faire le tour des arguments avancés par ses collègues et de montrer au jury, méthodiquement, comment en dépit des réfutations du gouvernement lesdits arguments n'ont pas perdu de leur pesant d'or. Il reviendra sur les arguments du gouvernement et prouvera comment ces arguments ont plus que jamais besoin d'oxygène pour survivre, montrera comment pendant le débat, le gouvernement a traité la motion de manière partielle, partiale et même parcellaire. Cette première démarche qui consiste avant tout à crucifier le gouvernement tout en réhabilitant l'opposition ouvre sur la seconde et dernière articulation du secrétaire de l'opposition : la cristallisation. Comme le secrétaire du gouvernement, le secrétaire de l'opposition devra pendant ses quatre minutes recenser les thèmes qui ont émergé lors des hostilités. Il montrera comment c'est une erreur pour la chambre de donner raison au gouvernement en adoptant sa motion qui causerait un coup fatal au développement. En revanche, par divers artifices rhétoriques, il démontrera comment la vérité se trouve du côté de l'opposition. Et ce sera aux juges, du haut de leur intelligence et sagesse, de bien vouloir la faire triompher au grand bonheur de la société tout entière.

Résumé : structure du débat parlementaire de style français

Premier ministre (4 minutes)

Rôle :

1— Introduire la motion, définir la motion et imposer la dynamique du débat

2— Annoncer les arguments du gouvernement et les membres de l'équipe

3 — développer le premier argument du gouvernement

Argument 1 du gouvernement

4— Conclure son discours

Le chef de l'opposition (4 minutes)

Rôles

1— Introduire la position de l'opposition, contester les définitions de la motion, recentrer le débat

2— réfuter l'argument du premier ministre

3— développer le premier argument de l'opposition

4— annoncer la suite des arguments de l'opposition et les membres de l'équipe responsables

5— conclure son discours

Le Premier député du gouvernement (5 minutes)

Rôle :

1— Recentrer le débat

2— réfuter l'argument du chef de l'opposition

3— développer le second argument du gouvernement

4— reconstruire et réaffirmer l'argument du premier ministre

5— conclure son discours

Le Premier député de l'opposition (5 minutes)

Rôle :

1— Recentrer le débat

2— réfuter l'argument du premier député du gouvernement

3— développer le second argument de l'opposition

4— réaffirmer et reconstruire l'argument du chef de l'opposition

5— conclure son discours

Le second député du gouvernement (5 minutes)

Rôle :

1— Recentrer le débat

2— réfuter l'argument du premier député de l'opposition

3— développer le troisième argument du gouvernement

4— reconstruire et réaffirmer l'argument du premier député du gouvernement

5— conclure son discours

Le second député de l'opposition

Rôle :

1— Recentrer le débat

2— réfuter l'argument du second député du gouvernement

3— développer le troisième argument de l'opposition

4— réaffirmer et reconstruire l'argument du premier député de l'opposition

5— conclure son discours

Le secrétaire du gouvernement (4 minutes)

Rôle :

1— Récapitule les arguments du gouvernement et les reconstruit

Argument 1............................Reconstruction 1

Argument 2............................Reconstruction 2

Argument 3............................reconstruction 3

2— récapitule les arguments de l'opposition et les réfute

Argument opposition1....................Réfutation1

Argument opposition 2....................Réfutation2

Argument opposition 3....................Réfutation 3

3— cristallise le débat

Soupeser les thèmes qui ressortent du débat, démontrer pourquoi l'opposition se trompe et surtout en quoi la motion est préférable au statu quo et devrait déboucher sur la victoire du gouvernement.

Le secrétaire de l'opposition (4 minutes)

Rôle :

1— Récapituler les arguments du gouvernement et les contester

Argument gouvernement 1........................Réfutation 1

Argument gouvernement 2........................Réfutation 2

Arguments gouvernement 3…....….....…......Réfutation 3

2— récapituler les arguments de l'opposition est les reconstruire

Argument opposition 1..........................Reconstruction1

Argument opposition 2........................Reconstruction 2

Argument opposition 3........................Reconstruction 3

3 — Cristallise le débat

soupeser les thèmes qui ressortent du débat, démontrer ensuite pourquoi le gouvernement fait une erreur en proposant une telle motion, insister si nécessaire sur la faiblesse de ses arguments afin de semer le doute ; enfin, démontrer pourquoi le statu quo est préférable à la motion qui ne serait pas d'utilité publique. Une situation qui débouche probablement sur la victoire de l'opposition.

Crédit photo : FFD[374]

les acteurs du débat parlementaire francais. Le gouvernement et l'opposition composés respectivement du premier ministre, le premier député, le second député et le secrétaire du gouvernement d'une part. D'autres part, le chef de l'opposition, le premier député de l'opposition, le second député et le secrétaire de l'opposition. Les deux équipes s'affrontent au conseil constitutionnel en marge de la finale du championnat du monde de débat.

I- Les enjeux du débat parlementaire français.

Le débat parlementaire à la française est définitivement un moment magique et unique qui permet à l'auditoire, au jury et aux orateurs de savourer ensemble le parfum des mots sous le prétexte du débat qui lui, se focalise sur des questions existentielles touchant au quotidien des citoyens, au vécu réel des communautés et indirectement de l'humanité. Les passions qu'il suscite, ses émotions vibrantes, ses ambiances atypiques sont de nature à demander au temps de pouvoir suspendre son vol, aux heures précises, de suspendre leur cours afin de permettre qu'on puisse savourer les rapides délices des plus beaux de ses jours[375]. Le débat apparaît en effet comme un jeu aux allures d'un sport de combat[376], un sport sanguinaire[377] mettant en présence des acteurs qui, cependant, ont pour seule arme les mots, le parfum des mots et la rhétorique révolutionnaire qui en ressort. Loin d'être un jeu, le débat parlementaire français a de multiples enjeux qui influencent leur déroulé et le jugement des juges. Il va de soi que tout débat qui n'aurait pas de fondement architectural et structurel n'aurait pas de sens. La méthode que suggère la rhétorique impose que l'orateur se conforme à une certaine façon de raisonner, une certaine nomenclature établissant sa conduite lors de l'oraison.

Le respect de la structure du débat est sans aucun doute l'un des enjeux élémentaires du débat parlementaire. La structure apporte au débat un peu plus de lumière, de clarté, de lisibilité qui permettent aux jurys et auditeurs de pouvoir mieux analyser afin de comprendre dans les détails chaque orateur. le respect de la structure est un principe oratoire, une règle du jeu qui s'impose aux orateurs, du moins, ceux qui s'expriment de manière distinguée. Que serait un débat qui ne vise pas principalement à convaincre son auditoire ? Le débat parlementaire français est un exercice par excellence de l'argumentation qui, sous l'application de multiples procédés logiques, permet à un jury d'évaluer lequel des orateurs, laquelle des équipes aura pu faire prévaloir logiquement et en toute objectivité la force de ses arguments ainsi que le poids des idées qui les portent. C'est un exercice qui pourrait susciter un changement d'opinion ayant un impact dans l'implémentation des politiques publiques ou actions communautaires. Il s'inspire d'ailleurs des traditionnels débats de députés à l'Assemblée nationale, dans l'optique d'adopter les lois devant présider aux destinées de la société française. Comme on le sait, dans de vrais débats à l'Assemblée nationale, l'argument occupe une place prépondérante. Un exercice oratoire inspiré exactement d'une telle pratique ne dérogerait pas à la règle qui voudrait que l'argument soit le leitmotiv de tout discours, de tout débat. Dès lors, un orateur inapte à démontrer le bien-fondé d'une position ou d'un fait de position brise substantiellement les chances de voir au jour ou un jour sa cause triompher. L'orateur devra en tout temps obtenir l'assentiment de ses auditeurs sous la base de preuves et témoignages mis en surbrillance dans son oraison. La rationalité qui anime l'orateur ne devrait pas faire perdre de vue que l'orateur est avant tout un séducteur, un charmeur qui, par un style brillant et fleuri, coloré et poli, grand, riche, noble et flamboyant, s'attire les faveurs de son auditoire enchanté. C'est par un tel style que l'orateur s'empare des âmes et les bouleverse. C'est par lui que l'orateur pénètre dans les cœurs[378] : « pour y semer de nouvelles idées et déraciner celles qui s'y trouvaient implantées »[379]. Le débat français accorde une valeur inestimable à la capacité pour l'orateur, à pouvoir en plus de la séduction, inciter les passions et émotions. C'est à proprement parler le lieu par excellence de la rhétorique parlementaire et de la science du bien-dire. Le débatteur ici devra donc parler non seulement à la raison de son auditoire en vue de convaincre, mais surtout, il devra savoir parler à son cœur afin de susciter son adhésion émotionnelle à la cause défendue. L'art de convaincre (A) et de persuader (B) forme en débat parlementaire français un binôme inséparable qui préside à la distribution de parcelles de gloire oratoire, au crépuscule du débat, quand le moment fatidique arrive, c'est-à-dire celui pendant lequel sera déterminé le vainqueur et le meilleur orateur du débat.

A- L'art de convaincre.

Dans son ouvrage au titre mémorable <u>De l'orateur</u>, Cicéron, en grand maître de la rhétorique, démontre qu'avant de charmer et d'émouvoir son auditoire, l'orateur doit avant tout l'instruire[380]. Tout orateur devra avant tout prouver la véracité de ses allégations. Le débat parlementaire français ne s'éloigne pas tellement de cet art de convaincre théorisé par la rhétorique ancienne depuis des millénaires, art qui n'a pas du tout perdu de son actualité. Comme en débat canadien, le débatteur devra avancer des arguments palpables qui prouvent, hors de tout doute, la thèse qu'il défend. L'argument devra avoir un lien avec la motion, pourra être de causalité ou d'autorité. L'orateur pourra opter pour une description vivante ou encore pour des analogies et comparaisons, en vue d'établir le bien-fondé de sa thèse. Enfin, l'argument pourrait se faire par hypothèse, induction, abduction ou par syllogisme, des méthodes qui s'appliquent avec beaucoup plus d'aisance au raisonnement juridique. L'art de convaincre ici n'accorde pas une valeur argumentative à diverses faussetés et stratégies. L'orateur devra faire la différence entre l'argument de fond et la pétition de principe qui est un argument fondé sur des prémisses données pour certaines, alors qu'elles sont en attente de démonstration[381]. Dans la même perspective, les fausses analogies tout comme les sophismes ne constituent pas forcément des arguments. L'art de convaincre à la française exige que l'orateur fasse une distinction entre la thèse et l'énoncé de son argument, qu'il ne confonde pas l'explication du mécanisme argumentatif, son impact, à un exemple, une citation ou simplement un article de loi. Il devra en tout temps contester le lien logique entre ce qu'il affirme et la thèse qu'il défend. L'art de convaincre permettra que l'orateur et son équipe puissent obtenir en fin de compte une adhésion rationnelle à leur cause, fondée sur les arguments, preuves pertinentes et témoignages qu'ils avanceront lors de l'oraison.

Il va de soi que l'art de convaincre c'est aussi la capacité pour le débatteur de réfuter avec efficacité l'argument de son adversaire en démontrant logiquement comment cet argument souffre d'insuffisances les plus graves et ne mérite pas par conséquent de grandes considérations. Il s'agit concrètement de reprendre exactement l'argument de son adversaire et de le détruire jusqu'à son épicentre sous la base de considérations objectives. L'art de convaincre, c'est aussi l'aptitude pour le débatteur à pouvoir réhabiliter un argument de son équipe lorsque ce dernier a été démantelé par son adversaire, un argument pratiquement tombé en ruine du fait des coups multiples reçus lors de sa réfutation. Le débatteur démontrera par divers procédés logiques comment cette réfutation trop connue parce que trop développée n'aura pas pu ébranler l'argument béton avancé par son équipe. Il ne suffira pas de l'affirmer simplement pour bénéficier de la grâce des juges hautement intelligents, mais il faudra le démontrer par un mécanisme issu du débat contradictoire au tribunal de la raison et d'un cheminement dialectique vers la connaissance.

L'art de convaincre, c'est enfin le talent qu'a le débatteur de pouvoir résumer le débat, notamment les arguments de son équipe, les bavures de ses adversaires et ainsi, dans un ton solennel, faire pencher la balance du débat en faveur de son équipe pour démontrer pourquoi et comment méthodiquement et dialectiquement, son équipe se distingue ; démontrer pourquoi et comment il n'y a donc pas de choix pour les juges de laisser triompher la vérité en lui reconnaissant la gloire suprême du débat, c'est-à-dire la victoire. Le débat est certes un sport de combat[382] dans lequel les seules armes sont les mots, les positions défendues par les orateurs sont imposées et ne représentent donc pas forcément leurs opinions ou convictions. L'adage selon lequel lorsqu'on se noie même sur un serpent il faut s'accrocher trouve tout son fondement dans ce contexte. L'orateur devra invoquer ou convoquer tout auteur ou argument pouvant aider à prouver le bien-fondé de sa cause. Aussi, force est de constater qu'en

France, la division idéologique de l'élite aussi bien à la Sorbonne qu'à Assas peut avoir une conséquence négative ou positive sur la sentence finale que recevra l'orateur.

Comme si c'était hier, je me souviens encore de ce débat enflammé que nous avions eu à l'amphi de gestion de la Sorbonne, en marge des championnats du monde de débat. Alors débatteur de l'opposition, il était question pour moi de défendre la place de la langue anglaise dans une France qui, si fermée sur elle même, s'étoufferait dans un monde de plus en plus marqué par la mondialisation avec la langue anglaise prenant de l'ampleur autant en diplomatie qu'en affaires commerciales internationales. Dans cet élan progressiste, il m'avait été donné de citer des extraits de plusieurs discours de Nicolas Sarkozy[383] aux Nations Unies, plaidant la nécessité d'un monde du XXIᵉ siècle qui tienne compte des réalités du XXIᵉ siècle, plaidant l'urgence du multilatéralisme comme fondement de relations internationales stables. Curieusement, à l'occasion des commentaires traditionnels du jury, l'un de ses membres, professeur de droit à Assas, dans un style, bien que décontracté et imbibé d'humour, n'avait pas hésité de me demander de ne plus jamais citer un tel auteur, une telle autorité ; du moins si j'aimerais gagner. Sans pour autant avoir la prétention de juger le bien-fondé d'une telle déclaration parce qu'en débat les juges sont des « dieux », j'ai tout de même eu l'impression que l'honorable juge avait manqué d'objectivité dans le processus d'évaluation de cet aspect du discours. Il m'a semblé qu'il n'avait pas suffisamment pris en considération le fait que la position que je défendais ne représentait pas forcément mon opinion personnelle, il m'a semblé qu'il n'avait pas suffisamment pris en considération qu'invoquer une telle autorité ne reflétait pas mon admiration pour elle, encore moins pour ce courant de pensée. Il m'a semblé enfin que ce juge n'avait pas pleinement pris en considération que je n'étais pas français, et qu'un débat franco-français m'importait peu. Comme débatteur, il me revenait de trouver les autorités les plus pertinentes pour soutenir mon argumentaire sur une motion et position qui m'avait été imposée une heure avant le débat. Cela peut parfois être difficile pour un juge de faire preuve de recul dans le processus qui mène à l'évaluation d'un argument ; c'est sans doute pourquoi Cicéron insiste sur la nécessité, au-delà d'instruire, de pouvoir charmer le jury, mais surtout de l'émouvoir[384].

Dans le même fil d'Ariane, maître Marc Bonnant, ancien Bâtonnier du barreau de Genève, a reconnu cette délicatesse d'aborder certaines questions lors de débats en France à l'occasion du procès des <u>Fleurs du mal</u> organisé par la société d'orateurs Lysias Paris I[385], dans la première chambre de la cour d'appel de Paris le 14 mars 2013. À l'occasion de ce procès, comme « avocat de Charles Baudelaire », il s'est opposé au « procureur impérial Pinard » incarné par Maître Bertrand Périer. Comme on peut s'en apercevoir, cette description factuelle met au goût du jour la nécessité pour les orateurs de mettre à jour leurs critères liés à leur art de convaincre en débat français : connaître les positions, faits de position, de positionnement et de prises de position antérieures du jury. Cette connaissance nous évite d'invoquer des arguments ou autorités qui, à la vérité, peuvent, comme un couteau à double tranchant, se retourner contre l'orateur du simple fait que lesdits éléments s'opposent à l'intime conviction d'un juge qui détient pourtant un pouvoir discrétionnaire d'envergure ; lequel pouvoir discrétionnaire détermine laquelle des deux équipes remportera le débat. Cet aspect qui relève certes du pathos que du logos nous semble-t-il, devrait être tout aussi pris en considération par cette dimension de la rhétorique. Cette connaissance des tendances idéologiques et même politiques du jury permettrait de mettre de l'avant les « précautions oratoires »[386] nécessaires devant conduire inéluctablement à la victoire sur le fondement de la puissance des arguments, lesquelles précautions oratoires auraient aussi des incidences sur l'adhésion émotionnelle du jury censé consacrer la victoire définitive.

B- L'art de persuader

L'orateur est certes un pédagogue qui enseigne et instruit de par son discours, il est aussi et surtout un séducteur et acteur qui, par divers artifices rhétoriques, charme et émeut son auditoire en vue de le persuader. Le débatteur devra donc agir sur son auditoire à travers les pouvoirs qu'il détient de la magie verbale, de l'action oratoire et de sa capacité à mettre en évidence le pathos. Un fait que reconnaissait déjà Jacques Amyot[387] qui, dans son projet d'éloquence royale de 1579, faisait une description à tout le moins piquante du discours persuasif : « Aussi n'y a-t-il rien de tel que de savoir par bien-dire manier une multitude d'hommes, chatouiller les cœurs, maîtriser les volontés et passions, voire les pousser et retenir à son plaisir, et, par manière de dire, en porter l'éperon et la bride pendus au bout de la langue »[388]. Une affirmation qui s'inscrit dans la continuité du sentier tracé par Cicéron en 46 avant Jésus-Christ : « L'homme éloquent que nous cherchons… sera donc capable de… plaire et d'émouvoir dans un plaidoyer comme dans un discours politique… Plaire est une douceur et émouvoir une victoire »[389]. Le débat parlementaire français se conforme à se confondre, aux principes de la rhétorique ancienne qui accorde une place prépondérante à l'éthos et au pathos.

Contrairement au débat de style canadien, il n'est pas suffisant en style français d'avoir les arguments les plus pertinents pour voir sa cause triompher. Le débat va au-delà de la simple argumentation pour épouser d'autres aspects qui relèvent plus de la subjectivité, mais qui semblent percutants dans le processus qui permet d'évaluer : au-delà de l'art de convaincre, l'art de persuader. La persuasion est le talent reconnu à tout orateur qui, sous le fondement de divers artifices : style, ton, gestuelle, physionomie et même la mémorisation du discours, parvient à susciter l'adhésion émotionnelle du jury et de son auditoire à la cause qu'il défend. Le débat français y accorde autant d'importance. au point ou il semble parfois se confondre à l'éloquence, autrement dit l'art du bien-dire. On y trouve certes des débatteurs, mais aussi des rhéteurs, et même des sophistes. Le jury vérifiera au-delà de l'argumentation quel débatteur inspire confiance, use de la plus belle des manières divers procédés de séduction oratoire, utilise avec brio les figures de rhétorique autant d'embellissement que d'amplification oratoire. Mais surtout, le jury s'attardera sur l'action oratoire, ou encore cette capacité pour le débatteur à pouvoir interpréter son discours avec les variations de voix appropriées, la tonalité, le regard, la communication non verbale en général. La mémoire de l'orateur, si mise en contribution, pourrait participer à faire pencher la balance. L'art de persuader c'est aussi et enfin la capacité à faire monter les passions oratoires par divers procédés tels la métaphore, l'anaphore, la suspension, l'oxymore, en somme par des figures d'amplification qui apportent au discours et à l'auditoire de l'émotion, et incite les passions qui somnoleraient en eux.

Alors que nous débattions dans les amphis de la Sorbonne et Science Po ou les salles majestueuses du Quai d'Orsay, nous avons pu constater ce coté charmeur qu'incarnait chaque orateur, chaque équipe. Majestueusement vêtus, l'agencement de couleurs vestimentaires donnait l'impression d'être en présence, non pas seulement d'orateurs, mais d'artistes, adhérents d'un courant vestimentaire très populaire à paris : La SAPE[390]. Mais nous en étions loin ! Les plus beaux costumes que revêtaient les orateurs, les plus belles robes des oratrices faisaient plutôt partie d'éléments de séduction mis en évidence dans une optique persuasive. Il ne s'agit pas ici de la séduction au sens sentimental du terme, mais de la capacité de l'orateur à faire preuve de crédibilité et à inspirer confiance lors de son discours. On a même vu des orateurs retirer leurs costumes pour démontrer métaphoriquement le changement intervenu dans leur prise de position[391], en plus de l'effet spectacle que la situation apportait au débat. Lors du débat, nous avons eu parfois l'impression de nous retrouver dans un concours de poésie.

Le lyrisme qui portait les oraisons ne pouvait laisser personne indifférent. Je me souviens, lors de mon dernier discours, d'avoir délibérément choisi de ne pas utiliser de notes. Cette situation m'a accordé beaucoup de moments de grâce, largement interrompus par les réactions du public enflammé qui, par des applaudissements, cris et youyous, a amené l'orateur à se surpasser et ainsi donner le meilleur de lui-même.

Le débat français définitivement se distingue du débat canadien par ce côté artistique, cette place d'honneur reconnue à la culture littéraire et générale de l'orateur, son talent d'acteur, sa voix, ses mimiques qui cheminent directement vers le cœur de l'auditeur, suscitant en lui des passions aidant à faire gagner le débat. Être un grand débatteur dans ce style ne se limite pas à l'argument qui, bien que participant de manière plus que mineure à faire gagner la cause pour laquelle l'orateur se sacrifie, ne semble pas suffisant à lui seul pour déterminer l'issue du débat ; étant entendu qu'il ne faut pas seulement convaincre, mais aussi et surtout, persuader, contrairement à une opinion qui à tort estime que toute rhétorique serait superfétatoire et donc inutile à la société. Le débat parlementaire français nous enseigne que la parole est action, que la parole peut avoir des pouvoirs, que la rhétorique tout comme la dialectique (logos) vise à persuader et convaincre. Le débat français nous a permis de voir à quel point la rhétorique peut être révoltante et même révolutionnaire. Tout dépendrait de l'orientation que l'on en fait.

Grandeurs et misères du débat structuré de style français.

L'art oratoire en France tire ses origines des vents révolutionnaires ayant soufflé sur la France à l'aurore du siècle des Lumières. Le régime monarchique consacrant un absolutisme quasi divin n'a pas résisté à l'ouragan et aux tempêtes de l'histoire insufflées par d'orateurs, portés par un élan démocratique, un certain sens de la révolution, de la justice sociale et le service civique. L'art oratoire, de par son histoire, a été au service des grandes mutations républicaines et démocratiques ; cet art a été au service de causes nobles, au service du développement en général. De cette histoire glorieuse naquit un format de débat, un modèle oratoire qui, depuis des millénaires, facilite l'affrontement et la formation d'orateurs dans la France, libérée des vestiges de l'absolutisme : il s'agit du débat parlementaire structuré. Le débat parlementaire français tel que nous l'avons découvert est un système assez spécial qui met en présence huit orateurs s'affrontant avec détermination, mais aussi enthousiasme, face à un public généralement animé et à la limite enflammé qui participe directement ou indirectement au spectacle offert par les orateurs. Se déroulant dans des lieux et amphis chargés de symbolique et d'histoire, le choc des idées qu'insuffle le débat parlementaire, son jury prestigieux et son décor majestueux donne à vivre des moments magiques aux allures d'une partie de Ping-pong, mettant en selle des acteurs se renvoyant la balle jusqu'à proclamation de la victoire définitive d'une équipe sur l'autre. Le débat structuré de style français développe chez l'orateur des habiletés de recherche qu'il met en exergue lorsqu'il est à la quête des arguments qui soutiennent sa cause, mais aussi l'art de la disposition, de la stratégie, et même des habiletés d'acteur, nécessaires pour incarner son propre discours. Le débatteur distingué ici possède un savoir quasi encyclopédique, il est doté d'une culture générale, une culture littéraire, un savoir juridique exceptionnel, s'élevant ainsi au-dessus de la mêlée. Le débatteur français est un architecte du discours, un professionnel de l'art de la décoration oratoire, de l'amplification oratoire et des techniques stylistiques, sémantiques, morphosyntaxiques qui colorent l'oraison en éclairant le discours par ses rayons lumineux, telle cette luciole au cœur de la nuit. Comme un musicien, l'orateur ici maîtrise les modulations du ton de sa voix, sa diction, les pauses, les silences, mais surtout le rythme de son discours qui apparaît très cadencé, ayant de ce fait l'effet d'une douce musique aux oreilles de l'auditoire, scotché aux lèvres du débatteur qui ne cesse de l'émerveiller par ses tournures rhétoriques et sa maîtrise de la dialectique[392]. Un tel débatteur est un beau parleur, un séducteur qui use de divers procédés liés à l'élocution et au style pour séduire son auditoire qui se trouve davantage en confiance et prêt à recevoir ce que l'orateur appellera vérité dans le cadre du débat. Il saura surtout jouer sur la fibre émotionnelle de l'auditeur afin de pouvoir pénétrer avec plus de douceur dans son cœur. Le débat parlementaire de style français n'est pas que rose, il peut être parfois morose. Le conditionnement idéologique de certains juges peut limiter la portée du débat qui n'est qu'un exercice oratoire dans lequel on s'entraîne à l'argumentation, l'argument ne représentant pas toujours l'opinion du débatteur qui le défend. Cette situation peut constituer dans certains cas une limite à la liberté d'expression qui a pourtant été l'une des raisons d'être de la Révolution française de 1789. De même, il est parfois difficile pour le débatteur de savoir exactement ce qu'il devra améliorer après un championnat. Les fiches de résultats ne sont pas disponibles et l'orateur peut passer sa vie à se poser des questions réelles sur les raisons de sa défaite et comment il devra procéder afin de pouvoir améliorer ses lacunes. Enfin, Le débat parlementaire à la française reconnaît certes la primeur de l'argument, mais n'accorde pas au logos toutes ses lettres de noblesse dans le processus d'évaluation du débat. Cette situation génère des orateurs qui peuvent être certes éloquents, faisant de la rhétorique pour de la rhétorique. La rhétorique pour de la rhétorique est si belle ! Mais elle n'est pas en mesure d'insuffler dans le cadre d'une société libre et démocratique la révolution et les changements systémiques devant présider aux destinées des générations futures. Il serait peut-être temps pour les sociétés d'orateurs françaises de réhabiliter intégralement le logos. Ainsi, seulement, le triptyque logos-éthos-pathos aura tout son sens. Ainsi, seulement, on pourrait davantage caresser ce rêve de voir la rhétorique inspirer les révolutions de demain. Une rhétorique révolutionnaire au service de l'art, l'esthétique, l'éthique sociale et le développement.

CHAPITRE X : LA RHÉTORIQUE DE STYLE AFRICAIN.

Crédit : Michael Voinis pour purée maison

Simplice Zombre est un orateur de talent qui révolutionne l'art oratoire en Afrique. Il incarne cette rhétorique à l'Africaine portée par les griots depuis des temps immémoriaux. De son nom d'artiste : Simplice simplement simple, il s'attèle à mettre la rhétorique au service du développement social au Burkina Faso. Sur cette photo, il fait vibrer un amphithéâtre de la sorbonne en marge des championnats du monde de débat, dans un discours improvisé.

L'art oratoire se trouve au cœur de l'histoire de l'Afrique. « de l'héritage de connaissance de tous ordres patiemment de bouche à oreille et de maître à disciple à travers des âges[393]. Le reconnaissait déjà l'écrivain malien Amadou Amapathé Ba. La culture africaine est par essence orale, incarnée par les griots[394] qui en furent les héros depuis des temps immémoriaux. Il ne serait pas insensé de penser que la rhétorique tirerait sa source des cultures africaines qui ont été toutes orales, dans leur essence, leur consistance et leur quintessence.

Ce d'autant plus que le griot historiquement et traditionnellement, de par son talent d'orateur, enseigne le peuple sur son histoire et son origine. C'est un pacificateur qui use de sa magie verbale pour aider à faire cesser les mésententes entre des familles et des communautés. C'est aussi un artiste[395] qui, par l'entremise de la kora[396] qu'il joue avec la plus grande des maîtrises, chante les louanges des puissants et les exploits des ancêtres. Depuis des siècles, les griots transmettent de père en fils, les récits merveilleux qui parlent d'animaux sauvages, des puissants guerriers qui ont marqué leur temps. La parole du griot est sacrée, toute parole n'est pas bonne à dire dit-on en Afrique "Et pour tenir compte du pouvoir sacré de la parole en Afrique, les griots n'hésitent pas à reprendre chaque fois cette formule avant toute prise de parole en public : « Que ce qui soit dit soit dit, que ce qui soit tu soit tu »[397]. L'art oratoire est un phénomène naturel dans une Afrique marquée par l'oralité de la culture. C'est une oralité culturelle qui a laissé croire a tort, à certains penseurs qu'elle n'avait ni histoire, ni philosophie[398]. Pourtant, l'Africain par nature est un orateur qui, par des sagesses, contes et légendes reçus de ses ancêtres, met en évidence les artifices de la rhétorique. C'est cet art oratoire qui a fait la gloire de grands empires tels : l'empire du Mali, l'empire Zoulou, l'empire du Ghana, les royaumes du Kanem, ou du Kongo entre autres. Après des siècles d'humiliation marqués par l'esclavage et la colonisation occidentale, c'est encore la rhétorique qui vient remettre à l'Afrique ses honneurs. Ainsi, a-t-on vu des leaders nationalistes hautement charismatiques revendiquer bec et ongles l'indépendance et la souveraineté de leur peuple au travers d'une rhétorique aux saveurs hautement révolutionnaires. C'était le soleil des indépendances[399]. Les indépendances ainsi acquises suite à de multiples meetings et débats politiques houleux, naissait par la même occasion d'autres problèmes, d'autres difficultés d'un genre nouveau : la méconnaissance des droits fondamentaux, le mépris des libertés les plus fondamentales, l'avènement d'États policiers aux pouvoirs extravagants. C'est encore le débat public, marqué d'énormes luttes internes, qui a facilité l'avènement de l'État de droit du moins en théorie. Pour y parvenir, il a fallu une rhétorique juridique intense.et dès lors, naquirent des initiatives visant à préparer les jeunes juristes africains de demain aux enjeux juridiques imposés par les réalités du moment. Toutefois, bien que l'art oratoire soit consubstantiel à la culture africaine, l'Afrique ne semble pas encore avoir développé un système de débat propre à son identité culturelle, aux allures de ce que l'on peut observer en France, en Angleterre, aux États-Unis ou au Canada. Parce qu'influencé institutionnellement par la mondialisation, son style de débat parlementaire serait encore à la recherche de son identité réelle. On note tout de même une volonté réelle pour les orateurs africains de reconquérir la place qui leur revient de droit dans ce monde de la rhétorique et du débat, tel qu'en témoignent le foisonnement de sociétés de débat et l'offensive de leurs orateurs à l'occasion de différentes rencontres internationales. L'analyse de l'art oratoire en Afrique nous permettra de voir d'une part comment la rhétorique a joué un rôle majeur dans la libération de cette partie du monde du joug colonial ; d'autre part, elle permettra d'explorer le déploiement du débat parlementaire, ses variantes, ses façades, mais surtout, elle nous permettra d'évaluer l'avenir de l'art oratoire en Afrique. Il s'avère de ce fait judicieux, avant d'analyser le style oratoire propre à l'orateur africain, (II) d'envisager tout d'abord l'analyse le phenomène de l'éclosion des sociétés de débat (I).

I- L'aurore du débat structuré en Afrique.

Bien qu'étant le berceau de l'art oratoire mondial, l'Afrique n'a pas à proprement parler un système d'argumentation, une tradition oratoire semblable à ce qu'on peut voir en France, en Australie, en Angleterre, aux États-Unis ou au Canada. C'est seulement à une époque récente qu'on peut noter sur le continent, à la faveur du courant révolutionnaire qui l'a traversé lors des années de braises[400], l'émergence du débat de société. Après les indépendances, les régimes politiques étaient dominés par la préséance et même la prééminence d'hommes forts et d'hommes providentiels. Un tel contexte n'était pas des plus favorables au débat contradictoire. Suite à la chute du mur de Berlin, la démocratie a aussitôt envahi le continent africain, telle une ruée de sauterelles. Des conférences nationales souveraines ont été des acteurs révolutionnaires fondateurs du débat et des libertés d'expression. Même si on devrait reconnaître qu'il a fallu des révolutions, des marches pour presser la main de certains chefs d'État à proclamer l'ouverture démocratique. C'était le cas dans l'ex-Zaïre, aujourd'hui République démocratique du Congo. Mobutu alors chef de l'État éclata en sanglots lorsqu'il proclamait le changement du régime vers le multipartisme et la démocratie participative[401]. C'est dans ce contexte d'ouverture vers le pluralisme politique, mais surtout la liberté d'expression qu'émergent, comme des champignons, des organisations de la parole, avec pour but majeur de susciter à travers l'art oratoire la révolution, le débat public, ainsi que l'engagement citoyen, dans l'optique de bâtir une société davantage démocratique, une société qui tienne compte de ses particularités, mais aussi de ses différences. Marius Binyou[402] dans son mémoire resté mémorable, a établi un inventaire d'organisations d'art oratoire du monde et spécialement en Afrique. Pour avoir côtoyé et suivi l'évolution de quelques-unes, il serait nécessaire d'analyser comment ces sociétés de débat, au-delà de l'aide à la pratique de la rhétorique à l'africaine, participent à enthousiasmer la société civile de leurs nations. Tour à tour, nous analyserons les cas d'*IdebateRwanda* (A) d'une part, et la *Cameroon débate association* (B) d'autre part.

A- iDebate Rwanda.

iDebate Rwanda est à n'en point douter, l'un des fleurons de l'art oratoire en Afrique. Né après le génocide rwandais de 1994 qui fut une épreuve difficile pour le pays, l'organisation d'orateurs, au travers de l'art oratoire, essaie de donner un visage nouveau au pays durement éprouvé. Cofondé par Jean Michel Habineza, idebate Rwanda permet à de nombreux jeunes rwandais de connaître la réalité du débat parlementaire dans un format très proche du style britannique. Passant en revue diverse thématiques de la société telle : les changements climatiques, la paix, la démocratie, le vivre ensemble... le débat permet ainsi aux jeunes de ce pays de rester impliqués face aux problèmes sociaux, mais surtout, leur montre la nécessité de développer une culture de la paix et du vivre ensemble dans un pays qui se relève de l'un des génocides les plus ravageurs de l'histoire du monde. L'art oratoire façonne des jeunes leaders avisés aux techniques d'argumentation, des jeunes surtout soucieux d'apporter leur pierre à la construction de la société rwandaise de demain, une société épargnée des vestiges de la haine que préconise l'art de soigner ses maux par des mots priorisés par l'orateur, ce citoyen distingué.

IDebate Rwanda organise régulièrement le championnat de débat d'Afrique de l'Est afin de permettre aux orateurs de la sous-région de pouvoir se rencontrer pour débattre, dans une osmose de convivialité, des questions qui bouleversent la sous-région. Cette compétition met en présence la crème des orateurs d'Afrique de l'Est et constitue l'une des compétition les plus importantes de la rhétorique en Afrique. L'un des projets phares des orateurs rwandais est Le *Post génocide génération* US *Tour* qui permet aux orateurs les plus brillants de bénéficier d'un séjour aux États-Unis d'Amérique, où ils feront le tour de grandes universités du pays pour partager leurs expériences sur le génocide et apprendre par la même occasion sur la démocratie, la culture américaine, l'histoire du mouvement des droits civiques aux États-Unis, les techniques de débat propres à ce pays. À travers le débat, l'orateur rwandais dispose d'armes nécessaires qui contribueront de façon plus que mineure, a améliorer son talent de communicateur, mais surtout à devenir des personnes sensibilisées aux problèmes de leur temps. L'orateur ici est capable d'utiliser la rhétorique pour la révolution, c'est un leader accompli prêt à faire sien, cette affirmation de Frantz Fanon : « Chaque génération doit dans une relative opacité découvrir sa mission : l'accomplir ou la trahir »[403].

Les orateurs *d'iDebate Rwanda* ont l'avantage de connaître l'art oratoire à la fleur de l'âge. C'est généralement des élèves du secondaire qui développent une passion parfois démesurée pour la rhétorique et le débat parlementaire. Une telle situation développe en eux l'esprit critique nécessaire à la pensée et aux réfutations, mais aussi une volonté manifeste de s'engager dans la communauté afin de concrétiser les idées défendues avec conviction lors des débats. La jeunesse exubérante et l'enthousiasme qui anime ces orateurs laissent présager qu'ils seront de meilleurs leaders de la société rwandaise de demain. Le P*ost Genocide génération US Tour* vaut tout son pesant d'or dans la mesure où il permet aux orateurs d'être sensibilisés aux discours de haine afin de pouvoir épargner la société du fléau du génocide. Mais surtout, l'échange aux États-Unis d'Amérique permet aux orateurs non seulement de partager leur expérience, mais d'en apprendre davantage sur la Révolution américaine, les mouvements pour les droits civiques, les institutions, la démocratie et les droits de la personne. Les expériences ainsi vécues par des jeunes orateurs aideraient à façonner des leaders en phase avec les valeurs républicaines qui caractérisent les orateurs distingués. Des orateurs qui, dans une société rwandaise déchirée par l'un des plus graves génocides de l'histoire, seront de meilleurs ambassadeurs de la paix, du multiculturalisme, de la tolérance et du vivre ensemble. Des orateurs qui feront de l'art du débat un vecteur de développement social.

iDebate Rwanda est certainement l'un des meilleurs exemples d'éclosion du débat parlementaire en Afrique. Par le débat structuré, l'organisation participe à éveiller la jeunesse sur les enjeux sociaux et participe par la même occasion à panser les blessures d'une société rwandaise qui n'a pas encore totalement digéré les épreuves douloureuses du génocide. Toutefois, une structure de débat parlementaire qui tiendrait compte de l'histoire institutionnelle et des traditions orales anciennes du continent semblerait davantage plus pertinente et authentique pour l'art oratoire en Afrique et dans le monde en général. La nécessité de créer un format de débat parlementaire à l'Africaine est d'une actualité brûlante. Ce défi, me semble-t-il, devra être relevé par les orateurs et professeurs de rhétorique d'Afrique. Car on ne le dira jamais assez : « Aussi longtemps que les lions n'auront pas leur historien, les récits de chasse tourneront toujours à la gloire du chasseur »[404].

B- La Cameroon Debate association.

La Cameroon Debate association a été fondée dans la ville de Dschang en 2009. Elle forme les jeunes du Cameroun au débat parlementaire structuré, à l'éloquence et au leadership. Elle a formé de nombreux orateurs lauréats de compétitions continentales et internationales en français et en anglais. *La Cameroon débate association* met en pratique un système de débat semblable au système français tel que pratiqué par la fédération francophone de débat que nous avons analysé de fond en comble plus haut. Marius Binyou qui en est le fondateur fait feu de tout bois pour que l'art oratoire puisse intégrer l'enseignement formel primaire, secondaire et universitaire. Dans cette perspective, des jeunes sont formés et des compétitions de divers niveaux. L'organisation a pu démontrer qu'on ne débat pas seulement pour le plaisir de débattre, elle a démontré que l'orateur doit avoir une mission sociale et que la rhétorique n'est pas une masturbation intellectuelle, mais un réel vecteur de développement social aux impacts directs sur la vie des concitoyens. L'orateur ici est un Homme de conviction qui souhaite changer positivement sa société par son engagement social et civique. Il maîtrise l'art du mot, de la disposition, et les artifices rhétoriques. Mais il se dit : « encore faudrait-il implémenter les convictions qui se dégagent de ses discours ». C'est en somme un citoyen engagé qui fait un aller et retour entre son art et ses missions sociales, il use de son art pour révolutionner sa société. A cet effet, Le Cameroun est secoué depuis 2014 par une crise sociale nommée crise anglophone, opposant la partie anglophone à la partie francophone. C'est une crise marquée par une montée en puissance du discours de haine et des tensions communautaires. Face à cette réalité, les orateurs de la *Cameroon Debate association* ne sont pas restés les bras croisés. Ils se sont engagés à atténuer les souffrances des déplacés internes. Des cours de francisation avaient été organisés, mais aussi des cours d'art oratoire et même une compétition nommée *Oratuim*, afin de redonner ainsi confiance aux déplacés internes. L'organisation a démontré par ces actions nobles que l'orateur est aussi un acteur de changement, un leader qui reste chaque fois sensible aux maux sociaux qui paralysent sa société. L'orateur ici est un révolutionnaire capable de saisir le taureau par les cornes afin de faire avancer les causes qui lui tiennent à cœur. Il est à la fois Homme de raison, Homme de passion, mais surtout Homme d'action.

Dans le même esprit, Marius Binyou lors d'un séjour d'études en Égypte a fondé la société d'art oratoire de l'université Senghor d'Alexandrie et le réseau international pour la promotion de l'art oratoire en Afrique, dans les caraïbes et le pacifique RIPAO). La société d'art oratoire de l'université Senghor pratique un débat parlementaire très proche du style français. Le réseau international pour la promotion de l'art oratoire en Afrique dans les Caraïbes et le pacifique a une mission de vulgarisation de la rhétorique en Afrique, notamment en harmonisant les pratiques. Ce réseau organise des joutes oratoires inspirées largement du débat structuré de style français abordé au chapitre précédent.

Comme *iDebate Rwanda*, la *Cameroon Debate association*, le continent regorge de nombreuses autres sociétés de débat tels les Débats oratoires[405] du Burkina Faso, les sociétés de débatteurs au Mali, au Sénégal, en Côte d'Ivoire, au Togo, au Ghana, au Nigeria… qui ont développé un système de débat généralement proche du modèle français, tout en contribuant de manière significative à la dynamisation de la société civile de leurs pays respectifs. On a certes assisté depuis quelques années à l'éclosion du débat parlementaire en Afrique, on y note de nombreuses organisations de débat et d'éloquence ; mais il y manque, me semble-t-il, de l'authenticité au niveau de la structure du débat comme c'est le cas *avec iDebate Rwanda.* De plus, l'art oratoire semble très disparate sur le continent. Une harmonisation des pratiques orales et un partage de bonnes pratiques sans complexe aucun entre sociétés de débat aideraient à rehausser le blason du débat parlementaire en Afrique tout en accroissant les performances de ses orateurs sur la scène internationale. Il ne fait l'ombre d'aucun doute que le débat parlementaire en Afrique a de beaux jours devant lui si des efforts continuent d'être déployés. De toute façon, l'oiseau ne construit pas son nid en un seul jour. Il me souviens qu'au sortir d'un débat houleux à l'amphi Louis Liard de la Sorbonne, j'ai eu un tête à tête avec Nyanyui Siliadin de la société togolaise des orateurs. Nous avons abordé brièvement la question d'une structure de débat authentique en Afrique et même d'une organisation panafricaine devant régir le fonctionnement des pratiques orales sur le continent. Des efforts ont été déployés pour soumettre le projet à la sagacité des sociétés nationales de débat. Siliadin avait pris la responsabilité de faire avancer le projet, aussi lui avais je laissé savoir qu'il pouvait compter sur ma collaboration et qu'il était temps plus que jamais que l'Afrique reprenne la place qui est la sienne. Oui elle a beaucoup à donner et à enseigner au monde. Une telle idée permettrait d'accélérer la marche du débat parlementaire en Afrique. Tout en espérant que les fruits tiendront la promesse des fleurs.

II- L'esprit révolutionnaire des compétitions d'art oratoire sur l'évolution du débat en Afrique.

Crédit photo : FFD[406]

Sur cette photo, l'oratrice charismatique Tracy Ntumba Busanga Munyoka de la République démocratique du Congo délivre un discours en marge du choc des champions au Quay d'Orsay lors de la semaine dédiée à la francophonie. Tracy use de son talent d'oratrice pour défendre le Droit à l'éducation de la jeune fille au Congo. C'est une référence qui démontre qu'on peut faire confiance aux femmes. Son engagement pour la justice sociale témoigne de la capacité pour l'art oratoire se semer la révolution.

Bien que la culture africaine soit essentiellement orale, elle n'a pas connu le débat structuré tel qu'on l'a vu se déployer dans les civilisations occidentales, et tout récemment dans les grandes écoles américaines, européennes et australiennes. Elle a pendant longtemps vécu en introspection et c'est seulement au début des années 1990, à la faveur de la mobilité internationale et continentale étudiante que la rhétorique africaine trouve enfin un terrain international d'expression. Ainsi a-t-on vu des jeunes juristes africains croiser le verbe à l'occasion de l'un des rendez-vous juridiques les plus prestigieux. Organisé et portée par la célèbre faculté de Droit de l'université de Pretoria, notamment son centre des Droits de l'Homme, la joute oratoire permet depuis 1990 à des jeunes juristes de pouvoir s'affronter sur des sujets juridiques brûlants de l'heure en Afrique. Dans une Afrique parfois ravagée par les conflits armés, le concours est un moyen de combattre par l'art oratoire la méconnaissance des droits de la personne qui a fait tant de douleur à la marche du continent.

C'est un privilège de plaider à l'occasion de ce concours international des droits de la personne et de l'art oratoire on ne peut qu'avouer que le concours de procès fictif est un évènement majeur permettant de bâtir les révolutions de demain, les leaders de demain, les meilleurs juristes de demain. Au-delà, le concours permet de briser les barrières de la colonisation, il brise les barrières linguistiques, les systèmes juridiques et permet aux jeunes plaideurs de travailler main dans la main pour une Afrique de demain encore plus forte, une Afrique où le multiculturalisme, le vivre ensemble, les droits de la personne seront une réalité ; bref, une Afrique belle et plurielle. La dynamique avancée de l'art oratoire à la Sorbonne et Sciences Po deux prestigieuses écoles françaises entre autres, ainsi qu'aux États-Unis et au Canada, a suscité chez les dieux de la parole la volonté de conquérir comme des seigneurs, le monde de la rhétorique qui va de l'Alaska en Argentine, de *cape town* au Caire, de Dakar à Djibouti, de Paris à Helsinki, d'Australie à la Nouvelle-Zélande, de Pékin à Moscou… C'est donc grâce à ces tendances hégémoniques et à la limite suprématistes que les orateurs africains sont invités à la table des débats un peu partout dans le monde occidental pour démontrer de quoi ils sont capables. On a pu voir des orateurs sénégalais s'illustrer à la Sorbonne et Sciences Po, on a pu voir des Burkinabè briller en France et au Liban, tout comme des Camerounais, des Algériens, des Congolais, des Tchadiens, des Togolais… c'était l'âge d'or du débat parlementaire en Afrique. Des orateurs jadis restés dans l'ombre pouvant désormais acquérir une certaine notoriété et s'exprimer en mondovision devant un jury de haut calibre. L'avènement des compétitions de débat et de plaidoirie a davantage structuré la rhétorique africaine restée pendant longtemps tapie dans l'ombre. Afin de mieux appréhender ce phénomène, il conviendrait tout d'abord de voir l'apport du concours africain de procès fictif dans cette dynamique A). C'est seulement ensuite que nous analyserons en détail les concours internationaux de débat et d'éloquence (B). En effet, tout porte à croire que ces évènements auraient favorisé d'une certaine manière l'essor du débat parlementaire et de la rhétorique en Afrique, en faisant éclore une nouvelle classe d'orateurs capables de faire bouger les cocotiers à travers la magie verbale et ainsi, mener leurs sociétés respectives vers un avenir heureux, sinon louangeur.

A- Le concours africain de procès simulé de la faculté de droit de l'université Pretoria.

Depuis 1990, l'université de Pretoria organise un concours de procès fictif. Ledit concours permet à plus de 150 facultés de droit d'envoyer leurs meilleurs plaideurs accompagnés d'un professeur de droit international. Bien avant, un cas hypothétique[407] est envoyé aux facultés de droit. Il se base sur des violations des droits de la personne se déroulant entre deux États fictifs ; lesquelles violations débouchent sur des questions juridiques qui sont soumises à l'appréciation de la cour africaine des droits de l'Homme et des peuples. Lors du concours, les Étudiants doivent rédiger deux mémoires de plaidoirie : un comme demandeur et un autre comme défendeur. De la même manière, ils plaideront deux fois comme demandeur et deux fois comme défendeur face à des équipes différentes et probablement un jury[408] différent qui devra évaluer les plaideurs sur le fondement d'une grille préétablie. Les plaidoiries se déroulent autant en anglais, en portugais qu'en français. Une fois les tours préliminaires terminés, les meilleures équipes anglophones, francophones et lusophones avancent vers la finale où elles s'organisent en deux équipes mixtes qui se doivent de travailler ensemble, au-delà des barrières linguistiques, juridiques et même académiques[409].

Le fait de rédiger pour une même cause deux mémoires : l'un en demande et l'autre en défense, permet de mieux structurer sa pensée et de voir les arguments juridiques les plus pertinents autant en demande qu'en défense. C'est une gymnastique intellectuelle de haut niveau qui donne à maîtriser divers articles, jurisprudences, leur pertinence et limites par rapport au dossier. Les orateurs prennent beaucoup de plaisir à plaider affirmativement et contradictoirement devant un jury constitué de meilleurs professeurs de droit international, juges et avocats. Le concours amène à comprendre la différence entre la rhétorique et un argument proprement juridique. On peut avoir une conception parfois trop poétique, à la limite lyrique, de la plaidoirie. On peut découvrir, à la faveur des conseils d'éminents juges, qu'il s'agit avant tout d'une technique.

À ce titre, Nelson Mandela dira : « Y a-t-il meilleure façon de promouvoir les droits de l'Homme que de rassembler les étudiants, qui sont les dirigeants, les juges et les professeurs de demain, de pays différents, avec les magistrats des plus hautes juridictions et des professeurs pour débattre des problèmes cruciaux de notre époque dans l'ambiance passionnante et stimulante d'un prétoire où ils peuvent confronter leurs arguments et leurs talents dans un esprit de compétition acharnée, mais amicale ? »[410]. on se rend certainement compte au sortir du concours que plusieurs choses dans le monde pouvaient être accomplies par l'entremise du droit, des grands combats pouvant être menés et de grandes victoires accomplies.

Le concours de procès fictif a définitivement allumé une flamme en Afrique : celle de la révolution par l'art de plaider, celle d'une certaine idée de justice sociale, celle de s'engager dans les grandes batailles d'aujourd'hui afin d'assurer les victoires de demain.

B- Les concours internationaux de débat et d'éloquence.

Crédit photo : Michael Voinis pour purée maison

Simplice Zombre ovationné par le public à l'université Paris-sorbonne. Dans un style hyper proverbiale et imbibé de sagesse africaine, cet orateur ne laisse personnes indifférent. Tant sa posture impose le respect, tant ses mots sont mielleux, tant sa mémoire est vivante.

Les concours internationaux de débat et d'éloquence ont permis à de nombreux orateurs africains en herbe de pouvoir se confronter aux grands arénas de débat : les orateurs, venus directement d'Afrique, ont pu montrer de quoi ils étaient capables. Alors que nous étions tous réunis à la Sorbonne, j'ai pu voir se déployer les équipes africaines invitées pour les championnats du monde de débat, notamment, le Burkina Faso, le Sénégal et l'Algérie. C'était à mon sens, les meilleurs orateurs. Ils étaient tous charismatiques et avaient un don particulier : la mémoire. Ils étaient capables dans le développement d'un argument, de faire de très longues citations de mémoire, parsemer le discours de citations, proverbes, jurisprudences et même articles de loi, si applicables. C'est généralement des orateurs très élégants, incarnant de la confiance et un sens de l'honneur qui ne fait l'ombre d'aucun doute. C'est ce qu'on a pu observer chez l'orateur du Burkina Faso Simplice Zombré Zombré qui, vêtu de sa gandoura blanche, ne laissait personne indifférent lorsqu'il prenait la parole. À chaque intervention, Simplice a soulevé les foules du fait de la magie verbale qu'il incarne si bien : c'était très beau de l'écouter, plaisant de rester scotché à ses lèvres. Rien que par la posture, il impressionne. Cela peut rappeler les griots de l'Afrique ancienne. Toutefois, l'orateur africain, à l'occasion de ces rendez-vous, manque parfois d'efficacité nécessaire pour remporter le débat : le défaut de structure se présente comme le principal problème. Cela remet au goût du jour la question d'une structure de débat propre à l'Afrique. La structure est en effet l'élément sans lequel l'orateur ne peut prospérer. La maîtrise de la structure permet au juge de savoir chaque fois où se trouve le débatteur dans son raisonnement. L'autre difficulté serait liée aux proverbes et citations que les juges ne comprennent pas toujours. Mais il s'agit là d'une force pour l'Afrique. Avec le temps et par la pratique, l'usage méthodique des proverbes et sagesses finira par s'imposer à tous. On ne saurait perdre de vue d'autres données subjectives telles les accents, la diction et bien d'autres restées tapies dans l'ombre, qui freinent l'émergence des orateurs africains sur le plan mondial. Quoi qu'il en soit, les compétitions internationales sont un moment unique pour les orateurs africains qui apprennent des autres, tissent des liens avec d'autres orateurs, développent des relations bilatérales avec des sociétés de débat d'autres pays, afin de pouvoir s'échanger de bonnes pratiques liées au débat ou à la rhétorique, comme les Débats oratoires du Burkina Faso l'ont fait avec la société canadienne de débat interuniversitaire.

En filigrane, on note au sortir des compétitions d'art oratoire, un élan révolutionnaire au niveau des sociétés de débat en Afrique ; en effet, ces dernières souhaitent se mettre à jour afin de s'arrimer à la donne internationale. Chez les orateurs, il y a une volonté ferme de travailler davantage et même de s'impliquer dans la société, à travers des projets communautaires ; ou encore une volonté d'entrer en politique ou en droit afin de vivre le mythe des concours de débats dans lesquels ils étaient des honorables députés. Les concours de débat allument une certaine flamme chez l'orateur, celle de s'ouvrir sur le monde de la rhétorique mondiale et de se sentir utile à sa société. Il y a désormais un idéal à accomplir selon l'esprit et la lettre de cette affirmation d'Antoine Marie Roger de saint Saint-Exupéry : « Être homme, c'est précisément être responsable. C'est connaître la honte en face d'une misère qui ne semblait pas dépendre de soi. C'est être fier d'une victoire que des camarades ont remportée. C'est sentir, en posant sa pierre, que l'on contribue à bâtir le monde. »[411].

Grandeurs et misères de l'art oratoire en Afrique.

Incontestablement, l'art oratoire se confond à l'histoire de l'Afrique dont la culture est essentiellement orale. Incarné depuis des temps immémoriaux par les griots qui en furent les héros, l'art oratoire en Afrique a évolué, tel un long fleuve tranquille, donnant naissance aux orateurs atypiques qui maîtrisent le sens de la formule, les métaphores, et divers artifices rhétoriques : tout simplement, des magiciens de la parole, la parole étant sacrée ici. L'orateur africain est un artiste, un poète qui ne dit pas seulement certaines choses, mais qui choisit délibérément de les dire d'une certaine manière. Il maîtrise naturellement les techniques argumentatives et la disposition des arguments. C'est un autodidacte de la rhétorique qui travaille à rendre ses discours davantage convaincants, davantage beaux et de nature à cheminer directement vers le cœur de ses auditeurs. Les discours de Nelson Mandela, Patrice Lumumba, Thomas Sankara, Sékou Touré, Samora Marchel,... nous donnent une idée du mode d'argumentation à l'africaine qui est unique au monde. L'Afrique a toujours été orale et cela constitue une spécificité. Toutefois, l'art oratoire mondiale, d'Athènes à Rome en passant par

Paris et Londres, a connu des évolutions. En effet, chaque civilisation a conçu un modèle oratoire qui découle de son modèle culturel, tel qu'on peut le voir en France avec le débat parlementaire structuré à la française, en Angleterre ou au Canada avec le débat. L'Afrique par contre n'a pas encore conçu un modèle oratoire qui tienne compte de son histoire et de ses traditions pourtant pionnières en matière de rhétorique, mais qui reste peu formalisé, peu organisé, peu valorisé. Les sociétés de débat en Afrique comme par extraordinaire appliquent pour la formation et l'évaluation des débatteurs des grilles et principes de débat importés d'occident. À titre de système de débat comparé, c'est tout admirable, mais c'est encore ces grilles importées qui réglementent plusieurs championnats nationaux. Pourtant, l'Afrique gagnerait à occuper la place qui lui revient de droit dans ce monde de la rhétorique et du débat parlementaire. L'orateur africain est très apprécié pour son style, sa prestance, son charisme, sa connaissance de l'histoire, des proverbes, sagesses, son sens de l'honneur ainsi que l'engagement communautaire. Mais parfois, il manque de structure pour accompagner son discours si parsemé de fleurs, de haute intelligence et de sagesse. C'est sans doute pourquoi des orateurs au fort potentiel tirent difficilement leur épingle du jeu au soir de messes de la rhétorique mondiale, pourtant, se situant largement au-dessus de la mêlée. Il ne fait l'ombre d'aucun doute cependant que des facteurs parfois subjectifs liés aux jurys se sont posés comme caillou dans la chaussure de ces orateurs qui font feu de tout bois pour se frayer un chemin dans ce monde du verbe. L'Afrique en définitive, nous semble constituer le berceau de l'art oratoire mondial. Mais d'autres civilisations lui auraient ravi la vedette en modernisant les pratiques rhétoriques existantes et en mettant celles-ci au service de la révolution. Il est peut-être temps pour le continent berceau des civilisations, de formaliser des techniques et pratiques de débat qui tiennent compte, de son histoire glorieuse portée par les griots, de son système politique traditionnel, de ses civilisations glorieuses , des grandes mutations du débat parlementaire . Après le triste épisode de l'esclavage, puis la colonisation, l'Afrique a été le théâtre de grandes atrocités. Des coups d'État aux conflits armés de toutes sortes, elle en a souffert. On note depuis quelques années, aux quatre coins du continent, des tensions communautaires caractérisées par une prolifération du discours de haine qui ne cesse de croître, tel un champignon de mer, tout en devenant un réel serpent de mer. Face à des situations si macabres et à la limite pitoyables, l'orateur a un rôle primordial à jouer dans le processus de résolution des différends qui pèsent sur l'Afrique, telle une épée de Damoclès. La rhétorique en Afrique, depuis les temps anciens, n'a jamais été un outil de simple plaisir. Elle a toujours été au service du développement par l'entremise des griots. Ne serait-il pas temps d'introduire dans ce même continent, l'art oratoire et le débat parlementaire, dans l'enseignement formel afin de former de nouvelles générations sensibilisées aux valeurs que sont la paix, la démocratie, et les droits de la personne ? Pourrions nous à ce moment caresser l'espoir de voir l'Afrique dépoussiérée des discours de haine, des génocides et conflits armés ? Parce que l'art oratoire aura produit des leaders d'un type nouveau, soucieux de valeurs nobles et habités d'un esprit révolutionnaire qui changerait positivement l'Afrique et le monde, au grand bonheur de tous, la rhétorique devenant par la même occasion un instrument du développement des nations.

CINQUIÈME PARTIE : L'ORATEUR FACE AUX ENJEUX JURIDIQUES ET ÉTHIQUES DU DISCOURS.

L'orateur est par nature un Homme de bien, un noble qui ne fait pas usage de procédés détournés pour atteindre les objectifs recherchés dans une joute. C'est avant tout un Homme de valeur investi d'une mission très particulière, à une époque très particulière, et souhaite ainsi que les valeurs qu'il incarne deviennent les valeurs de tout le monde. Comme on peut aisément le voir, encore faudrait-il que ces valeurs soient saines. L'éthique du discours que doit respecter l'orateur voudrait qu'il évite dans son oraison tout ce qui serait aux antipodes de la morale et des règles de la bienséance sociale. L'orateur devra être honnête dans les déclarations qu'il émettra à l'occasion de son discours, il devra s'arranger à mettre de l'avant un vocabulaire des plus réalistes et ainsi éviter des abus qui, à la vérité, pourraient compromettre l'appréciation de son auditoire[412] ; et, bien entendu, il devra défendre des causes moralement acceptables afin d'accroître sa crédibilité. Bien plus encore, il devra savoir faire la différence entre une citation, un proverbe, les idées d'un autre orateur, auteur, et sa propre pensée. C'est proprement commettre du plagiat que de faire passer dans une oraison les idées d'une autre personne pour les siennes. Une telle situation porte durablement atteinte à la crédibilité et pire, à la réputation de l'orateur qui se livre à de telles basses manœuvres. En réalité, il ne serait pas digne de se prévaloir de la noblesse étincelante reconnue aux orateurs.

L'orateur est certes un ambassadeur de la liberté d'expression avec le droit de pouvoir s'exprimer librement dans le cadre d'une société libre et démocratique. A-t-il pour autant le droit de dire ce qu'il veut ? L'orateur devra impérativement éviter dans son oraison le discours de haine qui à la vérité, ne jouit pas de la protection juridique. Les mots de haine ont été à l'origine de nombreux crimes de haine qui ont déjà détruit trop de monde. Comme pacificateur et ambassadeur du vivre ensemble, il convient que l'orateur participe à écrire les moments lumineux de l'histoire de l'humanité. Dans cette perspective, il va de soi que l'orateur évite dans son discours tout propos raciste, sexiste, incitant à la haine contre un groupe particulier. Il devra s'abstenir de faire l'apologie du terrorisme, d'inciter au génocide ou au tribalisme, entre autres. Ces diverses infractions gravissimes pour l'art oratoire tombent sous l'empire des droits nationaux, du droit communautaire, international et transnational. Dans son ensemble, le droit est assez rigoureux et propose généralement une répression exemplaire afin de limiter les effets de la haine dans le monde. L'orateur devra dans ce cas de figure savoir tenir sa langue. S'il est vrai que la parole a des pouvoirs, et que parler c'est détenir une portion du pouvoir, ce pouvoir de parler et pouvoir de la parole peuvent dans certaines circonstances, autant construire que déconstruire la société. C'est pourquoi le droit encadre cet exercice excitant de la parole afin de limiter les dérives qui pourraient en découler. Il devient donc capital que l'orateur soit sensibilisé aux dispositions juridiques générales et à la jurisprudence constante qui réglemente la parole. Ainsi pourra-t-il mieux appréhender la ligne rouge qu'il ne devra pas franchir dans tout discours. Il saura les sanctions auxquelles il s'expose dépendamment de sa situation géographique, car nul n'est censé ignorer la loi, le droit n'étant droit que si sa violation entraîne une sanction. L'encadrement juridique de l'art oratoire définitivement augure d'une société auréolée d'orateurs nobles qui, dans diverses oraisons, font prévaloir : le poids des idées et la force des arguments et pour d'autres, les valeurs cardinales de la paix, du vivre ensemble et du multiculturalisme. Nous nous attarderons donc sur cette dimension de l'art oratoire qui fait la part belle à l'encadrement juridique du discours (chapitre XI), elle permettra de voir comment le droit encadre la rhétorique et diverses pratiques de communications. Autrement dit, comment l'orateur peut être exposé au droit du fait d'un discours compromettant portant atteinte aux fondements sacrés de la société.

CHAPITRE XI : L'ORATEUR ENTRE DROIT DU DISCOURS ET DISCOURS DU DROIT

L'art oratoire est noble. Cette noblesse vient de ce que l'orateur a pendant l'histoire été au centre des grandes révolutions qui ont positivement amélioré le monde. On l'a vu avec la Révolution française, la Révolution américaine, les mouvements d'indépendance en Afrique, en Asie et en Amérique latine. Les orateurs ont été au centre de ces mutations. Si la rhétorique peut construire, elle peut parfois aussi desservir l'humanité, tel qu'on l'a vu avec la rhétorique de la haine insufflée par la radio des mille collines, à l'occasion du très triste génocide rwandais. Une radio qui, par sa rhétorique, a mis le feu aux poudres quand elle se devait de revenir à la noblesse qu'incarne la rhétorique. Cette rhétorique de la haine a causé tant de tort à l'humanité ! On l'a vu aussi lors de l'Apartheid en Afrique du Sud où des orateurs ont incité et soulevé une communauté contre une autre. On l'a encore vu lors du génocide arménien ou encore pendant le douloureux souvenir que fut l'Holocauste[413]. Le discours de haine est un microbe qui mine l'art oratoire et l'orateur, du haut de sa stature, devrait l'éviter en permettant que la rhétorique puisse revenir sur sa destinée : celle de construire et révolutionner le monde, promouvoir la paix et les valeurs du vivre ensemble. Dans son ouvrage mémorable De L'invention oratoire, Cicéron n'a d'ailleurs pas hésité à affirmer dans ce sens : « … s'armer de l'éloquence pour défendre, et non pour attaquer les intérêts de L'État, c'est se rendre aussi utile à soi-même qu'à son pays, et mériter l'amour de ses concitoyens »[414]. Selon le Conseil de l'Europe, notamment son comité des ministres dans sa recommandation numéro 97, le « discours de haine » « doit être compris comme couvrant toutes formes d'expression qui propagent, incitent, promeuvent ou justifient la haine raciale, la xénophobie, l'antisémitisme ou d'autres formes de haine fondées sur l'intolérance, y compris l'intolérance qui s'exprime sous forme de nationalisme agressif et d'ethnocentrisme, de discrimination et d'hostilité à l'encontre des minorités, des immigrés et des personnes issues de l'immigration. »[415]. L'orateur devra, comme on peut le voir, faire preuve de précaution, car « Le discours de haine n'est pas un discours qui bénéficie d'une protection »[416]. L'orateur devra donc dans toute oraison s'assurer qu'il respecte le droit, dépendamment de sa situation géographique.

Le Droit international, tout comme la jurisprudence constante des tribunaux internationaux condamne avec la plus grande vigueur le discours de haine qui a marqué les périodes moins lumineuses de l'histoire de l'humanité. C'est le même son de cloche qu'on note en droit Canadien, et dans le droit de divers pays du monde. La communauté internationale est unanime sur le fait que le discours de haine est un vice de la rhétorique qui nécessite des sanctions à la hauteur de la dangerosité de l'infraction, dans le but de permettre à la rhétorique de servir au développement, au rapprochement des peuples et des nations, et de provoquer des révolutions justes si les circonstances l'imposent. Il serait donc judicieux que, bien que motivé par de belles intentions, l'orateur puisse être sensibilisé aux limites de son discours, limites imposées par le droit. L'orateur est certes un homme infiniment cultivé qui sait jusqu'où il ne devra pas aller dans son oraison ; mais étant donné qu'on ne peut parfois passer une journée à démonter des horloges sans se demander un tant soit peu quelle heure il est, il est impératif que le droit et ses conséquences soient connus pour qu'enfin, nul n'en ignore et agisse en conséquence. Dans ce fil d'Ariane, il serait tout à fait sensé d'analyser la jurisprudence constante de la Cour européenne des droits de l'Homme sur la question du discours de haine (I) avant de faire la part belle à l'analyse de quelques éléments de droit canadien, droit international et transnational, sur la question des discours de haine (II).

I- L'état de la jurisprudence internationale sur le discours

La Cour européenne des Droits de l'Homme s'est prononcée à l'occasion du dossier mettant en surbrillance la question des discours de haine. Sur le fondement de cette jurisprudence, l'orateur devrait s'abstenir de se livrer aux divers aspects du discours de haine. Une telle attitude serait contraire au droit et certainement aux valeurs nobles véhiculées par la rhétorique. Que ce soit la haine contre un groupe ethnique[417], la haine contre un groupe racial[418], la haine contre un groupe religieux[419] ou l'incitation à la violence et au soutien d'activités terroristes[420], la Cour européenne des Droits de l'Homme estime que ces comportements n'ont pas de place dans un discours, encore moins dans une société libre et démocratique parée des couleurs chatoyantes de l'État de Droit. Dans cette mouvance, l'orateur devrait adopter une attitude républicaine qui voudrait qu'il respecte le droit et les spécificités sociales, les valeurs de tolérance, de paix sociale et de non-discrimination. La Cour européenne des Droits de l'Homme a aussi décidé que la menace pour l'ordre démocratique[421], les thèses négationnistes et révisionnistes, l'apologie des crimes de guerre, l'apologie de la violence, l'incitation à l'hostilité et l'incitation à la discrimination ou la haine raciale sont des discours de haine passibles de sanction, tout comme la haine ethnique et religieuse. Comme on peut le voir, comme ambassadeur de la liberté d'expression, l'orateur ne peut se permettre de franchir des zones rouges. La liberté d'expression est certes un droit fondamental, mais dans son exercice, l'orateur devra faire face aux obligations et responsabilités clairement établies ; l'une de ses limites majeures est le discours de haine qui bien évidemment ne jouit d'aucune protection juridique. Afin de mieux sensibiliser l'orateur sur l'encadrement juridique du discours par le droit, nous analyserons quelques aspects des décisions de la Cour européenne des Droits de l'Homme afin d'en déterminer la portée pour l'orateur.

Spécifiquement, nous verrons tour à tour la position de la Cour sur : l'incitation à la discrimination ou à la haine raciale (A), le négationnisme et le révisionnisme (B). L'analyse nous permettra de mieux appréhender ces notions, mais surtout, elle permettra à tout orateur de savoir l'état du droit en la matière afin de pouvoir toujours plaider les valeurs de la tolérance, de la paix sociale, les valeurs républicaines et démocratiques qui constituent le fondement des sociétés civilisées.

A- L'interdiction d'inciter à la discrimination ou la haine raciale.

Dans son discours, l'orateur devra faire preuve de prudence. Son allocution devra toujours promouvoir les valeurs démocratiques de l'État de droit et lorsque nécessaire, la révolution démocratique surtout lorsqu'on fait face aux injustices sociales. Il s'abstiendra donc d'inciter à la discrimination ou à la haine raciale comme on l'a vu dans des périodes sombres de l'histoire de l'humanité. L'incitation à la discrimination ou à la haine raciale est le fait pour un orateur de faire des déclarations dans un discours, afin de pousser des tiers à manifester de la haine, de la violence ou de la discrimination à l'encontre d'un groupe donné, en raison de leur religion, de leur origine nationale ou ethnique.

La Cour européenne des Droits de l'Homme, à l'occasion de l'affaire Le Pen c. France s'est prononcée sur la question de l'incitation à la discrimination ou à la haine raciale. En l'espèce, le requérant Le Pen était à l'époque des faits, président du Front national, un parti politique de France. Il alléguait spécialement que sa condamnation pour : « provocation à la discrimination, à la haine, à la violence envers un groupe de personnes en raison de leur origine, de leur appartenance ou de leur non-appartenance à une ethnie, une nation, une race ou une religion indéterminée », pour les propos qu'il avait tenus sur les musulmans en France dans un entretien au journal le Monde dans lequel il affirmait que : « le jour où nous aurons non plus 5 millions, mais 25 millions de musulmans, ce seraient eux qui commanderont. ». À violer sa liberté d'expression.

La Cour européenne, avant tout débat au fond, a déclaré la requête irrecevable. Elle a ensuite continué en affirmant que bien que les propos du requérant s'inscrivaient dans le cadre d'un débat d'intérêt général lié aux problèmes de l'installation des immigrés dans les pays d'accueil : « les propos du requérant cependant, avaient assurément été susceptibles de donner une image inquiétante de la communauté musulmane dans son ensemble, pouvant susciter un sentiment de rejet et d'hostilité. Il opposait d'une part les Français et d'autre part une communauté dont l'appartenance religieuse était expressément mentionnée, et dont la forte croissance était présentée, comme une menace déjà présente pour la dignité et la sécurité des Français. » La Cour européenne a finalement conclu que les motifs de condamnation du requérant qu'avaient retenu les juridictions internes étaient pertinents et suffisants. « En outre la condamnation prononcée n'avait pas été disproportionnée », affirment les juges hautement intelligents de la Cour européenne des Droits de l'Homme. La cour a, dès lors, conclu que : « l'ingérence dans l'exercice du droit du requérant à la liberté d'expression avait été nécessaire dans une société démocratique »[422].

Comme on peut le voir dans cette décision de la Cour européenne, en faisant une telle affirmation sur les musulmans de France, le requérant a incité les Français à la discrimination et à la haine contre la communauté musulmane : c'était un discours de haine. C'est certainement pourquoi les juges hautement intelligents de la Cour ont donné raison aux juridictions internes tout en justifiant l'ingérence de l'État dans l'exercice du droit du requérant à la liberté d'expression par la nécessité dans une société démocratique. le discours de haine en lui-même ne bénéficiant d'aucune protection juridique.

L'orateur en toute circonstance devrait tenir compte de ce précédent jurisprudentiel, afin de prononcer des discours qui participent à l'unité des peuples, au vivre ensemble, à la promotion de la paix, au multiculturalisme et à des valeurs républicaines. Comme l'a si bien reconnu la Cour européenne des Droits de l'Homme à l'occasion de plusieurs affaires, l'orateur veillera à promouvoir dans ses interventions les valeurs de la tolérance, de paix sociale et d'inclusion qui constituent le terreau des sociétés démocratiques. Sous un angle strictement juridique, la décision est essentiellement européenne, c'est dire qu'elle ne s'impose pas aux orateurs non européens. Toutefois, elle pourrait tout de même avoir une valeur morale, symbolique et même pédagogique pour d'autres continents, cela trouvera certainement un écho favorable sous d'autres cieux. L'histoire de l'humanité a donné à voir des orateurs comme Nelson Mandela, Barack Obama, Martin Luther King… Ils n'ont jamais eu des discours de haine, mais la capacité à développer un certain sens du vivre ensemble.

S'il est vrai que l'orateur devrait s'abstenir de prononcer tout discours visant à inciter le peuple à la discrimination et la haine raciale, il n'en demeure pas moins vrai que ce dernier ne devrait pas rester les bras croisés face aux actes de discrimination et de haine raciale. C'est en dénonçant de telles attitudes à la lumière d'une rhétorique révolutionnaire qu'il actionne la révolution de nature à garantir un changement systémique de qualité. C'est en effet proprement ne pas accomplir sa mission historique que de garder le silence lorsque les injustices sociales les plus criantes de cessent de gagner du terrain. On peut noter pour s'en réjouir une telle rhétorique révolutionnaire dans l'intervention du nationaliste congolais Patrice Lumumba qui dans un discours resté louable dénonce avec vigueur la haine raciale et la discrimination ayant ponctué la colonisation du Congo par la Belgique. En combattant de la liberté, il dénonce dans une rhétorique très révolutionnaire le mépris de son peuple basé sur la couleur de sa peau. Ainsi peut-on le constater dans son discours historique du 30 juin 1960 : « Cette lutte qui fut de larmes, de feu et de sang, nous en sommes fiers jusqu'au plus profond de nous même, car ce fut une lutte noble et juste, une lutte indispensable pour mettre fin à l'humiliant esclavage qui nous était imposé par la force (…) Qui oubliera qu'a un Noir on disait "Tu", non certes comme à un ami, mais parce que le "Vous" honorable était réserve aux seuls blancs ? (…) Nous avons connu que la loi ne fût jamais la même selon qu'il s'agissait d'un blanc ou d'un Noir : Accomodante pour les uns, cruelle et inhumaine pour les autres. (…) Nous avons connu qu'il y'avait dans les villes des maisons magnifiques pour les Blancs, et des paillotes croulantes pour les Noirs, qu'un Noir n'était admis ni dans les cinémas, ni dans les restaurants, ni dans les magasins dits européens, qu'un Noir voyageait à même la coque des péniches, aux pieds du Blanc dans sa cabine de luxe (…) »[423].

L'orateur révolutionnaire Lumumba dans ce discours d'anthologie dénonce la haine raciale, et la discrimination qui furent les fondements du système colonial belge. Cependant il n'incite pas le peuple congolais à la discrimination contre les Belges. Il s'abstient d'utiliser une rhétorique de la haine qui serait contraire aux idéaux de justice sociale et de liberté tant prônée par le nationaliste. Cependant et heureusement il pense à des lendemains meilleurs pour ses concitoyens. Des lendemains fortement marqués par le triomphe de l'État de Droit au Congo malgré les blessures d'un passé resté encore très fraiches dans les mémoires : « Nous allons supprimer efficacement toute discrimination quelle qu'elle soit et donner à chacun la juste place que lui vaudra sa dignité humaine, son travail et son dévouement au pays. Nous allons faire régner non pas la paix des fusils (…), mais la paix des cœurs et des bonnes volontés (…) »[424]. On peut voir un premier ministre qui bien que reconnaissant les atrocités de la colonisation et ses penchants racistes appelle son peuple à la réconciliation, au vivre ensemble et non à la vengeance contre ses oppresseurs d'hier. Dans une rhétorique pacifique, il exprime son espoir de construire dans un avenir proche une nation qui respecte les Droits et libertés de ses concitoyens et amis. Sans égard à l'origine ethnique, la couleur ou obédience politique de chacun. Le révolutionnaire Lumumba est allé jusqu'au sacrifice suprême pour espérer voir cette cause triompher au bonheur des Congolais et Africains. Il a incarné l'engagement social et le sens du sacrifice que devrait posséder tout orateur révolutionnaire. Lumumba parvient par ses mots à faire de la beauté du discours un vecteur de lutte contre les injustices, et diverses discriminations. Ce sens du sacrifice peut ainsi se noter dans la dernière lettre à sa femme Pauline écrite du fond de sa prison sombre du Katanga[425] où l'orateur en dépit de la torture physique et psychologique de ses bourreaux ne renonce pas un tant soit peu à ses convictions sacrées. Des convictions qu'il a toujours défendu sur les hauts plateaux de la discipline, sans toutefois boire à la coupe de l'amertume et de la haine.

Lumumba incarne incontestablement cette noblesse recherchée chez l'orateur distingué. Un orateur au service de la justice sociale, un orateur au service de la paix et de la cohésion nationale. Un orateur enfin qui ne met pas sa main dans un gang de velours pour dénoncer les violations de Droits et de la dignité humaine. Il est donc clair que l'orateur révolutionnaire devra comme Lumumba dénoncer toute injustice fondée sur la discrimination, tout en opposant à l'injustice le Droit et au besoin le système de justice. Opposés aux injustices, la paix et le Droit relèvent de l'élégance intellectuelle, la noblesse qui caractérise les grands orateurs, les grands révolutionnaires.

Crédit photo : Michael vionis pour purée maison

Le débat rapproche les peuples en créant un climat des plus joivial dans le quel les orateurs de toutes les nations cheminent main dans la main et dans une osmose de convivialité. Sans distinction de nationalité, de religion ou de classe sociale. Le débat dans ce sillage devrait être envisager comme mode de résolution des conflits, vecteur de la paix entre les peuples. Tel qu'on peut le lire sur les visages de ces orateurs unis par le débat et heureux de savourer les délices de la rhétorique.

B- L'interdiction du négationnisme et du révisionnisme.

Il y a des faits historiques comme l'Holocauste et bien d'autres que l'orateur ne remettra jamais en question. En Belgique et en Europe, cela considéré comme une infraction grave parce que l'orateur est avant tout un homme d'honneur, il est de son devoir de restituer l'histoire et surtout des faits graves survenus dans l'histoire. Le négationnisme est un déni des faits historiques, malgré la présence de preuves flagrantes rapportées par les historiens, et ce, à des fins racistes et politiques. Le révisionnisme est le fait pour un orateur de vouloir toujours réinterpréter ou remettre en perspective des faits en accord avec des données objectives sans opérer de réelles sélections.

La Cour européenne des Droits de l'Homme s'est prononcée sur un cas de négationnisme et de révisionnisme à l'occasion de l'affaire : M'bala M'bala c. France. En l'espèce Dieudonné M'bala M'bala, humoriste engagé avait été condamné pour injure publique envers une personne ou un groupe de personnes en raison de leur origine ou de leur appartenance à une ethnie, une nation, une race, ou une religion déterminée, dans le cas d'espèce, les personnes d'origine ou de confession juive. À la fin d'un spectacle donné dans la salle du « Zénith » de Paris en 2008, l'intéressé avait invité Robert Faurisson — un universitaire condamné en France à plusieurs reprises en raison de ses thèses négationnistes et révisionnistes consistant à nier l'existence des chambres à Gaz dans les camps de concentration — à le rejoindre sur scène pour recevoir les applaudissements du public, et se faire remettre le prix de : « L'infréquentable et de l'insolence ». Ce prix, symbolisé par un chandelier à trois branches coiffées de trois pommes, lui avait été remis par un figurant vêtu d'un pyjama rayé sur lequel avait été cousue avec une étoile jaune portant la mention : « Juif », qualifié « d'habit lumière », le représentant ainsi en déporté des camps de concentration.

La Cour européenne des Droits de l'Homme a déclaré la requête irrecevable avant tout débat de fond. Elle a jugé que le requérant ne pouvait bénéficier de la protection de l'article 10 (liberté d'expression) de la convention. La cour a estimé qu'au cours du passage litigieux, la soirée avait perdu son caractère de spectacle de divertissement pour devenir un meeting qui, sous le couvert de la représentation humoristique, valorisait le négationnisme du fait de la place centrale accordée à l'intervention de Robert Faurisson, et dans la mise en position avilissante des victimes juives des déportations, face à celui qui niait leur extermination. Aux yeux de la cour, il ne s'agit pas d'un spectacle qui, même satirique ou provocateur, relèverait de la protection de l'article 10 de la convention ; mais en réalité, dans les circonstances de l'espèce, d'une démonstration de haine et d'antisémitisme, ainsi que d'une remise en cause de l'holocauste. Travestie sous l'apparence d'une production artistique, elle était aussi dangereuse qu'une attaque frontale et abrupte, tout en représentant l'expression d'une idéologie qui va à l'encontre des valeurs de la convention. Pourtant la cour a considéré qu'en l'espèce : « le requérant avait tenté de détourner l'article 10 de sa vocation en utilisant son droit à la liberté d'expression à des fins contraires au texte et à l'esprit de la convention et qui, si elles étaient admises, contribueraient à la destruction des droits et libertés garantis par la convention »[426]

À la lumière de ce précédent, il va de soi que l'orateur en tout temps, fera preuve de précautions, peu importe le contexte de son discours. Il y a des évènements dans l'histoire qu'on ne peut nier dans un discours ou remettre simplement en question, ce serait manifester indirectement de la haine contre une communauté. L'orateur doit toujours être au-dessus de la mêlée. Les thèses négationnistes et révisionnistes devraient purement et simplement être éradiquées des discours. Elles ne respectent pas l'histoire, elles participent à la haine et la discrimination contre une communauté : la communauté juive qui a vécu ces atrocités. Ces thèses ne peuvent aucunement bénéficier de la protection de l'article 10 de la convention européenne des droits de l'Homme ; il s'agit en effet d'un discours de haine qui ne bénéficie d'aucune protection, créant par la la même occasion des tensions et un malaise social aigu tel que l'a révélé l'affaire M'bala M'bala c. France. Pourtant, l'orateur est un homme de sciences, un pacificateur social, un républicain qui, par son discours, influence positivement sa société, sans pour autant l'étouffer ou l'asphyxier par des discours de haine à saveur antisémite.

II- l'état de la règle de droit sur le discours

Divers ordonnancements juridiques depuis quelques années se sont penchés sur la question des discours de haine. Les orateurs de la haine ont eu à causer trop de tort à l'humanité. Ils ont provoqué des guerres, des génocides, des tensions tribales et communautaires. Dans un tel contexte, le Droit ne saurait rester indifférent. Ce, d'autant plus qu'il est appelé à s'adapter à l'évolution de la société, à ses problèmes et ses tares les plus profondes. Chaque fois qu'un orateur prononcera un discours, le droit sera dans les parages pour lui rappeler que bien qu'il soit un ambassadeur de la liberté d'expression, cette dernière a bel et bien des limites. L'orateur n'utilisera jamais son droit à la liberté d'expression à des fins contraires aux textes et à l'esprit des lois. L'orateur s'abstiendra d'utiliser dans son oraison les mots de haine qui peuvent conduire à de véritables crimes de haine qui ont fait tant de victimes par le passé.

Le droit canadien nous semble ici assez généreux en matière de dispositions pertinentes visant à combattre les orateurs de la haine et les discours de haine. Que ce soit son code criminel, la loi canadienne sur les droits de la personne ou encore les lois provinciales, il y a une unanimité qui se dégage clairement sur le fait que les discours de haine n'ont pas droit de cité et devraient être combattus avec toute la rigueur nécessaire. C'est quasiment le même son de cloche qu'on peut noter en droit international où les discours de haine sont combattus à coups de canon. C'est ce que révèlent certaines dispositions du pacte international relatives aux droits civils et politiques, ou encore, la convention internationale sur l'élimination de toutes formes de discrimination raciale. Dans certains pays, la rhétorique de la haine connaît une ascension fulgurante et inquiétante. C'est la haine qui inspire certains orateurs qui s'adonnent à des discours susceptibles de freiner la cohésion nationale et la stabilité de l'État. C'est pourquoi, plusieurs pays ont soit voté et promulgué des lois spéciales contre les discours de haine, soit aménagé l'ordonnancement juridique interne afin de pouvoir y insérer des dispositions anti-discours de haine, comme l'ont fait le Cameroun et l'Afrique du Sud. Les législations nationales et internationales mises en surbrillance ici le sont à titre indicatif. Il serait judicieux pour chaque orateur, au-delà du droit international ratifié par son pays, de voir le droit positif pertinent de son pays sur la question des discours haineux, car après tout : « Nul n'est sensé ignorer la loi ». De manière générale, les lois de divers pays sont extrêmement rigoureuses sur le traitement du discours de haine. Cette situation évidemment, vise à faire de la rhétorique un vecteur de développement et non un problème social aigu.

Il ne fait l'ombre d'aucun doute que l'orateur qui monte au perchoir pour prononcer un discours a une responsabilité historique : celle de révolutionner sa société selon un esprit démocratique et républicain, en mettant en exergue des valeurs proches de la lettre et de l'esprit des lois. Il devra savoir les limites de sa rhétorique et les conséquences juridiques qui pourraient se produire si finalement il se livre à une escalade de la violence verbale, qui rappelle les moments peu glorieux de l'histoire de l'humanité. Il conviendrait que l'orateur, ce magicien de la parole, soit pour autant sensibilisé sur ce que prévoient divers ordonnancements juridiques en matière de discours de haine, afin de pouvoir agir ou de pouvoir s'ajuster en conséquence, pour un monde encore plus lumineux épargné du discours de haine et ses conséquences désastreuses. Ainsi, d'une part nous lèverons un pan de voile sur le droit canadien et les discours de haines (A). D'autre part, nous explorerons quelques articles du droit international sur la question des discours de haine (B). Enfin, nous analyserons les dispositions du droit camerounais et sud-africain sur ces discours haineux (C).

A- Le droit canadien face aux discours de haine.

Le droit canadien semble être plutôt généreux en matière de dispositions pertinentes visant à lutter contre les discours de haine tel qu'on peut le noter à travers son code criminel, sa loi sur les droits de la personne et ses nombreuses lois provinciales en la matière.

Le code criminel du Canada en son article 319 dispose que : « (1) quiconque, par la communication de déclaration en un endroit public incite à la haine contre un groupe identifiable, lorsqu'une telle incitation est susceptible d'entraîner une violation de la paix, est coupable : a) soit d'un acte criminel et passible d'un emprisonnement maximal de deux ans ; b) soit d'une infraction punissable sur déclaration de culpabilité par procédure sommaire… » L'orateur ne devra donc pas inciter à la haine contre un groupe identifiable. Il évitera dans son discours toute forme d'expression qui incite, promeut ou justifie la haine raciale, la xénophobie, l'antisémitisme ou d'autres formes de haine fondées sur l'intolérance, y compris l'intolérance qui s'exprime sous forme de nationalisme agressif et d'ethnocentrisme, de discrimination et d'hostilité à l'encontre des minorités, des immigrés et des personnes issues de l'immigration[427]. Mais surtout, l'orateur devrait savoir les sanctions qui s'imposent à lui par le Code criminel en cas de violation de l'article 319. Le législateur par cet article souhaite encourager des communications et déclarations davantage fondées sur la tolérance et le multiculturalisme qui constituent des valeurs canadiennes sacrées, des valeurs qui devraient inspirer l'orateur. La finalité de la rhétorique est de se mettre au service de la société, contribuer à révolutionner la société sur diverses dimensions ; elle est censée être au service du développement social tel que l'a démontré par le passé Cicéron, à travers son engagement social et communautaire. L'orateur qui se livre donc à la rhétorique de la haine est un pseudo orateur, inutile à la société. Il tombe naturellement sous l'emprise de l'article 319 du Code criminel.

C'est presque le même raisonnement qu'on note aux articles 12 et 13 de la loi canadienne sur les droits de la personne. La cour suprême du Canada, à l'occasion de l'affaire « Commission canadienne des droits de la personne c. Taylor » nous livre la teneur de ces dispositions tout en nous disant pourquoi on devrait lutter contre les discours de haine dans la société canadienne parée de rayons lumineux de l'État de droit et de la démocratie : « … la propagande haineuse présente une menace grave pour la société. Elle porte atteinte à la dignité et à l'estime de soi des membres du groupe cible et, d'une façon plus générale, contribue à semer la discorde entre différents groupes raciaux, culturels et religieux, minant ainsi la tolérance et l'ouverture d'esprit qui doivent fleurir dans une société multiculturelle vouée à la réalisation de l'égalité… ». Depuis son origine, la rhétorique n'a jamais eu pour objectif de semer la discorde entre les groupes de la société, c'est un moyen révolutionnaire, et l'orateur est un pacificateur et un unificateur. Le discours de haine n'est pas un discours que la rhétorique elle-même peut encenser, c'est un discours incolore, inodore et sans saveur, un discours qui se pose en s'opposant aux valeurs nobles de tolérance et du multiculturalisme relevées par les juges hautement intelligents de la Cour suprême du Canada, à l'occasion de l'affaire précitée. La valeur pédagogique de cette jurisprudence est de nature à inspirer de nombreux orateurs et à freiner des pseudo orateur ayant pour seuls credo et argument le discours de haine.

L'orateur fera donc un usage méthodique de l'art oratoire, afin de lutter pour des causes justes, afin de susciter la paix et l'harmonie quand règne la cacophonie. C'est un acteur social qui fait de la séduction oratoire un outil d'éveil des consciences pour opérer les révolutions nécessaires. Quand la justice sociale est menacée, la rhétorique est interpellée. Quand la paix sociale se voit perturbée, l'art oratoire devra la rétablir en vue de faciliter une plus grande cohésion de la société, et une marche vers les idéaux démocratiques. Le discours de Barack Obama lors du 50ᵉ anniversaire de la marche de Selma en est un exemple vivant. Dans une Amérique marquée par la brutalité policière et le racisme, le président Obama dénonce une gangrène qui fait honte à la démocratie et aux idéaux portés par les pères fondateurs. Il suggère plutôt l'avènement d'une société dans laquelle la diversité est valorisée, les droits fondamentaux encensés, une société dans laquelle, jeunes et vieux, riches et pauvres, démocrates et républicains, Noirs et Blancs, Hispaniques, Asiatiques et Amérindiens[428] fumeront le calumet de la paix pour une Amérique encore plus forte, une Amérique encore plus unie. Dans une tonalité ascendante, le président Obama — dans ce discours de Selma — déclare que : « Nous ferons une erreur de suggérer que le racisme a été banni, que le travail qu'ont entrepris les hommes et les femmes de Selma est terminé, et que les tensions raciales qui subsistent sont la conséquence de ceux qui utilisent l'aspect racial à leurs fins [...] Nous devons ouvrir nos yeux, nos oreilles et nos cœurs pour voir que cette histoire raciale jette encore son ombre aujourd'hui. Nous savons que cette marche n'est pas terminée »[429]. À l'image et à la ressemblance de l'orateur Obama, notre orateur révolutionnaire devrait lutter pour la justice sociale lorsqu'elle est méprisée, et prôner la paix lorsqu'elle est menacée. C'est aussi cela être un orateur révolutionnaire, à l'image de Barack Obama.

Le droit des provinces canadiennes et ses territoires est assez large en dispositions qui condamnent les discours de haine et la discrimination. C'est le cas de la charte québécoise des droits et libertés, la *Saskatchewan Human rights Code,* notamment en son article 14, et la *British Columbia Civil Rights protection* Act, notamment en son article 1[430], entre autres. Ces diverses dispositions visent à épargner la société du fléau des discours de haine. Elles visent enfin à accorder plus de place aux discours capables de mener la société vers son destin de gloire.

B- Le droit international face aux discours de haine.

Divers instruments de droit international traitent de la question des discours de haine. Ces pactes, traités et conventions ont été ratifiés par de nombreux États et ainsi, insérés dans l'ordre juridique interne. La ratification donne le droit à un justiciable d'invoquer le texte international devant les juridictions de droit commun. Une victime de discours de haine ou de crime de haine pourrait de ce fait plaider un texte international ratifié par son pays, traitant de la question des discours de haine devant les tribunaux ordinaires.

Le pacte international relatif aux droits civils et politiques, ratifié par la majorité des États, dispose en son article 20 : « 1. Toute propagande en faveur de la guerre est interdite par la loi. 2. Tout appel à la haine nationale, raciale ou religieuse qui constitue une incitation à la discrimination, à l'hostilité ou à la violence est interdit par la loi. » L'alinéa 1 prohibe formellement la propagande guerrière. La communauté internationale a encore en souvenir les épreuves douloureuses et désastreuses de la première et seconde guerre mondiale. Elle se souvient encore des guerres de libération en Afrique et la pléthore de morts, ainsi drainés. C'est ce qui justifie le fait de prendre des mesures préventives afin de pouvoir épargner l'humanité du fléau de la guerre : l'orateur a une responsabilité historique dans cette perspective.

La rhétorique guerrière ne devrait pas avoir de place dans un discours. L'orateur devra en tout temps prôner la paix et, lorsqu'elle est menacée, il devra prôner le dialogue, la médiation et même la conciliation entre les nations. Dans son alinéa 2, l'article 20 interdit des appels à la haine, ou l'incitation à la discrimination. C'est une mise en garde assez claire à l'égard de tout orateur qui fait de l'incitation à la haine le fondement de son argumentaire. Le pacte relatif aux droits civils et politiques nous indique clairement que la liberté d'expression consacrée par divers textes de droit de la personne a une limite. Cette limite, c'est la rhétorique guerrière, cette limite, c'est aussi et surtout le discours de haine qui ne mérite pas d'être protégé, mais, sanctionné avec la dernière énergie.

La convention internationale sur l'élimination de toutes les formes de discrimination raciale, ratifiée par la majorité des États, dispose en son article 4 : « Les États partis condamnent toute propagande et toute organisation qui s'inspirent d'idées ou de théories fondées sur la supériorité d'une race ou d'un groupe de personnes d'une certaine couleur ou d'une certaine origine ethnique, ou qui prétendent justifier ou encourager toute forme de haine et de discrimination raciale… » C'est le même esprit de l'article 20 du pacte international relatif aux droits civils et politiques qu'on peut voir se dégager dans cet article 4 : l'interdiction du discours de haine sous toutes ses formes. Mais plutôt un usage de la rhétorique pour accomplir les progrès de paix sociale et de cohésion entre les communautés.

La rhétorique, on ne le dira jamais assez, incarne une certaine dignité, une élégance certaine, une certaine noblesse. L'orateur révolutionnaire que nous voulons ne fera ni dans la propagande guerrière, et encore moins dans la propagande des discours de haine. C'est un citoyen engagé qui livre ses combats sur les hauts plateaux de la dignité et de la discipline[431]. Dans une Amérique fortement marquée par la discrimination raciale, le pasteur Martin Luther King, orateur distingué de son époque, s'est engagé dans le combat pour les droits civiques à travers des discours très écoutés par l'opinion publique américaine. Dans un contexte d'injustice sociale des plus flagrantes, l'éminent orateur affirmait dans une rhétorique très engagée : « … Le moment est maintenant venu de réaliser les promesses de la démocratie ; le moment est venu d'émerger des vallées obscures et désolées de la ségrégation pour fouler le sentier ensoleillé de la justice raciale ; Le moment est venu de tirer notre nation des sables mouvants de l'injustice raciale pour la hisser sur le roc solide de la fraternité ; le moment est venu de réaliser la justice pour tous les enfants du Bon Dieu… »[432]. L'orateur king, dans une situation de tension sociale, privilégie une approche démocratique, fraternelle et juridique qui permettrait à sa nation de connaître un printemps tant espéré de liberté et d'égalité aux États-Unis d'Amérique fortement marqués par le racisme dans les années 1960.

Une rhétorique de la haine dans un tel climat social hautement tendu aurait plongé le pays dans l'une des guerres civiles les plus sanglantes de l'histoire des États-Unis. Notre orateur révolutionnaire a mis la beauté de l'art oratoire au service du vrai, au service des institutions démocratiques, au service de la justice raciale et sociale. Cela est d'autant vrai que dans une articulation de son discours, il appelle son peuple à la dignité dans la bataille qui l'oppose à l'adversaire : « Mais il est une chose que je dois dire à mon peuple, debout sur le seuil accueillant qui mène au palais de la justice : en nous assurant notre juste place, ne nous rendons pas coupables d'agissements répréhensibles. Ne cherchons pas à étancher notre soif de liberté en buvant à la coupe de l'amertume et de la haine. Livrons toujours nos batailles sur les hauts plateaux de la dignité et de la discipline. Il ne faut pas que notre revendication créatrice dégénère en violence physique. Encore et encore il faut nous dresser sur les hauteurs majestueuses où nous opposerons les forces de l'âme à la force matérielle… »[433].

On peut clairement lire dans cet extrait que l'orateur king incarne les valeurs de dignité, discipline, tolérance, du vivre ensemble ; en somme, des valeurs nobles et sages qui font de la rhétorique et des orateurs des acteurs clés du développement social. Notre orateur de la révolution s'inspirera de Martin Luther King, de ses belles anaphores et de son art de mettre la beauté de l'art oratoire au service des causes nobles. Ainsi, pourrions-nous avoir une société dans laquelle le droit n'est plus simplement une vérité en deçà des Pyrénées et une erreur au-delà, mais aussi une société qui sanctifie et glorifie l'art oratoire pour sa beauté et son utilité sociale. Se servir de la beauté de la rhétorique pour défendre des causes hautement nobles nous semble être la mission première de l'orateur révolutionnaire. L'art oratoire aucunement, ne devrait s'éloigner de l'esprit républicain et démocratique, de la lettre et l'esprit des lois internationales.

C- Législations nationales et discours de haine.

Pour faire face à la montée vertigineuse du discours de haine et des orateurs suscitant par leur intervention des tensions communautaires et identitaires, la représentation nationale du Cameroun a aménagé le Code pénal afin de pouvoir y insérer des dispositions anti-discours de haine. La loi 2019/020 du 24 décembre 2019 modifiant et complétant certaines dispositions de la loi 2016/007 du 12 juillet 2016 portant code pénal, est donc, suite à la promulgation du président de la république, venue aménager le Code pénal ; un aménagement qui permet d'adapter le code aux réalités de son temps. Au sortir d'une élection très contestée, l'escalade de la violence verbale était devenue le sport favori de nombreux Camerounais.

On peut lire à l'article 241 — (nouveau) « Outrage aux races et aux religions. (1) Est puni d'un emprisonnement de six jours à six mois et d'une amende de cinq-mille à cinq-cent-mille francs, celui qui commet un outrage tel que défini à l'article 152 du présent code, à l'encontre d'une race ou d'une religion à laquelle appartiennent un ou plusieurs citoyens ou résidents… » Le législateur vise à travers une telle disposition à protéger les communautés religieuses qui cohabitent dans le pays. Dans ce contexte, l'orateur veillera toujours à ce que son discours épouse la lettre et l'esprit des lois. L'article 241-1 nouveau traite de l'outrage à la tribu ou à l'ethnie. Des sanctions lourdes sont réservées aux contrevenants. Dans un pays si divers, construit autour de plus de 250 ethnies, il est nécessaire que l'orateur fasse preuve de prudence lorsqu'il prononce son oraison. Des valeurs tels la tolérance, le multiculturalisme, le vivre ensemble devrait être en tout temps encensées, afin de permettre l'éclosion d'un climat social des plus favorable.

L'Afrique du Sud, pour sa part, après des années de politique fondée sur la haine, a finalement élaboré l'un des textes les plus modernes en matière de répression et de prévention des discours de haine. Dans son *Prevention and combating of hate crime and hate speech bill*, l'Afrique du Sud procède à un élargissement des cas d'ouverture du discours de haine. La lecture de l'article 3 permet de comprendre que tout discours visant à discriminer une personne victime d'albinisme, de handicap, de VIH, peut déboucher sur une qualification de discours de haine, au-delà des autres critères généralement admis. Des sanctions lourdes sont prévues : elles vont de l'emprisonnement aux amendes salées.

L'orateur, comme l'a démontré Cicéron, devrait se rendre utile à la société par ses discours révolutionnaires et rassembleurs, mais surtout par son engagement social et communautaire, pour joindre la parole à l'acte. Il ne discriminera pas, respectera la loi et les valeurs de la République. Il sera toujours au service de la nation, aidant à écrire les plus belles pages de l'histoire de son pays. Dans une Afrique du Sud qui a subi pendant des siècles l'odieux système de l'Apartheid, dans un Cameroun victime multiethnique qui a connu les tensions communautaires les plus extrêmes, l'art oratoire peut encore apporter des solutions au processus d'une révolution pacifique. Les orateurs privilégieront une rhétorique de la tolérance et de la paix qui évitera de verser de l'huile sur le feu, en créant l'embrasement de la situation. Tel que Nelson Mandela, l'orateur des orateurs d'Afrique a eu à le démontrer malgré plus de 25 années de prison sous l'Apartheid. Au moment où ses compatriotes et camarades de l'African national Congress appelaient à la vengeance et aux armes, notre orateur Mandela, dans une rhétorique révolutionnaire et pacifique, a appelé ses camarades à privilégier les options pacifiques notamment, à croire en la démocratie imminente dans le pays, matérialisé par les premières élections libres à venir. Mandela a toujours prôné la paix et l'amour de son concitoyen comme dans cet extrait : « Personne ne naît en haïssant un autre à cause de la couleur de sa peau. Ou de son passé ou de sa religion. Les gens doivent apprendre à haïr. Et s'ils peuvent apprendre à haïr, on peut les enseigner à aimer, car l'amour naît plus naturellement dans le cœur de l'homme que son contraire ».

Mandela, par ses discours et actions, nous fournit l'un des plus brillants exemples de ce que devrait être un orateur révolutionnaire, un leader charismatique : il est au service de la démocratie, de la république et de l'idéal de justice. C'est un homme de discours certes, mais aussi un homme d'action, un modèle pour la génération montante. Mandela, dans ce contexte, s'est servi de ses compétences rhétoriques pour épargner à son pays l'Afrique du Sud, un bain de sang, en faisant triompher la démocratie par des manœuvres pacifiques. C'est ce que devrait être notre orateur révolutionnaire.

Le Droit tient l'orateur en état

Malgré les multiples pirouettes rhétoriques qu'il maîtrise pour avoir toujours raison sur son adversaire, l'orateur distingué devra tout de même observer certaines règles d'éthique élémentaires, afin de donner davantage de crédibilité à son discours et même à sa personne. L'éthique du discours consiste précisément entre autres, à faire des déclarations qui peuvent se démontrer lors d'un débat contradictoire dans lequel une préséance est accordée à la force des arguments. L'éthique du discours c'est aussi la capacité pour l'orateur de faire abstraction du plagiat dans une intervention, afin qu'on puisse aisément distinguer les arguments qu'il avance et les autorités qu'il invoque pour soutenir lesdits arguments. Par nature, l'orateur incarne des valeurs de la haute société ; c'est un homme distingué qui, par les rouages de la parole, souhaite inscrire son nom en lettres d'or dans l'histoire de sa société. Ce dessein oh combien louable, ne pourrait se faire si l'Homme de verbe ne fait pas de l'éthique une règle sacro-sainte de son passage à divers perchoirs pour convaincre son auditoire du bien-fondé ou du mal-fondé d'une cause. Aussi, la rhétorique qu'incarne l'orateur s'avère être la forme la plus expressive de la liberté d'expression. Selon une certaine opinion, au commencement du monde était le verbe, et le verbe se réalisa. Prendre la parole est définitivement l'un des grands privilèges de la vie. La Parole peut construire un monde merveilleux réellement semblable au pays des merveilles d'Alice. De la même façon, la parole peut aussi inciter à des guerres, des génocides, des tensions communautaires et ethniques ; elle peut détruire le monde. C'est dans cet esprit que les griots, dans l'Afrique ancienne, considéraient la parole comme sacrée, estimant que toute parole n'est pas bonne à dire. Et pour montrer ce caractère sacré de la parole, avant de prendre la parole, une tradition voudrait qu'il affirme : « Que ce qui soit dit soit dit et que ce qui soit tu, soit tu ». L'orateur devra savoir tenir sa langue et ainsi éviter une rhétorique qui pourrait enflammer sa société. C'est une responsabilité historique de pouvoir prononcer un discours. Ce dernier peut autant bâtir tout comme il peut détruire, d'où l'urgence de pouvoir respecter le droit qui s'applique aux discours. Ce dernier interdit formellement le discours de haine qui apparaît comme un réel cancer social, renversant les fondements de la société à une vitesse éclair. La Première Guerre mondiale, la Seconde Guerre mondiale, le génocide rwandais, arménien, l'holocauste, les tensions communautaires en Afrique et en Amérique latine ont pour cause la rhétorique de la haine, la rhétorique guerrière, le discours de haine.

L'art oratoire depuis Cicéron n'a jamais eu pour projet de détruire la société, mais de l'améliorer pour un futur encore radieux. L'orateur est un pacificateur, un homme d'honneur qui devrait incarner les valeurs du multiculturalisme, de la tolérance, du vivre ensemble, et de l'engagement communautaire. C'est un révolutionnaire incarnant les valeurs républicaines, avec le but ultime de mettre la rhétorique au service de la démocratie et du développement intégral de sa société. Tant de personnes ont perdu leur vie à cause des discours de haine, tant de sang aura coulé du fait de la rhétorique guerrière, tant de droit furent brimés parce que des individus ont pensé que le discours de haine était une arme rhétorique. L'orateur que nous souhaitons devrait travailler à épargner le monde de demain du fléau de la guerre, des génocides et de la rhétorique de la haine. De ce fait, tout orateur qui encourage ou prononce des discours de haine au détriment des du poids des idées et de la force des arguments est un pseudo-orateur, inutile à la société. Il répondra de ses actes devant les instances juridictionnelles compétentes. Les États du monde ont adopté des lois assez sévères visant à sanctionner ceux qui prononcent des discours de haine, le droit international positif est assez généreux en dispositions pertinentes qui condamnent rigoureusement les discours de haine. Les tribunaux internationaux, notamment la Cour européenne des Droits de l'Homme et la cour pénale internationale ont produit une jurisprudence abondante qui condamne la rhétorique de la haine dans toutes ses variantes. Il revient donc à l'orateur contemporain, dépendamment de son pays et son continent, de chercher les lois et la jurisprudence pertinente qui pourraient s'appliquer à lui si jamais il tombe sous l'emprise des lois. L'objectif d'une telle curiosité n'est pas seulement pour assurer une défense éventuelle, mais afin de pouvoir prévenir la survenance de mots ou expressions déplacés dans un discours et s'assurer si ces discours et actions s'inscrivent dans le sillage des missions nobles de la rhétorique : favoriser l'émergence sociale ! Autrement, on n'est pas orateur, mais propagateur de la haine ! Une attitude qui tombe naturellement sous l'emprise des lois. L'orateur distingué devra en tout temps faire preuve de sagesse. Une telle sagesse serait de nature à épargner ses discours d'une rhétorique haineuse essentiellement nocive à la société. Et, comme le reconnaissait déjà Cicéron : « l'éloquence sans la sagesse n'est souvent que trop funeste, et ne peut jamais être utile. Aussi, l'homme qui, oubliant la sagesse et le devoir, s'écartera des sentiers de l'honneur et de la vertu, pour donner tous ses soins à l'étude de l'éloquence, ne peut être qu'un citoyen inutile à lui-même, et dangereux pour sa patrie »[434].

CONCLUSION

La rhétorique en somme est d'une importance cruciale pour la construction des sociétés. L'histoire récente et lointaine de l'humanité nous donne à voir que la rhétorique a fondé des villes, éteint des guerres et tensions communautaires. Elle a été à l'origine de traités de paix, d'armistices qui ont évité à l'humanité des catastrophes humanitaires d'une extrême gravité. Lorsque l'orateur, avec maestria, parvient à mettre toute la beauté et la splendeur de l'art oratoire au service des causes nobles et honorables, il parvient par la même occasion à susciter une révolution qui sera inscrite en lettres d'or dans les mémoires des générations présentes et futures. Il y a des discours qui ont changé le cours de l'Histoire tout en marquant les consciences individuelles et collectives. On se rappellera toujours du : « Je vous ai compris » du Général de Gaule, l'« *Ich bin ein Berliner* » de Kennedy, le : « *I have a dream* » du pasteur Luther King junior, ou encore le « Congolais » de Patrice Lumumba à l'occasion de la proclamation d'indépendance de son pays. La rhétorique serait de ce fait au service de la sagesse. Une rhétorique qui se distance de la sagesse et de ses valeurs nobles serait simplement superfétatoire et peu utile pour les « révolutions ». L'orateur distingué ne s'écartera donc jamais des « sentiers de l'honneur » et du sens du devoir ; dans le cas contraire, il serait dangereux pour sa patrie[435].

Une rhétorique bien maîtrisée permet de révolutionner, dans une tendance méliorative, sa patrie. Tel qu'on l'a vu dans les cités d'Athènes et de Rome, tel qu'on l'a vu à l'occasion des grandes Révolutions lumineuses ayant marqué l'histoire des Amériques, d'Europe, d'Afrique, d'Asie et d'Australie. l'art oratoire a toujours été au début et au terminus de divers mouvements révolutionnaires. Il va donc de soi qu'il est appelé à jouer un rôle majeur pour le devenir des peuples, individus et États du monde contemporain. Mais encore faudrait-il que l'orateur maîtrise dans les moindres détails les missions de la rhétorique qui sont : prouver, plaire, et émouvoir (*Docere, delectare, movere*) dans un plaidoyer, dans un discours politique ou encore des négociations commerciales[436]. Avant tout, l'orateur est un pédagogue, qui enseignera des choses nouvelles à travers son discours. Il ne pourra réaliser cette mission pédagogique à lui reconnue par la rhétorique antique que s'il adopte un mode de raisonnement scientifique qui permette de faire triompher la vérité de manière logique, de manière naturelle. Notre orateur révolutionnaire devra avoir les qualités d'un chercheur. Ainsi saura-t-il comment trouver les arguments ou comment les dénicher ; il distinguera les lieux communs des lieux propres. L'orateur distingué ne peut se passer de haute stratégie : une fois les arguments pertinents trouvés, il fera preuve de discernement et de méthode dans le processus du choix d'agencement, mais surtout de disposition desdits arguments qui serviront à plaider sa cause dans la plus grande objectivité. La maîtrise du logos permet à l'orateur de convaincre son auditoire en parlant à son esprit, à sa raison, pour démontrer le bien-fondé du changement qu'il souhaite opérer dans la cité. Ensuite, notre orateur de la révolution se posera avant tout en charmeur, en « dragueur » de calibre exceptionnel. Son élocution et son action oratoires caresseront son auditoire dans le sens du poil, dans le but de faire passer subtilement la cause qu'il défend, pour qu'elle trouve un écho favorable auprès de ceux-ci. Enfin, à travers les figures de style décoratives et l'amplification du discours, à travers divers artifices rhétoriques, notre orateur parviendra à prononcer un discours qui touchera directement le cœur des auditeurs. Cette incitation des passions et émotions vise à émouvoir l'auditoire, dans l'espoir de tendre vers la victoire, dans l'espoir de voir la cause ainsi mordicus défendue triompher tout en implémentant les changements escomptés. Le débat parlementaire structuré apparaît depuis quelques années comme la forme contemporaine d'apprentissages de l'art oratoire. Il s'avère indispensable de savoir comment fonctionne chaque système en théorie, mais surtout en pratique. La maîtrise de divers systèmes notamment français, britannique, canadien ou américain permettrait de développer divers aspects de la rhétorique et tendre vers un perfectionnement oratoire. Le monde dans lequel nous vivons a été marqué par divers conflits identitaires. En sa qualité d'Homme d'honneur, l'orateur devrait être sensibilisé aux enjeux juridiques et éthiques du discours parce qu'il devient primordial d'épargner la rhétorique d'un malaise qui la dévalorise : le discours de haine, le mépris des règles élémentaires de l'éthique du discours. Une attitude qui détruirait l'unité de la cité comme la grêle tuerait une fleur. Cette attitude épargnerait la cité des catastrophes qui arrivent quand elle connaît des moments des plus florissants.

À l'aurore de l'an 2000, on note dans le monde un renouveau de la rhétorique qui semble reprendre progressivement ses lettres de noblesse. De plus en plus, des personnes et institutions se rendent compte de ce que l'art oratoire serait la clef de voûte de l'ascension sociale, de la construction, voire la consolidation de l'État de droit et la démocratie. Le monde de la haute finance et des affaires s'y intéresse de plus en plus pour la valeur ajoutée que la rhétorique pourrait apporter, non seulement aux entreprises, mais aussi au développement des affaires. Les concours d'éloquence et de plaidoirie ne sont plus le monopole des étudiants en droit à la Sorbonne et bien ailleurs dans le monde. Depuis 2012 d'ailleurs, l'université Paris Sorbonne propose une formation nommée *Fleurs d'éloquence,* une formation qui débouche sur un concours. Les instituts d'études politiques, les écoles de commerce et d'ingénieurs développent des approches similaires ; des sociétés de débat naissent dans les facultés comme des champignons et s'adonnent à de nombreux concours d'éloquence[437]. La pratique de l'éloquence est définitivement un moyen pour l'étudiant de valoriser ses compétences, elle démontre auprès des recruteurs qu'un candidat serait déterminé et prêt à affronter toute catégorie de défi. L'insertion socioprofessionnelle d'un jeune commence généralement par une entrevue : soit pour un emploi, soit pour l'entrée dans une grande école. Aussi, maîtriser l'art oratoire permet à tout candidat de démontrer de quoi il est capable. Bien que le candidat soit spécialisé et porté vers la technique, ces compétences, oh combien louables, ne seraient pas connues s'il ne maîtrisait pas l'art de la parole selon Camille wallecan[438]. C'est la raison pour laquelle, peu importe la filière ou la spécialisation du citoyen, il est de la responsabilité de chacun de se mettre à l'école de la rhétorique, car elle permet de bénéficier, dans une société libre et démocratique, de l'égalité des chances[439]. La rhétorique fait partie de l'enseignement officiel de nombreuses universités américaines et asiatiques, une situation qui donne à croire qu'on assiste à une résurrection progressive d'un art qui a fait la grandeur des grandes nations, des grandes démocraties. Cela est d'autant vrai qu'une récente décision du gouvernement français a réintroduit l'épreuve d'oral au Baccalauréat français à compter de 2021. C'est un réel moment de gloire pour la rhétorique qui certainement bientôt, nous l'espérons, réintégrera l'enseignement formel dans ce pays fortement marqué par le siècle des Lumières et ses idées révolutionnaires. En Afrique depuis quelques années, des sociétés d'art oratoire et de débat forment des jeunes, des écoles d'art oratoire naissent pour les professionnels et politiciens, mais la rhétorique reste encore peu vulgarisée.

À l'invitation d'Africa3535 en Côte d'Ivoire, alors que je recevais un prix jeunesse en plaidoyer et société civile, je me suis exprimé au centre français d'Abidjan devant des entrepreneurs et acteurs de la société civile. À cette occasion, nous avions reconnu que l'art oratoire est une compétence indispensable pour le développement des entreprises. Une bonne maîtrise de la rhétorique permettrait de réussir ses négociations commerciales, son marketing, ses publicités ou même, conquérir de nouveaux marchés. L'art oratoire au-delà de tout développe chez l'entrepreneur ou l'homme d'affaires des compétences en leadership qui nous semblent indispensables pour assurer le rayonnement d'une entreprise qui se respecte. Sur un tout autre plan, dans une Afrique marquée historiquement par les tensions communautaires, les guerres, génocides, la corruption, les injustices sociales de tout genre, j'ai eu à démontrer comment la maîtrise de la rhétorique pouvait permettre la construction d'une Afrique épargnée du fléau des discours de haine. J'ai partagé le rêve de voir l'Afrique plus pacifique, et des Africains cheminant main dans la main pour la construction d'un avenir prometteur, grâce à la pratique de l'art oratoire qui installe l'esprit critique nécessaire à l'épanouissement des valeurs républicaines et démocratiques portées par la rhétorique. Comme nous l'avons mentionné, la rhétorique est un art noble qui draine avec lui des valeurs nobles telles : Le multiculturalisme, la tolérance, le vivre ensemble, la justice sociale, le pardon, la réconciliation, mais aussi, le sens du service public, du service civique et l'engagement communautaire. Nous avons pu conclure avec les acteurs de la société civile africaine que c'est bien possible de soigner ses maux par des mots[440], mais aussi des actions concrètes tenant compte d'un certain nombre de valeurs louables. Dans cette mouvance, il me souvient, lors de mon engagement auprès de la fondation de plaidoyer américaine ONE, j'ai pu noter comment la force des convictions et l'engagement social pouvaient influencer les décisions des hautes instances sur les questions de développement international ; notamment la lutte contre les maladies évitables, la corruption et les grandes criminalités financières, la promotion de la bonne gouvernance de l'environnement, de l'égalité de droit et l'égalité des chances pour tous dans une société libre et démocratique. Nous avons toujours été animés par la volonté de voir nos valeurs et convictions éclore par des actes concrets et ainsi, apporter le changement social nécessaire. Ce sens de la responsabilité sociale découle de la pratique méthodique de la rhétorique, qui révèle en nous notre mission tout en nous permettant de voir comment l'accomplir. L'orateur est dès lors un acteur de changement qui, porté par des convictions, est prêt à consentir les sacrifices nécessaires pour mener les révolutions imposées par les réalités sociales et économiques de son époque.

Il devient donc primordial, étant donné que la rhétorique est noble et ne s'éloigne ni des « sentiers de l'honneur » ni de la vertu ou de la sagesse, de la démocratiser, de permettre que tout le monde puisse avoir accès à l'art oratoire pour l'égalité des chances dans la société, de permettre que la rhétorique soit vulgarisée afin de former les jeunes leaders qui mèneront les révolutions de demain. Mais surtout, puisse la rhétorique être réhabilitée en réintégrant l'enseignement officiel autant au primaire, au secondaire qu'à l'université ou dans les grandes écoles comme l'école du barreau, les instituts d'études politiques, les écoles d'ingénieur ou de commerce. De telles options garantiraient l'avènement d'une société caractérisée par la consolidation de la démocratie, des valeurs républicaines et de l'État de droit. Une société dans laquelle on assiste régulièrement au choc des idées sans être jugé sous la base d'autres considérations, mais seul, sur le poids des idées et la force des arguments. Une société avec plus d'égalité, de justice sociale, d'éthique dans les affaires. Une société dans laquelle il fait plaisir de féliciter un adversaire idéologique ou politique quand ses idées triomphent au détriment des nôtres. Une société dans laquelle, dans une osmose de convivialité, s'élève au-dessus de la mêlée, le parfum des mots.

REMERCIEMENTS

À Gabriel Meunier, Sabrina Fauteux, Yrech Chery, Isabelle Jallifier-Verne, Marianne Amar, Patrice César, Olivier Coulombe, Élisabeth Arsenault, Eugène Aferin, Simplice Zombre, Maruis Binyou, Ernest Folefack, Marie-Hélène Haché, Sylvie Bollini, Amanda Carrasco, Christian Charlot, Évariste Manene, Nathan FW, Tracy Ntumba Busanga Munyoka, l'équipe de débat de l'université de Montréal, les offices jeunesse internationaux du Québec.

Et à

Nadine Yanmo, Hilaire pièrre lekeufack, Anatole Mendou, Sabine Mendou, Polycarpe Nawessi, Claude Gilles Djoumessi, Andrée Ngongang, Jean Yemene Kenne, Jean-Marie Mekontchou, Francois Nokam, Ariane, Euloge pascale, Boniface, Sorel et crysologue Mendou.

INDEX DES PLANCHES

BIBLIOGRAPHIE:

1. Ahmadou Kourouma *Soleil des indépendances*, presses de l'université de Montréal, 1968.

2. Alessandro Traversi. *La défense Pénale, Techniques de l'argumentation et de l'art oratoire*, édition bruylant.

3. André Lalande. *Vocabulaire technique et critique de la philosophie*, PUF.

4. Aristote. *Organon, topiques*, Paris, Éditions LES BELLES LETTRES.

5. Aristote. *Rhétoriques*, édition les classiques de la philosophie,/le livre de poche

6. Arthur Schopenhauer. *L'art d'avoir toujours raison*, Éditions Milles. Et. Une nuit.

7. Bertrand Perrier. *La parole est un sport de combat*, édition JC Lattès.

8. C. Perelman. *L'empire rhétorique, rhétorique et argumentation*, édition VRIN, 1997

9. Christophe Boutin. *Les grands discours du XXe siècle*. Édition Flammarion.

10. Ciceron. *De l'invention oratoire, Rome antique*. 84/83 av. J.-C.

11. Cicéron. *L'orateur idéal/orator ad Brutum, Rome antique*. 46 av. J.-C.

12. Ciceron. *Les Catilinaires, Rome antique*. 63 av. J.-C.

13. Cicéron. *Pro-Caelio, Rome antique*. 56 av. J.-C.

14. Cicéron. *Rhétorique à Hérennuis, Rome antique*. 86/82 av. J.-C.

15. Ciceron. *Trois dialogues à propos de l'orateur, Rome antique*. 55 av. J.-C.

16. C-Perelman et Lucie Olbrechts-Tyteca. *traité de l'argumentation*, la nouvelle Rhétorique, édition de l'université de Bruxelles.

17. Démosthène. *L'orateur de la liberté*, éditions de l'épervier.

18. Frantz Fanon. *Les Damnées de La Terre*, éditions François Maspero, 1961.

19. Grégoire SCHMITZBERGER et Arnaud SOROSINA. *Les Pouvoirs de la Parole*, édition Flammarion.

20. Hélène Tronc. *L'art du discours*, édition Gallimard.

21. Jacques Amyot. *Projet d'éloquence Royal*, édition LES BELLES LETTRES.

22. James Gasser. *La syllogistique D'Aristote à nos jours*. Université de Neuchâtel, 1987.

23. Jean-Louis Bergel. *Méthodologie juridique*, PUF.

24. John Locke. *Traité du gouvernement Civil*, édition Flammarion, 1690.

25. Kévin Labiausse. *Les grands discours de l'Histoire de Moise à George Bush*. Édition j'ai lu, 2016.

26. *Manuel pour la lutte contre les discours de haine en ligne par l'éducation aux droits de l'Homme*. Conseil de l'Europe.

27. Marcien Towa. *Essai sur la problématique philosophique dans l'Afrique actuelle*, édition clé Yaoundé, 1971.

28. Montesquieu. *De l'esprit des lois*, FB éditions.

29. Nicolas Boileau. *Art poétique*, hachette Livre.

30. Normand Ballargeon. *Petit cour d'autodéfense intellectuel*, édition Lux, 2005.

31. Platon. *Apologie de Socrate*, Le livre de poche.

32. Quintilien. *Institutions oratoires*. Paris, Édition LES BELLES LETTRES.

33. Saint Exupéry. *Terre des Hommes*, édition Gallimard.

34. Stephen E. Lucas. *The art of public speaking*. Thenth edition.

35. Trudy Govier. *A practical study of argument*. Seventh edition.

MÉMOIRES ET ARTICLES

1- Boumediene Abed : l'oralité dans la culture traditionnelle africaine. 2014

2- Commission des Droits de la personne et des Droits de la jeunesse du Québec : L'incitation à la discrimination ou à la haine, textes compilés par Me Pierre Bosset, conseiller juridique.

3- Cour européenne des Droits de l'Homme. Jurisprudence sur les discours de haine.

4- Le Monde : L'orale fait sa grande entrée au Baccalauréat, février 2020.

5- Les Échos START : L'éloquence, une compétence qui fait la différence dans la vie pro

6- MARUIS YANNICK BINYOU-BI-HOMB. Pratique Orale et média culture en Afrique contemporaine, mémoire de master présenté à l'université Senghor d'Alexandrie.

7- Maxime Belanger, La rhétorique des passions : Le Problème du Pathos. Mémoire de maitrise en philosophie de l'université Laval.

8- Mélanie Samson et Marianne Perreault, Le raisonnement par analogie, L'argument à Pari. Faculté de Droit de l'université Laval, chaire de rédaction juridique Louis — Philipe — Pigeon.

9- More Dieye : L'oralité en Afrique. 2012.

10- par analogie, L'argument à Pari. Faculté de Droit de l'université Laval, chaire de rédaction juridique Louis — Philipe — Pigeon.

11- Patrick Charraudeau : Pathos et discours politique.

12- Philippe Lemay, Guide du juge. Société universitaire canadienne de débat intercolégial.

13- Société de débat français de l'université d'Ottawa : La cristallisation : l'importance de la synthèse, 2011.

14- Société de débat français de l'université d'Ottawa : La structure : la base d'un discours clair et précis._2011

15- Société de débat français de l'université d'Ottawa : Les rôles du débat parlementaire canadien : structure et astuce, 2011.

16- Société de débat français de l'université d'Ottawa : Un bon argument, un bon titre, 2011.

17- Société de débat français de l'université d'Ottawa, Un argument est plus qu'un énoncé, 2011.

18- Société universitaire canadienne de débat inter — collégial : Débattre et juger. Formation des juges et débatteurs.

19- Théodore Collinse Ngapout Mongbet : Le style proverbial dans l'art oratoire africain, 2013.

SITES INTERNET

1- *Cameroon Debate association*: https://debatecameroon.org/cda-2/

2- Conférence Lysias : http://www.conferencelysias.fr

3- Fédération canadienne des Débats d'Étudiants :

4- Fédération française de Débat et d'éloquence : https://www.ffdeloquence.org

5- Fédération francophone de débat : http://ffdebat.org

6- http://www.commelair.ca/fcde/index.html

7- *iDebate Rwanda* : https://www.youtube.com/channel/UC95B_Wi8woa8rzLXIJm SNyw

8- LES DES DÉBATS ORATOIRE (Burkina Faso) : http://les-debats-oratoires.over-blog.com

9- Lysias Paris1 : https://www.lysiasparis1.org

10-   Réseau international pour la promotion de l'art oratoire en Afrique, dans les caraïbes et le pacifique (RIPAO) : https://www.ripao.org

11-   RÉVOLTE-TOI SORBONNE : http://fedeparis1.com/staff/revolte-toi-sorbonne/

Société Étudiante de Débat français de l'université d'Ottawa : http://sedfuo.blogspot.com.

12-   TV5 Monde Afrique/animation : https://afrique.tv5monde.com/videos/animation/kassa-le-messager

FILMS ET DOCUMENTAIRES

1- Aequivox (Le chois des armes) : <u>Rhétoriques croisée —</u> <u>Hollande-Sarkozy.</u> 2012

2- Conférence du stage (Barreau de Paris) : <u>Maitre Denis</u> <u>AGBOTON-1ᵉʳ prix d'éloquence 1999 (Robert Badinter).</u>

1- Denzel Washington<u>: Les Grands débateurs (The Great</u> <u>debaters).</u> 2007

2- IESEG : <u>L'art oratoire du Leader.</u>2016.

3- Ladj Ly et Stéphane De Freitas<u>. À voix Haute : La force de</u> <u>la parole</u>, 2017

4- Le Club des juristes <u>: 4ᵉ nuit de l'éloquence.</u> 2014

5- Lysias Paris-I : <u>Le procès de Socrate Plaidé par maitre</u> <u>Bonnant et trémolet de Villers.</u> 2016.

6- Lysias Paris-I : <u>Le procès des Fleurs du Mal par maitre</u> <u>Bonnant, maitre Périer et maitre Schnerb.</u> 2013

7- Métropole Rouen Normandie. Concours <u>d'éloquence 2017</u> <u>: Fatima Aidara.</u>

8- Yvan Attal : <u>LE BRIO</u>, 2017

ENDNOTES

[1] Nicolas Waquet in L'orateur idéal, p.15

[2] Cicéron : De l'invention oratoire, livre premier, p.7.

[3] Grégoire Schmitzberger et Arnaud Sorosina : *Les Pouvoirs de la parole*, édition Flammarion.

[4] *Bene dicendi scientia.*

[5] Laurent Pernot : *La rhétorique dans l'antiquité.*

[6] Maitre de la rhétorique

[7] Cette critique Platonicienne ne nous semble pas objective. Elle est motivée par des considérations politiques. Platon n'ayant jamais défendu le régime démocratique qui inspire les orateurs, il va de soi qu'il dénonce la rhétorique qui tire ses fondements de la démocratie. D'un point de vue strictement personnel, Platon a une revanche à prendre contre la rhétorique. C'est en réalité à l'occasion d'un procès mettant en surbrillance les plaideurs que Socrate son maître a été condamné. C'est une erreur de critiquer un phénomène pour des raisons autres qu'objectives.

[8] Laurent Pernot : La rhétorique dans l'antiquité. P.68.

[9] Gorgias in les présocratiques, bilbiothèque de la pléiade

[10] Hélène Tronc : L'art du discours. Gallimard, p.13.

[11] Voir dans ce sens Hélène Tronc, L'art du discours, opcit

[12] Hélène Tronc : L'art du discours. Gallimard p.8

[13] Periclès , ve siècle avant Jésus Christ .

[14] Albert Camus est un écrivain, dramaturge, essayiste et philosophe Français. Il a aussi été un journaliste engagé dans la résistance et les combats moraux de l'après-guerre.

[15] Montesquieu , De l'esprit des lois 1748

[16] Hélène Tronc : L'art du discours. Gallimard. P.97

[17] Frantz Fanon , les Damnés de la terre, 1961 :« chaque generation doit, dans une relative opacité , affronter sa mission : la remplir ou la trahir. »

[18] Cicéron : « on nait poète, on devient orateur ».

[19] en grec, discours, pensée, raison « c'est la forme logique du raisonnment . ». voir dans ce sens Grégoire Schmitzberger et Arnaud Sorosina : les pouvoirs de la parole , p.220

[20] Laurent Pernot, La rhétorique dans l'antiquité. p.283

[21] Ciceron, l'orateur , II, XXVII : « les règles de l'art oratoire s'appuient sur ces trois ressorts de persuasion : prouver la vérité de ce qu'on affirme, se concilier la bienveillance des auditeurs, éveiller en eux toutes les émotions utiles à la cause ».

[22] Cicéron, L'orateur Idéal. p.67

[23] Cicéron ; L'orateur Idéal. P. 67

[24] Vocabulaire technique et critique de la philosophie.

[25] Aristote, Organon, Topique, Liv. P. 1.

[26] Dictionnaire Larousse.

[27] Dictionnaire Larousse.

[28] Voir dans ce sens Technique de l'argumentation et de l'art oratoire, page 73.

[29] Trudy Govier (2007) *A practical study of argument*.

[30] Vraisemblable ici signifie ce qui est : « a bon droit considérer comme vrai » Robert.

[31] Dans son manuel A Practical study of argument, aux pages 128 à 135 de l'édition 2010, Govier propose aux orateurs un semble de questions à se poser afin de vérifier l'acceptabilité d'une prémisse : « 1 : La prémisse est-elle vraie ! 2 : la prémisse est-elle classiquement acceptée par des personnes ou des institutions compétentes ? 3- la prémisse est-elle la conclusion d'un argument solide ? 4- la prémisse est-elle énoncée par une source qui fait autorité ? 5- la prémisse a-t-elle été énoncée par un témoin digne de confiance ? ».

[32] « Certaines personnes vivent de solitude, cela justifie que l'on puisse les aider à mourir ». Dans cet argument, la prémisse est vraie dans le cadre d'un débat sur le traitement social du problème. Mais est-ce pour autant nécessaire de donner la mort du fait de l'existence de ce problème ? La solitude justifierait-elle pour autant l'euthanasie ?

[33] Salon Govier in *A Practical study* of argument : un ensemble de Prémisses exclusivement basées sur des sentiments restent insuffisantes pour justifier une conclusion.

[34] Technique de l'argumentation et de l'art oratoire, 4ᵉ édition.

[35] Voir dans ce sens, les indicateurs de force adoptés à l'époque médiévale par les scolastiques, spécialement, les œuvres de Thomas d'Aquin.

[36] Définition du dictionnaire de philosophie.

[37] C'était une méthode employée par Socrate avec ses disciples. Elle visait à accoucher les esprits par référence à la profession de sa mère qui fut sage-femme. Par des interrogations progressives, il amène ses disciples à découvrir la vérité qu'ils connaissaient déjà sans le savoir.

[38] C'est une méthode mise de l'avant par Socrate contre les Sophistes. Il donne l'impression de demander des leçons aux sophistes, mais les amène à se contredire tout en avouant leur ignorance.

[39] James Gaser in La syllogistique d'Aristote à nos jours, Juin 1987, université de Neuchâtel (Suisse).

[40] Maritain (1882-1973).

[41] Basé sur des prémisses certainement véridiques.

[42] Fondé sur sur des éléments acceptables, pas nécessairement vrais

[43] Fondé sur l'opinion.

[44] C'est le passage des particuliers à l'universalité d'Aristote.

[45] Aristote, Organon. Topique.

[46] Alessandro Traversi, in Technique de l'argumentation et de l'art oratoire. P 82.

[47] Dictionnaire de politique.

[48] Dans ce sens, E. Naville, la Logique de l'hypothèse ou Alessandro Traversi in La défense pénale p. 83.

[49] Apologie de Socrate selon Platon.

[50] Peirce, le philosophe américain fondateur du pragmatisme et de la sémiotique a défini l'abduction comme une sorte de : « suggestion qui vient vers nous comme un éclair, un acte de voyance intime, bien qu'extrêmement faillible ».

[51] Machiavel.

[52] Kant, in Logique, Chap. II.

[53] Voir dans ce sens l'art d'avoir toujours raison d'Arthur Schopenhauer.

[54] Ici, l'orateur étend l'affirmation de son adversaire en dehors de ses limites naturelles, en y donnant une interprétation des plus larges.

[55] Se focalise exclusivement contre l'adversaire et non le sujet du débat.

[56] Voir dans ce sens la maïeutique socratique in Apologie de Socrate.

[57] Exemple : « Est-il vrai que tu gardes tout ce que tu n'as pas perdu ? »

« Oui »

« As-tu perdu une paire de cornes ? »

« O… non pas vraiment »

« Alors tu es cocu ». Voir Diogène cité par Alessandro Traversi in Technique de l'argumentation et de l'art oratoire.

[58] Le sophisme de faux dilemme consiste à augmenter qu'on se trouve en face de deux possibilités dont l'une est indésirable et qu'il faut donc choisir l'autre. Pourtant, il existe d'autres possibilités. Exemple : « soit on augmente les frais afférents à l'université, soit on exige des frais d'admission importants. »

[59] Ici, l'orateur passe d'un jugement portant sur un ou quelques cas particuliers à un jugement général sans avoir analysé tous les cas ou un échantillonnage représentatif.   Exemple : tous les hommes sont pareils ».

[60] Par ce sophisme, l'orateur fait naître la peur, que ce soit par une menace d'user de la force ou d'autres moyens, afin de faire valoir une position. Au lieu de prendre en compte le sujet discuté et de peser les arguments invoqués, on déplace ainsi la discussion vers les conséquences de l'adoption d'une telle position.

[61] Appeler à la foule, puisqu'il suffit d'en appeler à son autorité. Il va de soi que le fait que tout le monde le pense n'est pas en soi un argument pour conclure que cela est juste, vrai, ou bien.

[62] Expression latine signifiant : « argument contre la personne ».

[63] Dans la mesure où les auditeurs réels ou éventuels auront tendance à percevoir l'ensemble de l'eau du puits (la totalité des arguments) comme empoisonnée.

[64] Nous faisons référence ici à un certain contexte de l'histoire de l'humanité, fortement marquée par la guerre froide, la division du monde entre un camp communiste et un autre, essentiellement capitaliste.

[65] Pour en savoir davantage, lire : petit cours d'autodéfense intellectuelle, Luxe, Montréal, 2005.

[66] Appel à l'ignorance.

[67] Petit cours d'autodéfense intellectuelle.

[68] « C'eut été porter gravement atteinte à la gloire et à la divinité du pharaon que de consigner par écrit le fait que des esclaves juifs avaient fini par fuir l'Égypte ou d'en garder la mémoire vivante. Et c'est pourquoi la bible seule en parle, et qu'il n'y a aucune autre trace archéologique, historique ou autre de cet événement. »

[69] « Appel à l'ignorance »

[70] Voir dans ce sens, Cicéron dans son livre l'orateur idéal, traité épistolaire composé à la demande du célèbre Brutus en 46 avant Jésus-Christ, met en lumière les différents ressorts de l'éloquence à travers la figure d'un orateur idéal.

[71] Bonald

[72] Il s'agit ici, selon le manuel l'art du discours, de « la recherche des arguments qui feront avancer la cause ». Cette définition vient des traités de rhétorique, notamment *Rhetorica ad C. Herennuim* de Cicéron.

[73] Au XVIIème siècle, René Descartes compare le philosophe à un arbre dont les racines sont la métaphysique, le tronc la physique, les branches la mécanique. C'est cette division de Descartes qui nous inspire la posture scientifique de l'orateur. Un Homme cultivé, au savoir diversifié.

[74] C'est a dire un spécialiste de l'art de la discussion qui comme le disait Aristote tire des déductions d'opinions incertaines ou encore le fait un spécialiste de l'affirmation d'une thèse, la négation de la thèse, puis le dépassement de la contradiction (Hegel)

[75] Voir dans ce sens, Diogène Laerge, Vies des philosophes.

[76] Voir dans ce sens, Les grands discours du XXe siècle du professeur agrégé de Droit public Christophe Boutin page 5.

[77] Cicéron, In L'orateur idéal.

[78] Voir dans ce sens Alessandro TraversiTechnique de l'argumentation et de l'art oratoire page 91.

[79] Selon Quintilien, le lieu argumentatif est le siège où les arguments doivent être rangés et duquel ils doivent être tirés. In *instituto Oratoria*.

[80] *In quibus latent argumenta.*

[81] Cité par Alessandro Traverssi, in La défense pénale, technique de l'argumentation et de l'art oratoire.

[82] Voir dans ce sens Cicéron, dans son ouvrage : « *De Inventione* ».

[83] Cicéron in : L'orateur idéal.

[84] Voir Technique de l'argumentation et de L'art oratoire. P.94

[85] L'orateur prouvera par exemple, dans un choc d'idée où on l'oppose, l'opinion d'un conseil d'expert moins célèbre, l'opinion d'un expert à la réputation établie et attestée par diverses instances.

[86] Cicéron, in L'Orateur idéal.

[87] La règle du précédent en droit. *Let décisions stand.* Selon cette règle, la solution à un litige dépend des décisions antérieures basées sur des faits semblables.

[88] « Basés sur la fréquence avec laquelle on vérifie un phénomène déterminé et sur l'expectative que ce phénomène doit se répéter sous certaines conditions. » Alessandro Traversi, l'avocat pénaliste de Florence, démontre que le lieu de

263

probabilité permet à l'orateur de démontrer dans un cas similaire, la cause la plus probable, sous la base du principe de probabilité.

[89] « Il trouve sa raison d'être dans la conviction » selon Alessandro Traversi.

[90] Autrement appelé *locus a fictione,* il part du principe selon lequel tout raisonnement se fonde sur des prémisses qui peuvent être vraies ou fausses. Un tel raisonnement tire ses conclusions logiques découlant de ses prémisses. C'est la raison pour laquelle lorsqu'une contradiction notoire se révèle entre une conclusion et sa prémisse, on supposera naturellement que la thèse contraire est vraie, sur la base du manque de fondement du raisonnement précédent.

[91] Cicéron, in De L'orateur. P.66

[92] « Les arguments a re » voir dans ce sens la défense pénale d'Alessandro Traversi page 97.

[93] Quintilien dans l'institutio Oratoria, Liv. V, chap. X P 24-30, a établi une liste de multiples lieux d'où l'orateur pourrait tirer cette forme particulière d'argument. Il note entre autres : la *Patria* (nationalité), le *sexus* (sexe), *l'habitus corporis* (l'aspect physique) *l'animi natura* (le naturel), la studia (l'activité exercée) la *fortuna* (les conditions économiques, *l'ante acta dictaque* [des déclarations ou actions antécédentes]. Voir aussi Technique de l'argumentation et de l'art Oratoire d'Alessandro Traverssi, pénaliste.

[94] Nicolas Boileau in Art poétique, chant 1 V -147-207.

[95] « Dans ce temple des Nations Unies, nous sommes les gardiens d'un idéal, nous sommes les gardiens d'une conscience. La lourde responsabilité et l'immense honneur qui sont les nôtres doivent nous conduire à donner la priorité au désarmement dans la paix. »

[96] Kévin Labiausse, Les grands discours de l'histoire, de Moise à George W Bush, p. 89-90.

[97] « Nous avons connu des ironies, des insultes, des coups que nous devions subir matin, midi, soir, parce que nous étions des nègres… Nous avons connu que nos terres furent spoliées au nom des textes prétendument légaux qui ne faisait que reconnaître le droit du plus fort ».

[98] Cicéron in l'orateur idéal.

[99] *Ad verecundiam.*

[100] C. Perelman dans L'Empire rhétorique, rhétorique et argumentation, il affirme : « l'argument d'autorité sert surtout à soutenir d'autres arguments et… exception faite quand il s'agit d'une autorité absolue… le conflit des autorités requiert un critère discriminant… Le plus souvent représenté par la compétence ».

[101] Ce qui consiste ici à citer des cas similaires à ceux dont on débat, dans l'optique d'élaborer des maximes universelles.

[102] Autrement appelé *ab absurdo sensu,* « consiste à rendre manifeste la violation du principe mentionné dans un système de propositions… ».

[103] Cette catégorie et technique est typique à l'argumentation, à la rhétorique judiciaire. Essentiellement basé sur un principe logique, il consiste selon le manuel de défense pénal à vérifier s'il y a ou non coïncidence entre un Concept et un autre.

Il suppose la comparaison entre un fait et un concept général abstrait de portée générale, tant normativement que conventionnellement.

[104] Jean — Louis Bergel, Méthodologie juridique, Paris PUF, 2016, P263.

[105] Introduction générale au droit, 7ème édition, Grenoble, Presse universitaire de Grenoble, 2008, P 61. Voir aussi Mélanie Samson et Marianne Perreault : le raisonnement par analogie, l'argument a pari, in chaire de rédaction juridique Louis Philipe — Pigeon de la faculté de Droit, université Laval.

[106] Connu sous le nom de ductus simplex au Moyen-Age.

[107] Si une loi, à titre d'exemple précise que le temps que mettent les mineurs pour prendre une douche fait partie du temps de travail, a pari, l'orateur pourrait démontrer que le temps que mettent les artistes à se maquiller et démaquiller ferait également partie du temps de travail.

[108] Cicéron, De Oratore, liv. II, P172.

[109] Alessandro Traversi le définit comme : « l'argument qui permet d'étendre ce traitement à des situations qui se suivent petit à petit en profitant des relations d'identité partielle qui lient les propositions entre elles et qui composent le raisonnement comme dans le cas du « sorite ».

[110] Aristote, in Rhétorique, Liv. II, chap 23.

[111] Voir dans ce sens Technique de l'argumentation et de l'art oratoire p.108.

[112] Mathieu, Évangile selon Matthieu, 6, versets 25-30 : « la vie n'est-elle pas plus que la nourriture, et le corps plus que le vêtement ! Regardez les oiseaux du Ciel : ils ne sèment ni ne moissonnent, ils n'amassent rien dans des greniers, mais votre père céleste les nourrit. Ne valez –vous pas plus qu'eux ! Pourquoi vous inquiéter aussi du vêtement ! Regardez les lis de champs, comment ils croissent : Ils ne travaillent ni ne filent… si Dieu habille ainsi l'herbe des champs, qui est aujourd'hui et qui demain sera jetée au feu, ne sera-t-elle pas beaucoup plus pour vous, gens de peu de foi ! »

[113] Féderation francophone de débat

[114] Cicéron, De Oratore Liv. II p 292-294 : « En parlant, je suis la méthode consistant à me coller aux éléments favorables, à les embellir et à les amplifier, à les ralentir et à habiter parmi eux, à m'en attacher, des éléments désavantageux et défavorables, moi au contraire je m'éloigne, mais pas de façon à faire croire que je m'enfuis d'eux. Mais en les faisant passer tout à fait inaperçus… bref, la substance de la méthode est celle-ci : si je me sens plus fort en réfutant l'adversaire qu'en soutenant mes arguments, je dirige toute mon attaque contre mon adversaire, s'il est plus facile pour moi de soutenir ma thèse que de réfuter celle de l'adversaire, je fais tous les efforts pour détacher l'esprit des auditeurs de la défense de l'adversaire. En leur adressant la mienne. Et j'avoue que, si quelque argument presse sur moi avec trop de force, moi j'ai l'habitude de me retirer, mais de façon à ce que je donne l'impression, non de m'enfuir après avoir jeté le bouclier ou de me l'être mis derrière les épaules, mais plutôt de réaliser, en parlant une retraite qui est semblable à un combat (adhibere quandam in dicendo pugnae similem fugam).

[115] De la disposition des arguments.

[116] Quintilien, Institutio *Oratoria*, Liv. VII, P3. Cité par Traversi.

[117] Quintilien, Institutio Oratoria, Liv. VII, P1. Voir aussi La Défense pénale p 118.

[118] Cicéron, in *De Oratore*, Liv. II, P 76.

[119] Cicéron, in l'orateur idéal.

[120] Quintilien, *Institutio Oratoria.*

[121] « On dit que la première phrase d'un discours est toujours difficile… », ainsi s'exprimait la poétesse polonaise Wislawa Szymborska lors de l'ouverture de son discours à l'occasion de sa réception du prix Nobel de la littérature. L'oratrice, dans un style pointé d'humour, laisse ainsi savoir qu'elle n'est pas spécialiste des discours. C'est en réalité un procédé fréquent depuis l'antiquité qui permet à l'orateur de s'attirer les faveurs de son auditoire en s'excusant de son insuffisance.

[122] Capter la bienveillance de l'auditoire.

[123] Aristote, in Rhétorique, Liv III, chap.4.

[124] Voir dans ce sens Barthes et son livre : L'ancienne Rhétorique.

[125] Cicéron, *De Oratore ad quintum fratrem,* Liv. II, p 321.

[126] « Je ne veux pas amis, voler vos cœurs. Je ne suis pas un orateur comme Brutus, je ne suis, vous le savez tous, qu'un homme rude et franc, aimant celui qui l'aime et ils le savent bien, ceux qui m'ont accordé de parler de César, car je n'ai pas l'esprit, la valeur, la parole, ni le geste ou l'accent ni l'éloquence qui échauffent le sang. Je parle droit, je ne vous dis que ce que vous savez, je vous montre les plaies de mon cher César, pauvres bouches muettes, et leur demande de parler pour moi… »

[127] Voir Hélène Tronc, l'art du discours, Gallimard, p, 50-51.

[128] Adrien Rivierre, l'homme est un conteur d'histoire, édition MARABOUT.

[129] Quintilien, Institution Oratoire, Liv. IV.

[130] Alessandro Traversi, Technique de l'argumentation et de l'art oratoire, Chap. VI.

[131] Quintilien, Institution Oratoire, liv II.

[132] « Milon, après avoir été ce jour-là au sénat jusqu'à ce que la séance fut levée, revint chez lui, changea ses chaussures et ses vêtements. Il attendit un peu pendant que sa femme… c'est toujours la même histoire ! Se préparait, donc il partit à une heure telle que, si vraiment Clodius avait eu l'intention de revenir à Rome, il aurait pu le faire. S'avance Clodius, sans gêne, à cheval, sans bagage, sans même sa cohorte de Grecs, sans sa femme, et cela n'arrivait presque jamais, tandis que Milon, l'agresseur, qui n'avait organisé ce voyage que pour commettre un assassinat, s'en alla en carrosse avec sa famille habillée en Robe de voyage , avec sa suite nourrie et envahissante, effumée et gracieuse de servantes et de jouvenceaux! ».

[133] Aristote, rhétorique, Liv. III, chap. 17.

[134] Voir Hélène Tronc, l'art du discours, P.156.

[135] Émile Zola, accusé de diffamation envers l'armée, ne peut apporter de preuve matérielle tendant à démontrer l'innocence du Capitaine Dreyfus. Il choisit cependant de clore son discours par une répétition de : « Dreyfus est innocent ». Il met de l'avant son honneur, son œuvre, son autorité d'écrivain devant le jury. Zola,

comme on peut le voir, fait feu de tout bois pour faire pencher la balance en sa faveur. Les figures rythmiques, les anaphores, bref le style donne de la puissance à cette dernière étape du discours devant le jury. Voir dans ce sens : Hélène Tronc, l'art du discours p.55.

[136] « J'ai décidé de ne pas dépasser une amphore d'eau avec mon discours, donc, je n'ai pas l'intention de m'attarder sur les détails… ». Hypéride, contre philippide, P.13.

[137] Voir dans ce sens Hélène Tronc, L'Art du discours, Gallimard P.55.

[138] Cicéron, _Pro Caelio_ p.79-80, cité par Alessandro Traversi in la défense pénale.

[139] C. Perelman, Empire Rhétorique, Rhétorique et argumentation, Paris, Librairie philosophique J. Vrin, 1977 trad. Id. Botto et D. Gibelli, _il domino retorico. Retorica e argomentazione._

[140] En mémoire de la disposition avec laquelle le général grec Nestor, immortalisé dans L'Iliade, rangeait ses troupes.

[141] Le secret selon Quintilien est de toujours avoir en tête la fin du discours pour savoir en animer toutes les parties.

[142] En mémoire à la disposition avec laquelle le général grec Nestor rangeait ses troupes.

[143] Voir dans ce sens, Hélène Tronc, L'Art du discours, collection anthologie, Bibliothèque Gallimard P.106.

[144] Voir dans ce sens Sénèque dans _Epistolarum moralium ad Lucilius._ Voir aussi Traversi dans La défense pénale, technique de l'argumentation et de l'art oratoire, P. 131.

[145] Cicéron, De Oratore ad Quintum fratem, Liv. I.

[146] En grec c'est tout ce qui est déterminé par l'habitude. « Il désigne la crédibilité morale de l'orateur et la confiance qu'il inspire, souvent en fonction de la proximité qu'il parvient à créer et à maintenir avec son public ». Grégoire Schmtzberger et Arnaud Sorosina dans les pouvoirs de la parole. p.219

[147] Étonnantes classiques, les pouvoirs de la parole, p.129.

[148] Michel Meyer, La Rhétorique, P.20.

[149] Michel Meyer, La rhétorique, p.21.

[150]Cicéron, De l'orateur.

[151] L'élocutio ou élocution est la : « troisième étape de l'élaboration d'un discours qui consiste à "mettre en mot." Des idées, de choisir les tournures de phrases, le vocabulaire et le style à adopter. Voir dans ce sens, les pouvoirs de la parole, page 218.

[152] Cicéron, l'orateur idéal, p.39.

[153] Aristote, rhétorique, Liv. III.

[154] Cicéron, _orator ad M. Brutum,_ P.61.

[155] Quintilien, Institut Oratoire, Liv. III.

[156] « J'étudiais également les préceptes qu'on donne sur l'élocution, lesquels sont : d'abord la pureté et la correction du langage, la clarté, la netteté, l'élégance, enfin la bienséance et la convenance du style avec le sujet. J'appris tout ce qu'on enseigne sur chacune. de ces qualités, je vis même que l'art cherchait à régler ce qui

dépend le plus de la nature, je retins quelques principes sur la prononciation et La mémoire, et je m'exerçais à les mettre en pratique ». Cicéron, in *Dialogue sur l'éloquence* : *De oratore, Brutus, Orator.* Des académiques, livre Ier. Du traité de la vieillesse, trad. P-L, Paris, Didot, 1866, P.56-58 in Pouvoir de la parole.

[157] Laurent Pernot, La Rhétorique dans l'antiquité, P.295.

[158] Cicéron, *Rhetorica*, liv. IV.

[159] Cicéron, *Orator ad M. Brutum.* p 78, cité par Alessandro Traversi.

[160] Cicéron, *Orator ad M. Brutum*, p 86.

[161] Cicéron, *Oratore ad Brutum.*

[162] Cicéron, I*bid*.

[163] Alessandro Traversi, la défense pénale, technique de l'argumentation et de l'art oratoire.p.144.

[164] : « Depuis longtemps s'est désormais diffusée, non seulement parmi nous, mais aussi parmi les autres peuples. L'opinion, funeste pour la république et dangereuse pour vous, qu'avec l'actuel système judiciaire, un homme aisé, quoique coupable, peut se soustraire à la justice. Maintenant dans un moment aussi délicat et précisément pour le pouvoir judiciaire… »

[165] Office québécois de la langue française, Barbarismes lexicaux, novembre 2019.

[166] Exemple de solécisme : « échouer **un** examen » plutôt qu' : « échouer **à un** examen », « se rappeler **des** bons moments » plutôt que : « se rappeler **les** bons moments »…

[167] Nicolas Boileau, Art poétique chant I, V. 147-207.

[168] Aristote, Rhétorique, Liv. III.

[169] Cicéron, De l'orateur, liv. I.

[170] Cicéron, De Oratore, Liv. I.

[171] Cité par Traversi.

[172] Quintilien, *Institutio oratoria*, liv. III.

[173] Quintilien, Institution Oratoire, Liv. XI, chap. III.

[174] Cicéron, De l'orateur, P59.

[175] Alessandro Traversi, la défense pénale, technique de l'argumentation et de l'art oratoire. P.148.

[176] Cicéron, De L'orateur, P. 228.

[177] Cicéron, *Rhetorica ad C. Herennuim*, liv. III.

[178] Cicéron, De l'orateur. P.183.

[179] voir aussi dans ce sens, Alessandro Traversi, La défense Pénale, technique de l'argumentation et de l'art oratoire P.150.

[180] Quintilien, Institution oratoire, Liv. XI. chap. II. P 47.

[181] Alessandro Traversi, La défense Pénale, Technique de l'argumentation et de l'art oratoire. P.158.

[182] Quintilien, Institution Oratoire.

[183] Cicéron, De l'orateur, Liv. I p »260-261.

[184] Cicéron, l'orateur idéal, p.41.

[185] Hélène Tronc, l'art du discours. Gallimard P.53.

[186] Cicéron, L'orateur idéal, p.42.

[187] En latin *(Bonitas)*, voir Cicéron dans *De Oratore ad M Brutum.*

[188] Quintilien, Institution Oratoire, Liv. XI, Chap. III.

[189]Hélène Tronc, L'art du discours. Gallimard P. 56.

[190] Alessandro Traversi, La défense pénale, technique de l'argumentation et de l'art oratoire.p.183.

[191] À ce sujet, Érasme (1467-1536) dans Éloge de la folie s'inquiète des orateurs de son temps qui s'efforcent d'impressionner l'auditoire à tort et à travers, par des variations de tonalités : « ils ont pris je ne sais où que l'exorde doit être débité lentement et sans éclat. Que font nos gens ? Ils commencent de façon à ne pas s'entendre eux — même, excellente méthode pour n'être compris de personne. On leur a dit que, pour remuer les passions il fallait élever le ton, pour obéir aux préceptes, au moment où on s'y attend le moins, ils passent tout à coup à des éclats furieux. Il est encore de tradition chez eux que l'orateur doit s'échauffer par degré. Aussi, après avoir débuté cahin-caha, se prennent-ils sans transition à hurler, même à l'endroit le plus glacial, par-contre, ils finissent si bas qu'on croirait leur voir rendre l'âme. »

[192] Cicéron, *Orator ad M. Brutum,* cité par Traversi.

[193] Laurent Pernot, La Rhétorique dans l'antiquité.p.301.

[194] Cicéron, *Orator ad M. Brutum.*

[195] Cicéron, L'orateur idéal, p.41.

[196] Cicéron, *orator ad M. Brutum.*

[197] Cicéron, *De oratore,* propos rapportés par Cicéron.

[198] Cicéron, l'orateur idéal, p.43.

[199] Cicéron, l'orateur idéal, p.43.

[200] Quintilien, Institution oratoire, Liv. XI, chap. II.

[201] Cicéron, de l'orateur, P.59.

[202] Quintilien, Institution oratoire, Liv. XI, Chap. III. Voir aussi dans ce sens, technique de l'argumentation et de l'art oratoire. P.154.

[203] Quintilien, Institution oratoire.

[204] Quintilien, Institution oratoire.

[205] Cicéron, L'orateur.

[206] Quintilien, Institution Oratoire, Liv. XI.

[207] Cicéron, L'orateur Idéal, P.41.

[208] Démosthène, Institution Oratoire.

[209] Cicéron, L'orateur.

[210] Quintilien, Institution oratoire, liv. XI, chap. III.

[211] Cicéron, L'orateur Idéal, p.47.

[212] Dictionnaire de l'Académie Française, 2020.

[213] Michel Meyer, La Rhétorique, presse universitaire de France.p.26.

[214] Michel Meyer, La Rhétorique, P.23.

[215] Cicéron, L'Orateur Idéal, p.58.

[216] Alessandro Traversi, Technique de l'argumentation et de l'art Oratoire, p.164.

[217] Fontanier, Les Figures du discours, Paris Flammarion, 1830.

[218] Voir dans ce sens Laurent Pernot qui dans son livre, La Rhétorique dans l'antiquité p. 298, estime que l'interrogation, la réponse, l'anticipation, l'hésitation, la consultation, l'effet de surprise, la permission, le franc-parler, la prosopopée, l'hypotypose, l'ironie, l'aposiopèse…sont entre autres des figures de pensée.

[219] Laurent Pernot in La Rhétorique dans l'antiquité P.299, poursuit au sujet des figures de mots. Il nomme entre autres : le pléonasme, la périphrase, l'éclaircissement supplémentaire, le retour en arrière, l'antistrophe, le redoublement…

[220] Cicéron, De L'orateur.

[221] Laurent Pernot, La Rhétorique dans l'antiquité, p.297.

[222] Cicéron, L'orateur Idéal », 71.

[223] Laurent Pernot, La Rhétorique dans l'antiquité.

[224] Laurent Pernot dans son ouvrage La Rhétorique dans l'antiquité, à la page 297, fait état d'une classification intéressante. On peut y noter : « la périphrase (emplois de plusieurs mots au lieu d'un seul), l'énigme (emploi d'une expression délibérément obscure), la métalepse (emploi d'un mot qui, dans un autre contexte est un synonyme), le pléonasme (emploi d'un mot redondant), l'ellipse (emploi d'un mot incomplet), l'hyperbate (déplacement d'un mot), l'anastrophe (renversement de l'ordre des mots ».

[225] Elle peut être filée, « in presencia » lorsque le comparé et le comparant sont présents dans la phrase, et « in absentia » quand seul le comparant est présent dans la phrase.

[226] Michel Meyer, La Rhétorique, P.73.

[227] Aristote, Poétique, Chap.21.

[228] Quintilien, institution Oratoire, Liv. VIII.

[229] Un bel exemple nous vient de Baudelaire et son œuvre L'ennemi : « Ma jeunesse ne fut qu'un ténébreux orage »

[230] Cicéron, De L'orateur.

[231] Anonyme, Le cantique des cantiques, IV, vers 1-3-5, cité par Traversi.

[232] Cicéron, De l'orateur, lv.III.

[233] Kévin Labiausse, Les grands discours de l'histoire, De Moise à George W. Bush.

[234] La Rochefoucauld, Maximes, P. 276.

[235] Psaumes, 103, vers 15-16.

[236] Cicéron, Plaidoirie de défense de Lucio Morena (pro Murena). Cité par Traversi.

[237] Quintilien, Institution Oratoire, Livre VIII.

[238] Baudelaire, « Spleen-Quand le ciel bas et lourd pèse comme un couvercle ».

[239] « La périphrase est une locution ou une suite de mots qu'on emploi pour désigner quelque chose (ou quelqu'un) qu'on aurait pu désigner à l'aide d'un seul mot. Exemple : Le septième art (cinéma), le pays au soleil levant (Japon), l'auteur des Rougon-Macquart (Émile Zola). », in Office Québécois de la langue Française.

[240] Selon Laurent Pernot in la Rhétorique dans l'antiquité, c'est : « l'emploi d'un mot redondant ».

270

[241] « Renversement de l'ordre des mots » selon Laurent Pernot.

[242] Office Québécois de la langue Française, 2020.

[243] Voir aussi dans ce sens, Alessandro Traverssi, Technique de l'argumentation et de l'art oratoire. P.170.

[244] « Le néologisme est un mot nouveau, par la forme ou par le sens ». Voir dans ce sens L'office Québécois de la langue Française.

[245] Voir dans ce sens, l'Office québécois de la langue française.

[246] Accesoruim sequitur principale. Voir dans ce sens les locutions latines utilisées en Droit positif Québécois.

[247] Selon le Dictionnaire Larousse, dans le contexte de l'Afrique subsaharienne, c'est le membre d'une caste des poètes, musiciens ambulants, dépositaire de la culture orale et réputé être en relation avec les esprits.

[248] Marcien Towa, Essais sur la problématique philosophique dans l'Afrique actuelle, édition clef, yaoundé 1971

[249] Victor Hugo, La légende des siècles, « Booz endormi ».

[250] Jean racine, Andromaque.

[251] Comment ignorer Émile Verhaeren qui dans Les villages illusoires en 1895, met en vedette des strophes bourrées d'allitérations : « Sur la bruyère, infiniment, voici le vent, qui se déchire et se démembre, en souffles lourds, battant les bourgs, voici le vent, le vent sauvage de novembre ».

[252] Alessandro Traversi, La Défense pénale, P.178.

[253] Étude litteraire

[254] Paul Verlaine, « Mon rêve familier. » dans Poèmes saturniens.

[255] Édouard Herriot.

[256] Dictionnaire Larousse.

[257] Aristote, Rhétorique, Liv. II.

[258] Proverbe Français.

[259] Proverbe français.

[260] Proverbe Français.

[261] « Chaque société à son Droit ».

[262] « Qui prépare la guerre prépare la paix ».

[263] « À chaque pays sa religion propre ».

[264] « La fraude entache de nullité tout acte accompli sous son couvert ».

[265] Sagesse africaine.

[266] Sagesse africaine.

[267] Sagesse africaine.

[268] Sagesse africaine.

[269] Sagesse africaine.

[270] Féderation francophone de débat.

[271] Hélène Tronc, l'art du discours, p.60.

[272] Longin (pseudo), du sublime, cité par Traversi.

[273] Quintilien, Institution Oratoire, Liv. VIII.

[274] Alessandro Traversi, la défense pénale, technique de l'argumentation et de l'art oratoire, p.106.

[275] Selon le <u>dictionnaire Larousse</u> : « répétition après un intervalle d'un ou plusieurs mots exemple (… Flot que vous savez de lugubres histoires ! flot profond des mères à genoux) ». Du verbe latin (*geminare*) qui signifie (doubler), elle consiste selon Mortara Gravelli, en la répétition d'un mot au début, au centre ou à la fin d'un même segment de texte.

[276] C. Perelman et L. Olbrechts-Tyteca, <u>Traité de l'argumentation, la nouvelle rhétorique,</u> Paris, PUF, 1958.

[277] Paul Claudel, <u>Le Soulier de satin,</u> scène 2.

[278] Cicéron, <u>Rhétorique à Herennuis,</u> Liv. IV.

[279] Les catilinaires en *latin In Catilinam* désignent une série de quatre célèbres discours prononcés par Cicéron en 63 avant Jésus-Christ alors qu'il était consul, pour accuser Catilina qui contre la République romaine. Ces discours devinrent avec le temps un exemple d'éloquence et de rhétorique.

[280] Cicéron, <u>Catilinaires,</u> discours prononcé contre Catalina pour le rattraper au moment où il conspirait contre la République romaine. Voir aussi l<u>a défense pénale, technique de l'argumentation et de l'art oratoire</u> P.199.

[281] Cicéron, <u>Rhétorique à Herennuis.</u>

[282] Cicéron, <u>pour Caelius</u> (Pro *Caelio*), c'est une plaidoirie prononcée par Cicéron le 4 avril 56. av. J — C. Dès l'antiquité il fut considéré comme un chef d'œuvre d'éloquence judiciaire.

[283] Charles de Gaule, extrait du discours du 25 août 1944 à l'occasion de la libération de Paris.

[284] François Hollande, extrait de son intervention le 02 mai 2012 à l'occasion de la confrontation l'opposant à Nicolas Sarkozy, en marge de la campagne électorale française pour les élections présidentielles.

[285] Extrait du discours de Nicolas Sarkozy à Marseille le 19 février 2012 en marge de la campagne électorale pour l'élection présidentielle française. Le même extrait a été analysé par Clément Viktorovitch dans son émission « *Le choix des armes* », évaluant la rhétorique croisée entre François Hollande et Nicolas Sarkozy.

[286] Clément Viktorovitch, <u>Rhétorique croisée Hollande/Sarkozy.</u>

[287] Extrait du discours de Sarkozy, en marge de la campagne présidentielle de 2012 in <u>le choix des armes.</u> Le candidat attire son auditoire sur les deux mois qui restent avant l'échéance fatidique de la présidentielle et démontre ainsi que tout est encore possible. En évoquant des personnages historiques de l'histoire de France, il veut se faire passer comme s'inscrivant dans un combat noble semblable à ce qu'ils ont mené en leur temps pour la république. D'où la nécessité plus que jamais de l'aider à gagner ladite élection.

[288] Emmanuel Macron, D*iscours de Marseille en marge de l'élection présidentielle,* 1er avril 2017.

[289] Cicéron, <u>Rhétorique à Herennuis.</u> Cité aussi par Traversi dans technique de l'argumentation et de l'art oratoire.

[290] Manuel Valls, Déclaration de candidature à l'élection présidentielle de 2017, Évry, 5 décembre 2016.

[291] Jean Racine, <u>Iphigénie,</u> acte 1, scène 1.

[292] Cicéron, <u>Rhétorique à Herennuis</u>, Liv. IV, cité par Traversi.

[293] Jean-Jacques Rousseau, <u>du contrat social.</u>

[294] Cicéron, <u>Rhétorique à Herennuis</u>, Liv. IV.

[295] Cicéron, <u>Premier Discours contre Catilina prononcé dans le sénat, discours dix neuvième.</u>

[296] Selon Laurent Pernot, elle consiste à renverser l'ordre des mots. Un tel procédé rendrait le discours plus digeste et habile à persuader davantage.

[297] « Du latin *trangressio*, consiste à déplacer un mot », Laurent Pernot, <u>La Rhétorique dans l'antiquité</u>, p.298.

[298] « L'oxymore est une figure d'opposition qui consiste à réunir de termes de sens contraires à l'intérieur d'un même groupe de mots ». www.études — literaires.com/figures- de – style/oxymore, 5 février 2020. Par cette figure, l'orateur vise à faire prévaloir un effet de surprise qui enchante ses auditeurs.

[299] « Du latin interrogatio, c'est ce qu'on appelle communément question rhétorique », Laurent Pernot, <u>La Rhétorique dans l'antiquité</u>. P.298. L'interrogation apporte au discours un supplément de tonus tout en jouant un rôle émotif et persuasif. Le premier discours de Cicéron contre Catilina au sénat, trop connu pour être développé ici, met en lumière le pouvoir émotif et persuasif de l'interrogation.

[300] Grégoire Schmitsberger et Arnaud Sorosina, <u>Les Pouvoirs de la parole</u>. P.219.

[301] C. Perelman et L. Olbrechts Tyteca, <u>Traité de l'argumentation, la nouvelle rhétorique</u>.p.306.

[302] Quintilien <u>Institution Oratoire</u>, Liv. VIII.

[303] ???

[304] Victor Hugo, <u>Les Misérables</u>.

[305] Alfred De Musset, *la nuit de mai.*

[306] François Fillon, Discours du 1er mars 2017 dans le quel il mentionne qu'il a été convoqué le 15 mars 2017 par les juges d'instruction afin d'être mis en examen. Il dénonce ainsi un assassinat politique contre sa personne et contre l'élection présidentielle elle-même.

[307] Grégoire SChmitzberger et Arnaud Sorosina, <u>Les pouvoirs de la parole</u>.p.219.

[308] Adrian, <u>Gradation, définition simple et exemple.</u>

[309] Cicéron, <u>Deuxième discours contre Catilina au Sénat.</u>

[310] Alphonse de Lamartine, *Le chêne.*

[311] Charles Baudelaire, *Le Flacon.*

[312] François Hollande, *Discours au Bourget*, 22 janvier 2012.

[313] François Hollande, *Discours au Bourget*, 22 janvier 2012.

[314] François Hollande, *Discours de Rouen*, 15 février 2012.

[315] Cicéron, <u>l'orateur idéal.</u>

[316] « Il est sévère, il est vertueux. Il est membre, ayant de bons tapis sous pieds en décembre, du grand parti de l'ordre et des honnêtes gens », affirme Victor Hugo dans <u>les quatre vents de l'esprit</u> en 1881.

[317] Longin (Pseudo), <u>Du sublime</u>, chap. XII.

[318] Cicéron.

[319] Cicéron, *De Oratore ad Quintum fratem*, Liv. II,

[320] Désigne selon Mortara Garavelli dans Manuale di retorica : « le virage soudain du discours, où celui qui parle s'adresse directement et vivement à quelqu'un de différent du destinataire naturel ou conventionnel du discours lui-même ». Du latin *personae fictio*. Elle permet à l'orateur d'animer dans un discours ce qui est inanimé, en faisant apparaître comme présent ce qui est absent. Quintilien dans Institution Oratoire estime qu'« il est permis de faire descendre des cieux les dieux, de faire lever les morts des tombeaux, de donner voix même aux villes et aux peuples ».

[321] Du latin *personae fictio*. Elle permet à l'orateur d'animer dans un discours ce qui est inanimé, en faisant apparaître comme présent ce qui est absent. Quintilien dans Institution Oratoire estime qu'« il est permis de faire descendre des cieux les dieux, de faire lever les morts des tombeaux, de donner voix même aux villes et aux peuples ».

[322] Alessandro Traversi, la défense pénale, technique de l'argumentation et de l'art oratoire.p.219.

[323] Féderation francophone de débat .

[324] Michel Meyer, La Rhétorique p.16-17, PUF.

[325] Assemblée nationale du Québec, www.assnat.qc.ca/en/patrimoine/lexique/débat-parlementaires.htlm, 14 février 2020.

[326] John Locke, Traité du gouvernement Civil. 1690.

[327] Charles De Montesquieu, *De l'esprit des Lois*, livre XI, (1748), p48.

[328] Ministère de l'Europe et des affaires étrangères de la République Française.

[329] Amadou Hampâté Ba, lors d'un vibrant hommage à la culture africaine et un plaidoyer pour les traditions orales africaines lors d'une mission avec son pays le Mali, à l'Unesco en 1960.

[330] Ahmadou Kourouma, Soleil des indépendances est un classique de la littérature Africaine.

[331] Louise Bélanger –Hardy et Aline Grenon, Eléments de commonlaw et aperçu comparatif du droit civil Québécois, P 51.

[332] Frantz Fanon, Les Damnés de la terre, 1961.

[333] Selon Les pouvoirs de la parole, édité par Grégoire Schmitsberger et Arnaud Sorosina, c'est : « la crédibilité morale de l'orateur et la confiance qu'il inspire, souvent en fonction de la proximité qu'il parvient à créer et à maintenir avec son public ».

[334] « Le pathos renvoie en grec à l'expérience de la souffrance, et dans la rhétorique d'Aristote, à la capacité qu'a l'orateur d'exprimer des émotions pour les faire ressentir à son auditoire par la seule force évocatrice de son discours ». Voir dans ce sens Les pouvoirs de la parole, précité à la page 220.

[335] Des agressions physiques ou verbales, la tendance à rendre ridicule un débatteur sur des fondements racistes, sexistes, homophobes, ethniques ou religieux

274

ne sont pas tolérables. Nous y reviendrons en profondeur sur la question de l'orateur face à l'éthique du discours et au multiculturalisme.

[336] Judith Wyatt, Comment préparer un débat, in fédération Canadienne des débats étudiants, 1980.

[337] Alessandro Traversi, Technique de l'argumentation et de l'art oratoire, p.124.

[338] Selon Philipe Lemay de la société canadienne inter-universitaire et inter-collégiale de débat, la réfutation « vise à détruire l'argument de l'adversaire et par le fait même annuler son poids dans le jugement final du débat ».

[339] La cristallisation du débat est l'ultime intervention du débatteur. Elle doit reposer sur les grands thèmes qui ressortent du débat. L'orateur devra montrer dans cette dernière opportunité comment ses thèses tiennent toujours, face à un adversaire qui se fonde sur des arguments boiteux ayant plus que jamais besoin de béquilles pour tenir debout. Ce discours devra être mémorable et imbibé non seulement de séduction, mais aussi d'émotion et d'action oratoire.

[340] En l'honneur de Sir Wilfried Laurier, diplômé de l'école de Droit de McGill en 1864 et premier premier ministre francophone du Canada, la coupe Laurier est une initiative de la McGill debating union réunissant les orateurs du Québec.

[341] « Les faucons » désigne le nom mythique attribué à l'équipe de débat de l'université de Montréal : « Faucon gagne » tel était notre crédo.

[342] Voir dans ce sens, *Société universitaire canadienne de débat inter collégial*, Guide du juge, P.8.

[343] Denzel Washington, *Les grands débatteurs*.

[344] Cicéron, L'Orateur Idéal, traité épistolaire composé à la demande du célèbre Brutus en 46 av, J.-C.

[345] Voir dans ce sens sedfuo.blogspot.com

[346] Le chahut devrait être aussi bref que comique, et être utilisé dans des circonstances exceptionnelles, de nature à maximiser les effets recherchés. Une telle manœuvre, très souvent utilisée, est de nature à faire perdre la sympathie de l'auditoire à celui qui l'utilise qui peut paraître plutôt nuisible. Dans un tel contexte, le débatteur risque de vivre l'histoire de l'arroseur arrosé.

[347] Selon le site de l'Assemblée nationale du Québec, ce sont des « paroles interdites par le règlement de l'Assemblée nationale parce que considérées comme offensantes ou inappropriées à la décence qui sied dans les délibérations parlementaires ». C'est le même principe qui s'applique dans le débat parlementaire et peut être à l'origine d'un point d'ordre.

[348] Honorable premier ministre, honorable ministre de la couronne, honorable membre de l'opposition, honorable chef de l'opposition, sont les titres officiels des orateurs. Il est interdit d'utiliser leur nom propre ou surnom selon la coutume du débat parlementaire.

[349] Judith Wyatt et Jocelyne Tessier, comment préparer un débat in Fédération Canadienne des Débats d'étudiants.

[350] Voir dans ce sens, Judith Wyat et Jocelyne Tessier, dans Comment préparer un débat sur le site de la fédération canadienne des Débats d'étudiants.

351 Voir dans ce sens le guide Comment préparer un débat de la fédération Canadienne de Débat d'Étudiants.

352 Jocelyne Tessier et Judith Wyatt, Fédération Canadienne des débats étudiants.

353 Denzel Washington, Nate Parker, Jurnee Smolet, *The Great debater*.

354 L. Lanza, « *Il percorso della decisione* », dans *Il processo invisible*, Venise 1997, P.39 et suivante, cité par Alessandro Traversi dans La Défense pénale, technique de l'argumentation et de l'art oratoire p.242.

355 Nous avons souvent pu voir, notamment une fois à l'occasion de la coupe Édouard Monpetit de l'Université de Montréal, des juges faisant preuve d'excès de pouvoir, faisant usage d'un langage non verbal et d'une tonalité parfois condescendante lors des commentaires adressés aux débatteurs. Après analyse de la situation, nous avons pu conclure que c'est ce qui arrive naturellement quand un juge a le privilège de juger des orateurs d'un niveau qu'il rêve encore d'atteindre. L'amateurisme de certains juges est définitivement l'un des cailloux dans la chaussure du débat parlementaire canadien ; du moins, à la lumière des expériences vécues comme acteur et spectateur.

356 Voir dans ce sens « Le débationnaire » de la société de débat Français de l'université d'Ottawa : un bon argument, un bon titre, 9 Août 2011.

357 « Le débationnaire », trucs et astuces pour un débat réussi : un argument est plus qu'un énoncé, Mars 2011, Société de débat français de l'université d'Ottawa.

358 Selon Le dictionnaire Robert, la cristallisation est le fait de « rassembler des éléments épars en un tout cohérent »

359 Le débationnaire : la cristallisation : l'importance de la synthèse

360 Voir dans ce sens la Fiche de résultat de la société universitaire Canadienne de débat inter-collégial.

361 Voir dans ce sens la fiche de résultats de la Société Universitaire Canadienne de Débat inter-collégial.

362 Cicéron, L'orateur Idéal.

363 Cicéron, *De inventione,* écrit en 80/84 avant Jésus-Christ.

364 Fédération francophone de débat

365 Denis Diderot, « Autorité politique », extrait de l'encyclopédie 1751.

366 Force est de reconnaître cependant qu'ici les questions peuvent êtres plus agressives. On a vu des orateurs perturber l'adversaire par la nécessité de poser absolument des questions. On a vu des équipes solliciter tous, au même moment, la parole dans une optique déstabilisatrice. Alors que nous affrontions à la finale des championnats du monde de débat des orateurs de l'université Lausanne de Suisse, et de l'université ex-Marseille on a pu constater la fougue qui les animait tous. Tous se sont levés au même instant pour solliciter une question alors que nous étions à l'épicentre de mon argumentaire. Cette manœuvre, nous semble-t-il, vise plus à déstabiliser le bel élan rhétorique enclenché par un adversaire que de vouloir absolument poser une question. La meilleure attitude consiste à laisser tomber la pression en interpellant l'un d'eux pour sa question au moment où il s'y attend le moins. Il pourrait l'avoir oubliée, ce qui serait tout à notre avantage.

[367] C'était le cas de « Révolte- toi Sorbonne », « Révolte -toi Assas », « Révolte-toi science po », « Révolte -toi Nanterre », « Révolte –toi Évry », …

[368] Suite à la révolution française de 1789 et sa déclaration des droits de l'homme et du citoyen, des vents révolutionnaires soufflent à travers l'occident au XIXe siècle. Dans les Amériques, plusieurs colonies espagnoles se libèrent. Même aujourd'hui, les constitutions de plusieurs États portent en eux cet esprit révolutionnaire de 1789.

[369] L'amphithéâtre Louis Liard est un réel temple de la parole qui donne au débat et à la rhétorique une dimension sacrée. Les portraits de grand penseurs et révolutionnaires du siècle des Lumières témoignent de l'esprit qui anime ce majestueux réservé aux orateurs distingués.

[370] Aristote, Rhétorique, Liv. III.

[371] Alessandro Traversi, Technique de l'argumentation et de L'art oratoire, Chap. VI.

[372] Aristote, Rhétorique, Liv. III.

[373] Le temps protégé est une période pendant la quelle l'orateur ne peut prendre de question.

[374] Fédération francophone de débat

[375] Alphonse de Lamartine, 1790-1869, « Le Lac ».

[376] Voir dans ce sens Bertrand Périer, La parole est un sport de combat.

[377] Denzel Washington, The Great debater.

[378] Cicéron, L'orateur idéal.

[379] Cicéron, L'orateur Idéal, traité épistolaire composé à la demande du célèbre Brutus en 46 avant Jésus christ. Cicéron y met en lumière les différents ressorts de l'éloquence à travers la figure d'un orateur idéal.

[380] « Docere, delectare, movere » (instruire, charmer, émouvoir).

[381] Alessandro Traversi, La défense pénale, technique de l'argumentation et de l'art oratoire, p.87.

[382] Maitre Bertrand Périer : La parole est un sport de combat, octobre 2017, édition Lattes.

[383] Paul Stéphane Nicolas Sarkozy De Nagy Bosca a été avocat, ministre de l'intérieur et président de la République française de 2007 à 2012. Dans ses discours, il excelle par sa capacité à utiliser avec brio une figure d'amplification analysée plus haut : l'anaphore.

[384] Cicéron, l'Orateur Idéal.

[385] « Ma femme me dit toujours, ne tiens pas de propos politique, tu es en France, garde à l'esprit qu'ils sont presque tous de Gauche…Et donc, je ne tiens pas de propos politique… après cette précaution oratoire, je reviens à ma censure… », affirmait Marc Bonnant bien qu'avec humour, dans la mise en contexte en marge du procès historique des Fleurs du mal.

[386] Maître Marc Bonnant : « Procès des Fleurs du mal », le 14 mars 2013 dans la première chambre de la cour d'appel de Paris.

[387] Jacques Amyot a été conseiller du Roi Henri III.

[388] Jacques Amyot, Projet d'éloquence royale, éditions Belles Lettres, 1992.

[389] Cicéron, L'orateur Idéal, P.46-47, traduit du latin, préfacé et annoté par Nicolas Waquet.

[390] Société des Ambianceurs et des Personnes Élégantes est un mouvement mettant l'emphase sur l'apparence vestimentaire et l'art d'agencer les couleurs. On pouvait noter ce coté distingué surtout chez les orateurs de l'université Paris Nanterre qui ont trouvé en la rhétorique tout un art d'être. Au-delà de l'art de savourer le parfum des mots, être orateur pour eux est une attitude qui requiert un certain sens du leadership.

[391] Lors de la finale du championnat du monde à la Sorbonne, Nathalie Koscuisko-Morizet (NKM), ex ministre de l'écologie et présidente du jury décide de changer les règles du débat en inversant les positions. Le gouvernement devient opposition et l'opposition devient le gouvernement. L'orateur de l'université Lausanne, dans un effet spectacle digne d'Hollywood retire subitement sa veste comme pour montrer son changement de position. Ainsi pouvait-on écouter après l'effet spectacle : « Français, Françaises, je vous ai trompés… ». Ce fut un moment magique du débat, ayant certainement contribué à lui faire récolter les gloires ultimes du débat. Comme quoi, l'action oratoire, tout comme l'argument peuvent contribuer à faire gagner une cause.

[392] « Au sens littéral, c'est l'art de la discussion. Dans la rhétorique d'Aristote, le terme signifie l'ensemble des déductions que l'on tire à partir d'opinions qui sont incertaines. Chez Platon, disciple de Socrate, le terme renvoie au mouvement de la pensée qui opère à travers le discours envisagé comme dialogue de l'âme avec elle même. », définition tirée des Pouvoirs de la parole, Flammarion, P.218.

[393] Amadou Ampathé Ba, écrivain malien.

[394] Dans l'Afrique ancienne, le griot est un communicateur officiel et traditionnel qui, selon les circonstances, peut être musicien, poète, historien, journaliste, diplomate. A travers la magie verbale, il participe à la construction de l'empire.

[395] À la différence de l'artiste, tout le monde ne peut devenir griot. C'est une question de lignée, se transmettant donc de père en fils ou de mère en fille. Le griot a certes un talent d'artiste, musicien ou de poète. Mais son rôle va au-delà de celui de l'artiste.

[396] La kora désigne un instrument de musique tirant ses origines du Mali. On le retrouve dans l'Afrique de l'ouest.

[397] Doumouya Salia : Kassa Le messager –Kassa au pays du balafon.

[398] Marcien Towa : Essais sur la problématique philosophique dans l'Afrique actuelle, Éditions clé, Yaoundé 1971.

[399] Amadou Kourouma : Soleil des indépendances, presses de l'université de Montréal, 1968.

[400] Les années de braises dans le contexte africain désignent diverses revendications d'organisations de la société civile pour l'ouverture démocratique nécessaire au débat public.

[401] On peut voir cela dans cet extrait de son discours de 1990 où Mobutu annonce les larmes aux yeux le passage du pays au multipartisme : « …Que devient

le chef dans tout cela (s'interroge Mobutu d'un ton Martial). Je vous annonce que je prends ce jour congé du mouvement populaire de la révolution pour lui permettre de se choisir un nouveau chef devant conduire… (il y eut un court silence de l'homme fort suivi par une phrase devenue anthologique) …comprenez mon émotion. »

[402] MARUIS YANNICK BINYOU-BI-HOMB, Pratique Orale et média culture en Afrique contemporaine, mémoire de Master, présenté à l'Université Senghor d'Alexandrie.

[403] Frantz Fanon, Les Damnées de la Terre, 1961.

[404] Proverbe africain.

[405] « Les débats oratoires » est une institution du Burkina-Faso qui vise à promouvoir l'art oratoire, le débat structuré et la culture démocratique.

[406] Féderation francophone de débat

[407] Le cas hypothétique est l'histoire imaginaire qui soulève des problémes juridiques sur les quels l'étudiant devra plaider comme demandeur d'une part, et comme défendeur d'autres part.

[408] Le jury ici est très prestigieux. Ce sont des professeurs et experts en Droit international, des juges de tribunaux nationaux et internationaux.

[409] Voir dans ce sens, Center for Human right, University of Pretoria : Concours Africain de procès simulé in YouTube.

[410] Nelson Mandela.

[411] Antoine de saint Exupéry dans son ouvrage Terre des Hommes.

[412] Stephen E. Lucas : The art of public speaking.

[413] Il s'agit ici du génocide ou de la tentation d'extermination des juifs par les Nazis pendant la seconde guerre mondiale.

[414] Cicéron, De L'invention Oratoire, livre premier.

[415] Conseil de l'Europe, comité des ministres, recommandation numéro (97) 20. Voir aussi Manuel connexion, manuel pour la lutte contre contre les discours de haine en ligne par l'éducation aux Droits de l'Homme.

[416] Thorbjorn Jagland, secrétaire général du conseil de l'Europe.

[417] Voir dans ce sens Pavel Ivanov c. Russie devant la Cour Européenne des Droits de l'Homme. Et W.P et autres c. Pologne.

[418] La Cour Européenne des Droits de l'Homme a tranché la question de la haine raciale à l'occasion de plusieurs affaires notamment : Glimmerveen et Hagenbeek c. Pays-Bas.

[419] Voir dans ce sens, Norwood C. Royaume-Uni, Belkacem c. Belgique.

[420] La Cour a rendu une décision sur la question à l'occasion de l'affaire Roj TV A/S c. Danemark.

[421] Voir la décision de la Cour à l'occasion de l'affaire Parti communiste d'Allemagne c. république fédérale d'Allemagne.

[422] Cour Européenne des Droits de l'Homme/unité de la presse.

[423] Patrice Émery Lumumba, Discours du 30 Juin 1960, jour de l'indépendance du Congo.

[424] Patrice Émery Lumumba, <u>Discours du 30 juin 1960, jour de l,indépendance du Congo.</u>

[425] « Ma compagne cherie , je t'écrit ces mots sans savoir s'ils te parviendront, quand ils te parviendront et si je serai en vie lorsque tu les liras. Tout au long de ma lutte(…) Je n'est jamais douté un seul instant du triomphe final de la cause sacrée à la quelle mes compagnons et moi avons consacré toute notre vie(…) Que mort, vivant, libre ou en prison (…) Ce n'est pas ma persone qui compte . C'est le congo(…) Ni brutalités ni sévices, ni torture ne m'ont jamais amenés à demander la grace, car je préfère mourir la tete haute , la foi inébranlable et la confiance profonde dans la destinée de mon pays, plutot que de vivre dans la soumission des principes sacrés(…) L'Afrique écrira sa propre histoire et elle sera du nord au sud du sahara une histoire de gloire et de dignité. Ne pleure pas ma compagne . Moi je sais que mon pays , qui souffre tant , saura défendre son indépendance et sa liberté ».

[426] Cour Européenne des Droits de l'Homme/unité de la presse.

[427] Conseil de l'Europe, comité des Ministres, recommandation (97) 20.

[428] Barack Obama<u>, Yes we can,</u> 2008.

[429] Barack Obama, <u>Discours du 50ème anniversaire de la marche de Selma,</u> 2015.

[430] *« (1) In This Act, « prohibited act » means any conduct or communication by a Person that has as its purpose interference whith the civil rights of a person or class of persons by promoting a) hatred or contempt of a person or class of persons, or b) the superiority of inferiority of a person or class of persons in comparison whith another or others, on the basis of colour, race, religion, ethnic origin or place of origin… »*

[431] Martin Luther King, *I Have A Dream*

[432] Martin Luther King, *I Have A Dream.*

[433] Martin Luther King, *I Have A Dream.*

[434] Cicéron, <u>De L'invention oratoire,</u> Livre premier. p.7.

[435] Cicéron, <u>De l'invention Oratoire,</u> livre premier.

[436] Cicéron, <u>L'Orateur idéal.</u>

[437] « Art de bien parler, de délibérer et de persuader ». Voir dans ce sens <u>Les pouvoirs de la parole,</u> P.218.

[438] Coach spécialisé dans la prise de parole en public.

[439] Les Échos START, <u>L'éloquence, une compétence qui fait la différence dans la vie pro.</u>

[440] MC Solaar.

280